«Mit ihrem packenden Roman trifft Asta Scheib auf jeden Fall tiefer in die Herzen der Leser als jede Dokumentation über Bürgerkriegs-Flüchtlinge.» («Berliner Morgenpost») «Es ist ein Laster, einer solchen Erzähl-Frau zu verfallen und die Sprachsiege zu genießen, die sie im Kampf gegen den Stoff erringt.» (Martin Walser)

Asta Scheib, geboren 1939 in Bergneustadt/Rheinland, arbeitete als Redakteurin bei verschiedenen Zeitschriften. Ihre literarische Arbeit begann sie mit Kurzgeschichten. Rainer Werner Fassbinder verfilmte ihre Erzählung «Angst vor der Angst». Seit 1981 hat sie mehrere erfolgreiche Romane geschrieben, außerdem einige Drehbücher, u. a. für den «Tatort». In der Reihe der rororo-Taschenbücher liegen bereits vor «Beschütz mein Herz vor Liebe. Die Geschichte der Therese Rheinfelder» (Nr. 22438), «Eine Zierde in ihrem Hause. Die Geschichte der Ottilie von Faber-Castell» (Nr. 22744) und der Thriller «Frau Prinz pfeift nicht mehr» (Nr. 43349). Asta Scheib lebt in München.

Asta Scheib

Das zweite Land

Roman

Rowohlt Taschenbuch Verlag

Veröffentlicht im Rowohlt Taschenbuch Verlag
GmbH, Reinbek bei Hamburg, August 2000
Copyright © 1994 by nymphenburger in der
F. A. Herbig Verlagsbuchhandlung GmbH, München
Umschlaggestaltung Cordula Schmidt
(Foto: Jonathan Blair/
CORBIS/PICTURE PRESS Life)
Satz Sabon PostScript (PageOne)
Gesamtherstellung Clausen & Bosse, Leck
Printed in Germany
ISBN 3 499 22705 3

Die Schreibweise entspricht den Regeln
der neuen Rechtschreibung.

«Wir aber wollen über Grenzen sprechen,
und gehn auch Grenzen noch durch jedes Wort:
wir werden sie vor Heimweh überschreiten
und dann im Einklang stehn mit jedem Ort.»

Ingeborg Bachmann

Gib mir alles, was ich nicht habe. Gib es mir bald. Jeden Abend bitte ich nun schon darum. Bisher konnte ich nicht sehen, dass du auch nur eines meiner Gebete erhört hättest. Daher bete ich jetzt nicht mehr nur am Abend, sondern auch am Morgen. Hast du das bemerkt? Ich würde dich auch nicht ständig bitten, wenn ich nicht den Eindruck hätte, dass du mich hier in dieser Ecke der Welt abgestellt hast und dabei bist, mich zu vergessen. Glaubst du vielleicht, dass ich für immer hinter diesem Vorhang aus Plastik schlafen will? Hast du eigentlich ein Buch, in dem du dir notierst, worum ich dich bitte? Manchmal schäme ich mich vor dir, dass ich so gierig bin nach irdischem Besitz. Hoffentlich fühlst du dich überhaupt zuständig. Wie oft habe ich dich schon gebeten, mir Kleider zu geben, wie die anderen Mädchen sie haben. Es müssten ja nicht so wunderbare Sachen sein, wie Billie sie trägt, aber merke sie dir mal vor für später, wenn du mich mit dem Nötigsten versorgt hast, was ich ja immer noch nicht habe. Oder hast du nicht bemerkt, dass ich Kleider von der Caritas trage? Leider weiß ich nie, wie gut du dich in irdischen Dingen auskennst. Außerdem ist die Welt, aus der du mich hierhergeschickt hast, in vielen Dingen völlig anders als das Land, in dem ich jetzt lebe.

Sie sehen es mir an, dass ich eine Fremde bin. Ich sehe es an ihren Blicken, dass sie mich aussondern wie Abfall. In Diyarbakir war ich Leyla Aydin, die Tochter des Lehrers, die Enkelin des Bürgermeisters von Gozel. Bei den Großeltern auf dem Land trug ich meine weiten Hosen, die leichte Bluse über dem Hemd, und in Diyarbakir die Sachen, die meine

Mutter für mich genäht oder gehäkelt hatte. Niemand hat das sonderlich interessiert. Ich war Leyla Aydin.

Hier ist das nicht so. Als ich in den ersten Tagen und Wochen durch die Straßen ging, war ich nicht Leyla. Ich war nichts als ein verfärbter Häkelrock, den ich mir in der Wäsche ruiniert hatte, nichts als missfarbene Strumpfhosen und ausgetretene Schuhe. Manche Frauen zogen sogar ihren Hund weg, wenn ich ihn streicheln wollte. Du weißt, wie sehr ich Hunde liebe. Alle Tiere, Katzen, Pferde und Esel. Ich würde viel darum geben, einen Hund zu haben, jetzt, in meiner Verlassenheit.

Mehmet soll mich nicht streicheln. Mach bitte, dass er das lässt. Manchmal, wenn ich in der Nacht träume, schreie ich im Schlaf. Dann kommt Mehmet, streichelt mich, nimmt mich in die Arme. Ich werde dann ganz steif, außen, aber vor allem tief innen in mir. Von Mehmets Händen kommt keine Ruhe, keine Erlösung. Ich will nur von dem gestreichelt werden, von dem ich dir berichtet habe. Von ihm, an den ich denke, wenn der Tag beginnt, und von dem ich träume, wenn ich am Abend auf meiner Matratze liege. Vor allem seinetwegen muss das auch aufhören mit den Kleidern von der Caritas. Ich träume von ihm, und ich will, dass er auch von mir träumt. Hast du mich vielleicht in diese Stadt geschickt, weil er hier lebt? Er ist wunderschön. Eine kräftige Nase hat er. Eigentlich ist sie zu groß, diese Nase. In seinem Gesicht sieht sie jedoch mutig aus, herrlich. Ich glaube, er ist der Dunkellockigste, Löwenäugigste, den du je geschaffen hast. Seit ich ihn kenne, schwingt mein Herz in mir wie das Pendel der Uhr. Es schwingt und stößt an meine Rippen, dass es wehtut. Manchmal habe ich Angst, dass es abfällt, mein Herz, weil ich mich heimlich quäle vor Sehnsucht. Sehnsucht. Ich möchte ihn sehen, jeden Tag. In mir ist eine Unruhe, eine Trauer, die ich noch nie gefühlt habe. Manchmal könnte ich schreien, weil er in dieser Stadt ist und trotzdem weit weg. Ich darf ihn nicht sehen, nicht anfassen, nicht streicheln.

Bist du ein sexuelles Wesen? Niemand hat mir etwas davon gesagt. Früher auch nicht, in meinem Land. Mutter schien nicht zu bemerken, dass mein Busen wuchs. Ich fragte Ayse, ob sie auch so starke Schmerzen habe. Sie sagte, dasselbe habe sie mich schon lange fragen wollen, und wir waren beide erleichtert. Ich hatte gedacht, ich sei krank, Krebs oder so. Dann wuchsen die Schamhaare, und dann ging es auch los mit dem Bluten jeden Monat. Sag, warum hast du die Frauen mit so viel lästigen Geschichten ausgestattet? Wenigstens sagte mir Mutter, dass ich nun eine Frau sei. Mehr sagte sie nicht. Damals war es mir recht, dass sie nichts sagte. Ich hatte nie viel Lust, mit meiner Mutter zu reden. Schon gar nicht über diesen Kram.

Doch ich habe zu lange eine Mutter gehabt, als dass ich mich daran gewöhnen könnte, nun keine mehr zu haben. Ich will eine Mutter, wie die Mädchen hier in diesem Land eine haben. Nicht eine wie die von Billie. Sie hat ihren Mann und ihre einzige Tochter verlassen. Nein, eine Mutter, wie Tina sie hat, möchte ich haben. Obwohl Tina mir abgeraten hat. Sie findet ihre Mutter voll nervig. Ich dagegen meine, dass sie voll cool ist. Ich hoffe, du verstehst, was das heißt. Ich habe es lange nicht begriffen, da diese Sprache im Unterricht nicht gelehrt wird. Was gemeint ist, weiß ich endlich, und glaube mir, es hilft einem, sich zu verständigen, obwohl es kein richtiges Deutsch ist. Jedenfalls ist alles, was meine Mitschüler anerkennen, voll witzig, voll okay. Oder es ist voll geil. Was es damit auf sich hat, ist mir immer noch nicht ganz klar. Wer viel oder besser ständig Lust hat auf sexuelle Handlungen, der ist geil. Gestern hörte ich jedoch im Schulhof einen Erstklässler zum anderen sagen, was er für geile Turnschuhe habe. Voll geil. Sie sagen das auch, wenn ihnen ein Auto gefällt oder lila gefärbte Haare. In diesem Land, so glaube ich manchmal, hängt einiges, was man zunächst nicht begreift, mit der Sexualität zusammen. Doch davon berichte ich dir lieber nicht soviel. Es verwirrt mich.

Mehmet. Über Mehmet muss ich mit dir reden. Auch wenn ich meine Eltern vermisse, auf Mehmet würde ich gern verzichten. Glaube mir, mit ihm hast du mich geschlagen. Er führt sich auf wie drei Väter und drei Mütter auf einmal. Hörst du das manchmal, wie Mehmet versucht, mich einzuschüchtern? Ein Glück ist nur, dass ich nicht so furchtsam bin wie Meral, die in der Schule neben mir sitzt. Du hast Meral zu wenig Mut mitgegeben. Warum – das sage ich dir später. Ich jedenfalls werde innerlich hart vor Zorn, wenn Mehmet mir seine Predigten hält. Da halte ich mich leichter an die Suren des Korans als an die Gebote Mehmets.

«Du bist jetzt in dem Alter, wo man scharf auf dich aufpassen muss», sagt Mehmet. «Du kommst jetzt ins Heiratsalter. Ich erlaube dir nicht mehr, dass du mit deiner Klasse in den Schwimmverein gehst. Und auf die Eisbahn gehst du auch nicht mehr. Ich weiß genau, dass ihr da mit Jungen zusammentrefft. Es geht auch nicht länger, dass du nachmittags bei Tina bist oder bei Meral. Hier gibt es genug zu tun für dich. Die Wäsche ist nicht gebügelt, oft hast du das Essen nicht fertig, wenn ich komme. Das hört jetzt auf.»

Die Zunge soll ihm verdorren. «Was erlaubst du mir denn außer dem Arbeiten für die Schule und dem Arbeiten für dich? Willst du mich hier einsperren?», fragte ich Mehmet. Ich war so empört, ich hätte Mehmet schlagen mögen. Ich glaube nämlich, dass Mehmet sich im Grunde dazu zwingen muss, so streng zu mir zu sein. Mehdi Erten redet es ihm ein, und die anderen Männer aus unserem Land, mit denen sich Mehmet regelmäßig trifft. Mehmet geht natürlich ständig aus. Er hat sogar einen Fußballverein gefunden, bei dem er mitspielt. Allerdings haben sie jetzt Ärger bekommen. Mehmets Mannschaft hatte gewonnen. Aus Freude darüber haben sie einen Hammel geschlachtet und gebraten, unmittelbar nach dem Spiel. Das darf man in diesem Land aber nicht – so einfach ein Tier schlachten. Dafür gibt es hier die Schlachthöfe, doch alles kann der kluge Mehmet eben auch nicht wissen. Und jetzt hat er Angst, dass sein Verein bestraft wird. Dass Mehmet dann vielleicht vor Gericht muss. Du weißt, davor müssen wir uns hüten. Wenn wir gegen die Gesetze dieses Landes verstoßen, schieben sie uns sofort ab.

Abschieben. Es gibt Wörter, die machen mich unruhig, sie machen mich klein, sie demütigen mich. Auch Mehmet. Seltsam. Ich habe immer Mitleid mit Mehmet. Selbst wenn ich ihn hasse, was nicht selten der Fall ist. Er dagegen muss mich umso härter anfassen, je elender er sich selbst fühlt. Glaube mir, das habe ich schon seit längerem herausgefunden. Ich muss dir ja nicht näher erläutern, dass Mehmet in diesem Land auch ein ungleich härteres und mühevolleres Leben hat. Dabei darf Mehmet eigentlich nicht arbeiten, aber Mehdi beschäftigt ihn im Gemüsegroßmarkt. Mehmet lernt außerdem. Er will das deutsche Abitur machen, dafür besucht er viele Kurse. Und am Abend betreut er noch einen alten Herrn, der allein lebt und nicht in ein Heim will. Mehmet räumt seine Wohnung auf, wäscht ihn und bringt ihn zu Bett.

Findest du das nicht auch seltsam in diesem Land? Alte Menschen, auch wenn sie Söhne und Töchter haben, müssen sich einen Platz suchen in einem Altersheim. Auch, wenn sie gar nicht dahin wollen. Der Herr Mayr, den Mehmet versorgt, hat gesagt, eher gebe ich mir die Kugel, als dass ich in ein Heim gehe, unter lauter Alte. Herr Mayr fühlt sich nicht alt, hat er zu Mehmet gesagt, und sich die Kugel geben, das heißt, sich zu erschießen. Dabei dürfen die Bürger in diesem Land gar keine Waffen haben. Nur wenn sie Jäger sind oder

Polizisten. Manche Leute haben trotzdem Waffen, und damit erschießen sie einander. Ich weiß nicht, ob dir bekannt ist, wie viele Männer hier ihre Ehefrauen erschießen. Manchmal erschießen die Frauen auch ihre Männer, das ist aber eher selten. Seit ich die Zeitung besser lesen kann, erfahre ich jeden Tag die schlimmsten Dinge. Sogar Leute, die schon vierzig Jahre miteinander verheiratet waren, erschießen einander.

Ist das eigentlich in meinem Land auch so? Mir ist das früher nie aufgefallen. Wahrscheinlich daher, weil ich so selten die Zeitung gelesen habe. Das tue ich eigentlich erst hier. Zeitungen kann man überall umsonst lesen. Sie liegen häufig an Bushaltestellen. Da hole ich sie mir oft. Zuerst tat ich es, um die Sprache schneller zu lernen. Inzwischen lese ich richtig gierig, was alles passiert. Vor allem natürlich interessiert mich, was in der Zeitung über Kurdistan steht. Manchmal denke ich, dass du überhaupt nicht wissen willst, wie es in der Welt aussieht. In dieser, in der ich jetzt lebe, und in meiner früheren Welt. Ich kann mir nur vorstellen, dass du dich mit völlig anderen Dingen beschäftigst als mit der Erde und den Menschen, die auf ihr leben. Du solltest es dir mal ansehen, gründlich. Mehr als zweihundert Kriege gibt es derzeit, las ich in der Zeitung, und noch viel mehr Länder, in denen die Bewohner immer wieder aufeinander losgehen. Aber ich wollte ja nicht mehr Politisches reden, nicht jetzt, wo ich mich dringend bei dir über Mehmet beklagen will.

«Was darf ich eigentlich», fragte ich ihn nach dem letzten Streit, «darf ich nur noch hier heraus, um in die Schule zu gehen?» Mehmet setzte sofort wieder sein strenges Gesicht auf. Wenn er wüsste, dass er dann lächerlich aussieht, wie ein Schaf, finde ich, dann würde er sich nicht so aufspielen, denn eigentlich ist es ihm gleichgültig, was ich tue, aber er muss den anderen gegenüber die Form wahren. Außerdem ist es praktisch für ihn. Er hat ein Hausmädchen wie die Efendis.

Ich wasche – in zwei Plastikschüsseln, willst du dir das einmal vorstellen? Ich hänge die Wäsche auf, quer durch den Raum, an einer Leine. Solange die Wäsche noch nass ist, muss ich ständig den Boden putzen. Kochen soll ich natürlich auch, am liebsten jeden Abend. Ich kann gar nicht kochen, das heißt, inzwischen habe ich es gelernt, zumindest ein bisschen. Zu Hause habe ich nie gekocht, das hat immer Mutter gemacht. Sie hatte viel Zeit und Geduld dazu. Besonders die Kuchen. Wenigstens kann Mehmet von mir nicht verlangen, dass ich backe. Wir haben keinen Ofen, nur eine Kochplatte auf einem Resopaltisch. Das ist gut für jemanden, der nicht kochen kann, da hat man wenigstens eine Ausrede. «Wann lernst du endlich, gut zu kochen?», fragt Mehmet mich oft. Es stimmt schon, der Reis ist meistens matschig, weil ich ihn vergesse. Ich habe nämlich keine Uhr, die ich mir stellen könnte. Mehmet weiß auch nicht, was man tun muss, damit der Reis nicht matschig wird. Dafür weiß er sehr genau, dass er keinen matschigen Reis mag.

Mit Maismehl kann ich besser umgehen. Das habe ich bei meiner Großmutter gelernt. Sie kochte Maismehl in Joghurt, das sie mit Wasser verrührt hatte, zu einem dicken Brei. Darüber goss sie zerlassene Butter, die mit Salz und Paprika gewürzt war. Ich machte es nach, und siehe, es schmeckte sogar Mehmet. Mehlsuppe mit Thymian, Minze, Paprika und Petersilie kochte meine Großmutter, und selbst die gelang mir. Gurken mit Joghurt gab es auch oft bei uns, leider haben wir keinen Kühlschrank, sehr kalt ist das Cacik nämlich viel besser. Ich gab einen Esslöffel gehackte Minze dazu, dann schmeckte es frischer.

Beim Kochen hörte ich mich oft seufzen. Ich dachte an das herrliche Essen, das es daheim immer gegeben hatte. Mutter und Großmutter machten Köfte, köstlich gewürzt. Oder Auberginencreme, Lammspieße, zum Neujahrsfest den Truthahn mit Kastanien. Und erst der Mandelpudding, und Baklava – ich darf gar nicht daran denken.

Ich soll bei Emine Erten lernen, gut zu kochen. Ein- bis zweimal in der Woche besuchen Mehmet und ich die Ertens. Sie sind die einzige kurdische Familie, mit der wir engen Kontakt haben. Bei den kurdischen Vereinigungen, denen Mehmet angehört, treffen wir mehr Landsleute, vor allem bei Festen. Am schönsten ist immer die Musik. Oder das Essen? Kurden, die in der Stadt ein Restaurant betreiben, bringen herrliche Vorspeisen zu den Festen mit. Fischeicreme, die ich so gerne mag, frischen Spinat mit Joghurt und Knoblauch, Schafskäse gerieben mit Kräutern, geriebene Karotten in Joghurt. Ich versuche, so unauffällig wie möglich sehr viel zu essen, ich muss nachholen.

Bei einem dieser Feste sah ich Metin, einen Jungen aus meiner Klasse. Ich hatte gar nicht gewusst, dass Metin Kurde ist. Er spricht fließend Deutsch. Ist in Deutschland geboren. Metin freute sich offenbar auch, mich zu sehen. Er setzte sich zu mir und ich begrüßte ihn auf Kurdisch. Doch er sagte, mehr als zehn Worte Kurdisch könne er nicht. Auch kein Türkisch. Seine Eltern wollten nicht, dass er die Sprache seines Heimatlandes lerne. Sie habe der Familie zu viel Leid gebracht. «Warst du noch nie in unserem Land?», fragte ich ihn. «Nein, meine Eltern wollen es nicht. Ich soll hier leben, sagen sie, mir einen guten Beruf suchen, ich darf auch studieren, wenn ich es schaffe.» Später sah ich Metins Eltern. Ich spürte, wie sie voll Stolz ihren Sohn überall vorstellten. Die Familie Ayhan hatte vier Töchter, dann kam Metin.

Die Ayhans luden mich ein, an ihren Tisch zu kommen. Überall war reich gedeckt, und ich fühlte mich sehr wohl bei den Ayhans, die sich darüber zu freuen schienen, dass Metin und ich gemeinsam in eine Klasse gingen. Eine Zeit lang war ich wieder traurig, weil die Ayhans mich an meine Familie erinnerten. Doch dann holten Männer die große Trommel und Flöten, um zum Tanz aufzuspielen.

Mädchen und Jungen, manche in kurdischer Tracht, stellten sich in einen Kreis, fassten sich bei den Händen, und dann ging es los mit Pfeifen und Trommeln, immer lauter, immer schneller. Alles vergisst man, will nur noch tanzen, sich aufdrehen lassen vom Rhythmus, vom bezwingenden Trommeln und Trillern, vom Stampfen und vom Herzklopfen.

Mehdi und Emine Erten trafen wir immer bei den Festen. Und natürlich ihre Söhne. Ahmet, der bald zwanzig wird, Hilit und Remzi, sechzehn und zwölf Jahre alt. Über sie habe ich dir einiges zu erzählen, aber ich warte damit, bis ich sicher weiß, was ich vermute. Dass sie mich ausspionieren. Ahmet und Hilit fordern mich zum Tanzen auf, meist bin ich schon auf der Tanzfläche, bevor das erste Trommeln erklingt.

Hast du schon bemerkt, wie schön unsere Mädchen aussehen, wenn sie kurdische Tracht anhaben? Schade, dass meine Trachtenkleider alle beim Angriff auf Gozel verschüttet worden sind. Ich hätte gern wieder weite Hosen und ein Baumwollhemd und viele bunte Tücher, die ich als Schärpe umbinden könnte oder, wenn ich Lust hätte, auch um den Kopf. Viele Deutsche wissen nicht, dass kurdische Frauen sich nicht verschleiern müssen, dass sie es aber bei großen Festen oft freiwillig tun. Es sieht schön aus, überhaupt sehen alle kurdischen Frauen in unseren Trachten wie Prinzessinnen aus. Wenn sie dagegen in den Kleidern stecken, die hier gerade modern sind, gefallen sie mir nur halb so gut. Vielleicht kommt das daher, dass sich die meisten nur ganz billige Kleider kaufen können. Trotzdem verstehe ich, dass die kurdischen Frauen und Männer im Alltag die Kleider tragen, die hier üblich sind. Sonst würden sie unter den Einheimischen noch mehr auffallen, als sie es ohnehin schon tun. Wie meine Mitschüler wohl reagieren würden, wenn ich in kurdischer Tracht in die Schule käme?

Ich bitte dich nochmals, gib mir wenigstens so viel Geld, dass ich mir zum nächsten Fest auch kurdische Kleider kaufen kann. Und gib mir Mut, sie dann auch überall zu tragen.

Du kennst doch Mehdi Erten. Er ist ein Freund Mehmets, du hast ihm vor etwa zwanzig Jahren einen Gemüseladen gegeben. Damit verdient Mehdi inzwischen nicht schlecht. Emine muss nicht mehr zum Putzen aus dem Haus, es reicht, was der Laden abwirft. Die Ertens wohnen mit ihren Söhnen in einem weit entfernten Stadtteil. Er heißt Neuperlach. Kennst du dich da aus? Als ich mit Mehmet zum ersten Mal dort hinausfuhr, sah ich nicht viel mehr als Häuser. Groß und düster lagen sie vor mir und schienen mich aus Hunderten von Augen anzusehen. Kannst du dir vorstellen, dass ich plötzlich Heimweh bekam nach dem Stadtteil, in dem Mehmet und ich wohnen? Er heißt Westend, und die Straßen dort sind schmal und manchmal richtig verwinkelt, besonders da, wo Herr Mayr lebt, in der Kazmairstraße. Dorthin gehe ich manchmal, wenn Mehmet keine Zeit hat, und ich könnte nicht genau sagen, warum, aber in der Kazmairstraße gefällt es mir. Die Westendstraße, in der Mehmet und ich untergekommen sind, ist voll gestellt mit Autos, und man muss aufpassen, dass man nicht versehentlich angefahren wird. Geschäfte und Restaurants gibt es dort, wo sich viele unserer Landsleute treffen. Unsere Moschee ist auch in der Westendstraße. Überall höre ich unsere Sprache.

In Neuperlach ist das anders. Man ist dort erst daheim, wenn man auf den richtigen der vielen Klingelknöpfe drückt, viele Treppen hochrennt oder mit dem Lift fährt und dann endlich in der Wohnung ist. Die Wohnungen in diesen Kolosshäusern sind schön. Wenigstens die, die ich gesehen habe.

Mehdi Erten und Emine haben für sich und den Jüngsten ein großes Schlafzimmer, die beiden älteren Söhne schlafen in einem eigenen Raum. Emine hat eine moderne Küche, eine Waschmaschine, in der sie die Wäsche sogar trocknen kann. Ist das nicht ein unerhörter Luxus? Könntest du mir nicht auch so eine Waschmaschine schenken? Sicher, Emine ist alt und ziemlich krank, glaube ich, sie braucht die Maschine dringender, das sehe ich ein. Könntest du mir vielleicht so viel Geld geben, dass ich in einen Waschsalon gehen kann? Die gibt es hier nämlich. Da sitzt man gemütlich und liest, während die Wäsche gedreht und gewendet, gewaschen und gespült wird. Am Ende kann man sie noch in eine Trockentrommel stecken, und wenn man sie herausholt, ist alles fertig. Wenigstens für den Winter gib mir Geld, wenn meine Wäsche im Zimmer nicht trocknen will. Wenn das Wasser so kalt ist, dass meine Hände blau werden.

Bei Emine sind nicht die Hände blau, sondern die Lippen. Ich glaube, sie arbeitet immer noch zu viel, obwohl sie jetzt nicht mehr für fremde Leute putzen muss. Aber daheim! Die Wohnung ist glänzend sauber, wie das bei meiner Mutter auch immer war. Ich glaube, ich kann erst jetzt einschätzen, wie viel Arbeit das macht, zu kochen für eine fünfköpfige Familie, die Wäsche sauber zu halten und die Wohnung auch. Emines vier Männer haben mit dem Haushalt nichts zu tun.

Zum Empfang bekamen wir Zitronenparfum, das Emine reichlich an uns verteilte. Emine trug ein langes schwarzes Kleid mit einer bunten, gehäkelten Weste darüber. Emine ist ziemlich dick, glaube ich, aber in dem Kleid war sie ungleich viel schöner als in dem engen brauen Rock aus dem Kaufhaus und dem gehäkelten Pullover, den sie meist anhat, wenn sie nicht daheim ist. Mehdi, der in seinem Geschäft immer einen alten schwarzen Anzug trägt mit irgendeinem Hemd darunter, Mehdi sah richtig würdig aus in seinen schwarzen

Pluderhosen, die oben von einer Schärpe gehalten wurden. Über dem kragenlosen weißen Hemd trug Mehdi eine schwarze Weste, und ein besticktes Käppi thronte auf seinem borstigen schwarzen Haar. Mehdi hatte viele goldene Ringe angelegt, die er sonst nicht trug, und vor dem Bauch hing eine goldene Uhr. Mehdi erinnerte mich an meinen Großvater, wie er uns aus dem Schatten seines Hauses entgegenkam, wenn wir ihn und die Großmutter besuchten. Mein Großvater trug immer schwarze, glänzend gebürstete Stiefel, in denen die weit geschnittenen Pluderhosen steckten, zu denen er eine mattrote Schärpe trug.

Doch ich wollte nicht an Großvater denken, du weißt, wie er ums Leben gekommen ist. Der Gedanke daran tut immer noch weh, und daher bemühte ich mich, zuzuhören, was Emine mir zu erzählen hatte. Sie zeigte mir, wie ich mit einem Stock das Fladenbrot auszuwalken habe, damit der Fladen ja nicht zu dick, aber auch nicht zu dünn wird. Dann brachte ich den Männern den Tee, die Ertens hatten schöne Teegläser mit goldenem Rand, überhaupt war ihre Wohnung ein Palast gegen das Zimmer, in dem Mehmet und ich hausen. Eine moderne Couchgarnitur hatten die Ertens, so, wie man sie in dem Kaufhaus sehen kann auf der Theresienhöhe. Eine große, bunt bemalte Uhr aus Kupfer hing an der Wand. Darauf war in kurdischer Schrift zu lesen: Was hast du heute für Gott getan.

Mehmet und Mehdi reden kurdisch miteinander. Ich muss mir viel Mühe geben, Kurdisch zu verstehen, ich spreche es auch nicht allzu gut. Türkisch kann ich perfekt. Mehdi spricht bis heute kaum Deutsch, Emine noch weniger, sie kann auch nicht schreiben und lesen, sie hat es nie gelernt. Dafür weiß sie jedoch die kompliziertesten Muster zu sticken, sie zeigt mir ihre Tischdecken und die Bettwäsche, alles hat sie in Handarbeit selbst gemacht. Das ist Tradition bei kurdischen Frauen. Besonders im Winter, wenn bei uns sechs Monate lang der Schnee hoch liegt, dann weben die Frauen in Kurdistan, sie fertigen alles, was die Familie an Textilien braucht, vom Kopfkissen bis zu den Socken. Und kommen Gäste, die die Arbeit der Frauen bewundern, dann schenkt man ihnen die schönsten Sachen.

Hast du gewusst, dass Emine lange auf Kinder warten musste? Sie ist dann von Deutschland zurück in ihre Heimat gereist, dort pilgerte sie mit ihrer Mutter und zwei Schwestern zum heiligen Berg Koye Duzgin. Dieser Berg ist ziemlich hoch, vor allem sehr steil und steinig. Fromme Kurden reiten nicht hinauf, sie gehen zu Fuß, manche ziehen sogar die Schuhe aus. Emine hat das auch getan, sie hat ihre Schuhe ausgezogen, jeden Stein hat sie schmerzhaft gespürt, aber sie wollte den Berg ehren. Und du hast sie belohnt, du hast ihr drei starke Söhne geschenkt. Leider bekomme ich das etwas unangenehm zu spüren. Ahmet, Hilit und Remzi führen sich immer mehr so auf, als seien sie meine Brüder. Alle, sogar der Jüngste, arbeiten nämlich bei Mehdi im Laden mit. Die Schule hat keinen von ihnen sonderlich interessiert. Mehdi und Emine konnten nicht behilflich sein bei den Hausaufgaben, daher hat keiner der Erten-Söhne einen richtigen Schulabschluss. Ihre Augen jedoch haben sie überall.

Bei unserem Besuch hatte Emine das erste Fladenbrot schon in der großen Brotofenform gebacken. Es roch herrlich, und Emine walkte bereits den Teig für ein zweites Brot. Sie knetete so rasch Mehl, Hefe, Salz, Wasser und ein Glas Olivenöl zusammen, dass es mir wie Hexerei vorkam. Emine sagte, dass sie in Kurdistan keine Hefe brauchen, dort sei das Mehl so beschaffen, dass es auch ohne Hefe aufgehe.

Jetzt war das erste Brot fertig, Emine hob es aus der Form, geschickt schnitt sie einen Deckel ab, goss mit Wasser verdünnten Joghurt auf das Brot und heiße zerlassene Butter. Es schmeckte so köstlich wie daheim. Doch leider war ich nicht zu Hause, in meiner Stadt, wo der Ruf von den Minaretten die Zeit einteilt. Wo man dem Auf und Ab der Gesänge des Korans zuhört und süßen Tee trinkt.

Du gibst uns in diesem Land ebenfalls süßen Tee, und wenn ich Emine besuche, bekomme ich so viel Heimatliches zu essen, dass mir der Bauch wehtut. Vielleicht mehr noch meine Seele. Wenn ich die Ertens sehe, ihre Familie ist heil, sie sind nach Deutschland gekommen, weil sie arm waren und keine Möglichkeit sahen, eine Familie zu gründen. Du hast ihnen hier ein Zuhause gegeben. Und was ist mit mir? Was hast du mir gegeben? Du kennst doch das Verborgene und das Sichtbare. Du bist der Erbarmer, der Barmherzige. Der König, der Heilige, der Friedenstifter, der Getreue, der Beschützer, der Mächtige, der Starke, der Weise. Warum nur hast du mir alles genommen, was du anderen Menschen reichlich gibst? Ich kenne kein Mädchen, wirklich keines, dessen Vater, Mutter und Bruder ermordet wurden. Dessen Großeltern in ihrem Dorf zerbombt worden sind. Warum ich? Ich weiß, ich bin nur ich, aber doch ich. Mich hast du verschont. Du warst es doch, der mich zu Ayse geschickt hat an dem Nachmittag, als sie kamen. Mit Mehmet hast du mich hierher entkommen lassen. Warum? In diesem Land ist Frieden. Doch Mehmet und ich sind Bettler. Viele Leute schlagen vor uns die Türe zu. Wahrscheinlich kannst du dir nicht vorstellen, was ich meine. Dir muss manches erklärt werden, glaube ich. Sag mir doch, was ist mir geblieben von meiner Kindheit? Ich bin fünfzehn geworden, wie du weißt, und seit gut einem Jahr lebe ich in dieser Stadt. Immer noch steht meine Kindheit wie eine Wand zwischen mir und meinem Leben hier. Ein neues Leben. Neu. Sie haben hier viele schöne Wörter. Ein neues Leben – das ist doch ein Versprechen, das blinkt nur so vor Verheißung, nicht wahr? Neugierde, sagen die Menschen hier, Begier nach Neuem.

Sag, konntest du mir nicht mein altes Leben lassen? War ich unzufrieden? Habe ich je nach dir gerufen?

In den Nächten marschieren jetzt die Toten durch meine Träume. Sie marschieren wie eine Armee, einszwei, einszwei, einszwei, korrekt dem Rhythmus des Herzens folgend. Ich wollte mitmarschieren, zurück in die staubige Hitze unseres Landes, in das gelbe Leuchten der Sonne, doch ich wurde wach, allein. Meine Hände lagen über meinen Augen. Weißt du, dass meine Mutter immer in dieser Haltung schlief? Immer wenn ich sie schlafend fand, morgens oder am Mittag, immer hatte sie die Hand auf der Stirn, so als müsste sie ihre Träume festhalten oder vielleicht dunkle Geheimnisse, die in ihr ruhten. Und jetzt sind schreckliche Geheimnisse in mir, jetzt muss ich meine Träume bändigen mit der Hand an der Stirn. Ich bin nicht freiwillig in dieser Stadt, die eigentlich schön ist wie eine Märchenstadt. Ich habe sie von oben gesehen, als ich zum ersten Mal mit dem Flugzeug geflogen bin. Von Ankara nach München. Es war Abend, fast schon Nacht, und es schien, als hätten die Häuser und Türme der Stadt sich mit leuchtenden Ketten geschmückt. Ich wusste, dass in dieser Stadt dreimal so viel Menschen lebten wie in der Stadt, aus der ich kam. Du weißt, wie schön meine Stadt ist, mit ihren dunklen Mauern aus Basalt, mit ihren reich geschmückten Toren, Moscheen und Minaretten. Du weißt auch, dass es für die Leute meiner Abstammung eine gefährliche Stadt ist, eine Stadt der Schreie, in der ich meine Kindheit begraben musste. Wie oft haben wir zu dir gebetet, wir alle, vielleicht nicht oft genug. Haben wir nicht genug gefastet, den Ramadan und das Opferfest nicht würdig begangen? Nie mehr kann ich zurück in meine Stadt, und manchmal steigt meine Verzweiflung über das Geschehene auf bis zu dir, den ich früher liebte, jubelnd, rechenschaftslos. Nun bist du das Einzige, was mir geblieben ist. Du bist da. Ich spreche zu dir. Wenn du dich einmal zeigen könntest, nur einmal, niemandem würde ich verraten, wie du aussiehst. Komm, komm einmal zu mir an den Resopaltisch. Vielleicht würde ich dann nicht mehr so schmerzhaft spüren, dass ich meine Mutter nicht mehr lebend sehen kann, meinen Vater nicht mehr, und Timur, meinen Bruder. Manchmal schickst du sie mir in meinen Träumen, ich weiß nicht, ob ich dir dafür danken soll, es ist danach so schwer, sie wieder zu vergessen, es tut weh, für Stunden brennen die Feuer meines früheren Lebens.

Ich lebe jetzt schon mehr als ein Jahr in dieser Stadt, doch immer noch ist mir, als taste ich mich durch einen Irrgarten. Neulich, ich hatte mich schon wieder im Westend verlaufen, fragte ich einen jungen Mann nach dem Weg. Er stand da mit dem Fahrrad, verstaute irgendetwas in einen Rucksack, und ich fragte ihn, wie ich in die Kazmairstraße käme. Er sah mich kurz an, schien irritiert, dann lachte er, zeigte auf das Straßenschild über mir und sagte: «Du bist schon mittendrin, Prinzessin.»

Vielleicht hast du es erraten. Das war er, der Schöne, Dunkellockige. Er nannte mich Prinzessin, obwohl niemand in diesem Land so redet. Hier sagen Jungen zu dem Mädchen, mit dem sie gehen, Alte. Doch er sagte Prinzessin, und mir war, als würde er mich rundherum streicheln, so gut fühlte ich mich mit einem Mal. Ich spürte das Blut der Eltern in mir, ich wusste wieder, dass ich von Nomaden abstamme, von Sheikhs und Agas, denen noch heute ganze Dörfer gehören. Du weißt, dass meine Familie schon längst nicht mehr reich war, mein Vater ein Lehrer mit wenig Verdienst, aber ich habe die Märchen und Sagen meiner Großmutter im Gedächtnis. Mein Lieblingsmärchen war die Geschichte von

Adila. Auch eine deiner Töchter. Sie lebte am Anfang unseres Jahrhunderts in meinem Land, und sie war die Tochter eines Sheikhs. Adila führte selbständig einen Stamm, obwohl sie jung und außerdem eine Frau war. Es gab viele mutige und berühmte Frauen in meinem Land, und du hast nie verlangt, dass sie sich verschleiern. Adila trug ein besticktes Barett, unter dem ihre üppigen Locken hervorquollen. Grüngoldene prächtige Kleider besaß Adila, weiche Stiefel aus Ziegenleder, und wenn sie Krieg führte, entschied sie alle Fehden für sich. Flüchtlinge nahm sie auf, behandelte sie gut, ganze Stämme unterwarfen sich Adila. Herden von Schafen und Ziegen gehörten ihr. Das Zelt, in dem sie wohnte, war aus Ziegenhaar. Hier saß sie mit ihren Leuten, sie aßen gebratenen Hammel, Oliven, Pflaumen und Pfirsiche. Große Feuer erhellten die Nacht, erfüllten die Luft mit ihrem frischen Geruch ...

Warum kann ich nicht leben wie Adila? Warum hast du mich nicht neunzig Jahre früher auf diese Welt kommen lassen? Ich kenne heute keine Frau, die so herrlich lebt wie Adila. Meine Mutter hat das Haus versorgt, hat gekocht, sauber gemacht und Tischdecken gehäkelt. Wenn mein Vater Besuch von Freunden hatte, wenn sie ihre politischen Geschäfte besprachen, dann hat meine Mutter ihnen den Tee gebracht. So lebten alle Frauen, die ich kannte. Meine Großmutter auch. Sie wohnte auf dem Land, ihr Haus war noch einfacher als unseres, hatte nur drei Räume und eine Kammer für die Vorräte. Wenn wir bei ihr waren, holten wir das Wasser vom Brunnen, und meine Mutter buk mit der Großmutter Brot. Wir aßen die süßen Früchte vom Maulbeerbaum und knackten die Nüsse mit unseren Zähnen, wir gingen zum Fluss, unsere staubigen Füße zu waschen.

Lass mich noch einmal dorthin gehen, nur einmal noch. Manchmal möchte ich dich darum bitten, doch dann wieder weiß ich, dass ich dort nichts wiederfinden würde. Nur noch Träume, Tränen, Erinnerung. Ich glaube, ich bin nicht mehr die Leyla, die ich damals war.

Vielleicht könnte er mir sagen, wer ich bin, der Schöne auf dem Fahrrad, der mich Prinzessin nannte. Ich glaube, erst daraufhin habe ich ihn richtig angesehen. Du weißt ja am besten, dass wir nicht dazu erzogen wurden, jungen Männern ins Gesicht zu starren. Hier allerdings darf man das in aller Ruhe tun. Es sei denn, ein Landsmann beobachtet einen. Ist alles schon passiert. Gleich am ersten Tag, als ich zur Schule ging, gab es am Abend eine Schreierei mit Mehmet. In der Klasse, in die ich kam, saß ein Junge links neben meiner Bankreihe. Er fiel mir auf, weil er sein rotes Haar zu einem Pferdeschwanz gebunden hatte. Er meldete sich dauernd. Es schien mir manchmal, als liefe der Unterricht nur zwischen dem Jungen und der Lehrerin ab. Als ich nach Schulschluss heimging, war er plötzlich bei mir. Er klemmte meine Tasche auf sein Rad und ging neben mir her. Einfach nur so. Wir konnten ja nicht einmal miteinander reden. Du weißt, dass ich in meinen ersten Tagen kaum ein Wort Deutsch sprechen oder verstehen konnte. Wir gingen also nur nebeneinander her, der Junge und ich. Vielleicht hast du es ja auch gesehen. Jedenfalls wurde es Mehmet berichtet, und der hat mich dann am Abend fast geschlagen. Ich möchte heute noch darauf wetten, dass es einer der Erten-Söhne war, der mich verraten hat. Die Zunge soll ihm verdorren. Verzeih, wenn ich so zu dir spreche, aber du allein wirst wissen, warum du so viele Menschen erschaffen hast, die nur darauf sinnen, anderen Streit und Ärger zu bereiten. Manchmal denke ich, du hast deren so viele in die Welt gesetzt, dass man gar nicht mehr gegen sie ankommt.

In dieser Stadt gibt es ein Haus, das heißt «Bundesamt für die Anerkennung ausländischer Flüchtlinge». Hier sitzen

viele solcher Menschen, die ich dir eben beschrieben habe.
Sie erscheinen zunächst ganz unauffällig, und erst später
merkt man, dass sie einem nichts glauben, kein Wort. Und
dass sie auch nicht wissen, wie es wirklich aussieht in meinem Land. Inzwischen habe ich erfahren, dass sie den Antrag
auf Anerkennung als Asylberechtigte von Ebru Yildiz abgelehnt haben. So nennt man das, wenn einem niemand glaubt,
was man sagt. Dabei hat die Polizei in Diyarbakir Ebru im
Gefängnis gefoltert, sie haben sie Salz essen lassen. Als sie er-
brach, haben sie ihr alles zurück in den Mund gestopft. Und
ihre zwei kleinen Söhne, acht und zehn Jahre alt, haben sie
geschlagen, an den Haaren über den Boden geschleift und an
den Ohren hochgezogen. Sie haben Ebru gedroht, sie und
ihre Söhne aufzuhängen. Und das, weil Ebrus Mann Zusam-
menarbeit mit der PKK nachgesagt wurde und er deshalb
auch aus der Türkei geflüchtet ist. Trotz allem erfüllen die
Yildiz', nicht die Voraussetzungen des Grundgesetzes, wie
das hier heißt. Sie können gegen diesen Bescheid nur Klage
erheben. Ich sehe Ebru häufig, sie wohnt in der Westendstraße. Sie sagte gestern zu mir, sie könne nicht mehr schlafen aus Angst, zurückzumüssen in die Türkei. Vielleicht
kannst du ihr helfen? Mehmet und ich sind auch auf die
Gnade der Beamten angewiesen. Im Flughafen hat man mir
geglaubt, das heißt aber nicht, dass man mir in diesem Amt
auch glaubt. Die Beamten haben Macht über uns. Obwohl
sie gar nicht mächtig aussehen oder bedeutend. Im Gegenteil.
Manche kommen mir vor wie dicke Maden, so bleich sind
sie, und die Knöpfe ihrer Hemden drohen jeden Moment ab-
zuspringen. Manchmal warte ich darauf. Die Frauen hier
nähen die Knöpfe sorgfältig an. Sie machen einen richtigen
Stiel, den sie fest umwickeln, sie wissen schon, warum. Und
vor diesen Beamten mit den gefährdeten Knöpfen sitzen wir
dann, Mehmet und ich. Manchmal lassen sie uns auch ste-

hen, je nachdem. Wenn sie es nicht erlaubt hätten, könnte ich nicht einmal zur Schule gehen. Und ich wollte zur Schule, unbedingt. Ein Dolmetscher des Amtes hatte mir erklärt, dass es sogar Übergangsklassen gebe für Schüler ohne Deutschkenntnisse. Du weißt, dass ich in Diyarbakir kein Deutsch gelernt habe. Außer «ja» und «nein» und «bitte» und «danke» wusste ich nichts von der deutschen Sprache. Als ich dann zum ersten Mal in die Schule kam, sagten sie mir dort, dass es keine Übergangsklasse gebe zurzeit. Ich musste sofort in eine achte Klasse eintreten.

Weißt du, dass es in dieser Stadt mehr als dreihundert Schulen gibt? Solch ein Reichtum. In meinem Land können viele Menschen nicht lesen und schreiben. Manche unserer Dörfer haben nicht einmal eine Grundschule. Dort, wo ich das erste Schuljahr verbrachte, ist die Schule durch Flieger der Regierung zerbombt worden. Kannst du dich noch daran erinnern, dass ich in meinem ersten Schuljahr mit meinen Eltern auf dem Land gelebt habe? In dem kleinen Dorf, in dem mein Großvater der Bürgermeister war. Ich hatte das Glück, dass meine Eltern mit mir türkisch gesprochen haben. Unsere Lehrerin sprach nämlich auch türkisch, die meisten Kinder aus dem Dorf konnten aber nur Kurdisch, sie verstanden die Lehrerin gar nicht. Die Kinder waren darüber traurig, sie wollten lieber in die Schule gehen, als sich auf dem Feld zu schinden. Doch die Kinder kamen im Unterricht nicht mit, so wie Handan, die neben mir saß. Weißt du, ob sie noch lebt? Sie hatte ein kleines mageres Gesicht unter einer Fülle von zerzausten Haaren. Große, lebhafte Augen schauten begierig nach vorn auf die Lehrerin, Handan verstand jedoch kein Wort. Ich übersetzte ihr immer, möglichst leise, aber die Lehrerin hörte das und schalt uns, weil wir den Unterricht störten. Handan hat nach der Schule aufgeschrieben, was ich ihr übersetzte. Am nächsten Tag musste ich mich dann auf einen anderen Platz setzen. Handan weinte, sie kam nicht mehr zur Schule. Ich weiß noch, dass mein Vater damals sagte, genau so wolle es die Regierung. Er war ganz weiß im Gesicht vor Wut. Damals habe ich das nicht verstanden, heute begreife ich alles so langsam.

Seit ich in diesem Land zur Schule gehe, muss ich häufig an Handan denken. Genauso wie ich heute muss sich damals Handan gefühlt haben. Ich saß an meinem Platz, die anderen um mich herum schwatzten und lachten, ich verstand kein Wort, es war, als säße ich in einem kleinen Boot auf einem stürmischen Ozean. Warum hast du den Menschen so viele verschiedene Sprachen gegeben? Hast du das getan, um sie zu strafen? Ich habe mich geschämt, weil ich kein Wort verstand. Dumm habe ich mich gefühlt, wie ein Stein, an dem alles herabrauscht. Mir war fast übel, denn ich versuchte immer, etwas zu begreifen – umsonst. Ich war froh, als die Lehrerin an die Tafel trat. Ihr Aussehen erstaunte mich, sie sah aus, wie viele junge Mädchen hier aussehen, mit langen dunklen Haaren, engen Hosen und einem flauschigen Pullover darüber. Solche Kleider haben sie bei der Caritas leider nicht.

Die Lehrerin hatte eine leise Stimme, man musste gut hinhören, um sie zu verstehen. Heute weiß ich, dass das eine Taktik von ihr ist. Frau Baumann ist nicht so sanft, wie man es aus ihrer Stimme schließen könnte. Manchmal, für mich anfangs noch völlig unvermutet, kann ihre Stimme hochfliegen, und dann versteht Frau Baumann gar keinen Spaß mehr. Am ersten Tag kam sie auf mich zu, nahm mich bei der Hand und führte mich nach vorn, vor die Klasse. Sie sagte etwas, was ich natürlich nicht verstand. Ein blondes Mädchen, das ich schon seit einer Weile angesehen hatte, weil sie mir wirklich schön erschien, dieses Mädchen sagte auch etwas. Einige lachten, ein türkisches Mädchen rief etwas, was ich auch nicht verstand. Die Lehrerin lachte nicht, und ich spürte, dass sie etwas gesagt hatte, was gegen mich gerichtet war.

Ich ging wieder auf meinen Platz, und das Mädchen verzog spöttisch den Mund. In Gedanken stritt ich mit ihr herum, da berührte das Mädchen, das neben mir saß, meinen Arm. Sie sagte, dass sie Meral heiße. Sie sprach Türkisch. In diesem Moment fühlte ich dich an meiner Seite. Nicht wahr, du hast Meral geschickt, damit ich gegen die Blonde nicht allein bin? Meral begann schon während der ersten Stunde, für mich zu übersetzen, und Frau Baumann nickte uns zu. In der zweiten Stunde, als Prozentzahlen an der Tafel errechnet wurden, begriff ich wenigstens, um was es ging, wenn ich es auch nicht mit Worten ausdrücken konnte. Ich wusste, ich werde lernen, bald sehe ich klar, was jetzt noch undurchdringlich scheint. Wie steht es mit dir, du bist Herrscher über Tod und Leben. Beherrschst du auch Deutsch? Es muss unendlich schwer sein, mir tut der Kopf davon weh.

In der Pause drängten alle raus aus dem Klassenzimmer. Im Flur standen sie, manche gingen in den großen Hof, den man über ein paar Treppenstufen erreicht. Unter einem Baum steht eine runde Bank, Meral und ich setzten uns dahin, und ich sah, wie die Blonde uns beobachtete. Sie stand in der Nähe, inmitten von Mädchen und Jungen aus der Klasse. Der mit dem roten Pferdeschwanz, er heißt übrigens Max, der stand auch bei der Gruppe, und ich sah, wie er auf die Blonde einredete. Meral erzählte mir, was in der vergangenen Stunde passiert war. Die Lehrerin, die Charlotte heißt, aber Charlie genannt wird, hatte der Klasse erzählt, dass ich Leyla hieße, aus der Türkei komme, aus Diyarbakir, dass ich dort ein Gymnasium besucht hätte und nun aus politischen Gründen nach Deutschland gekommen sei und um Asyl gebeten habe. Darauf habe das blonde Mädchen, das Billie heißt, eingeworfen, dass doch wahrhaftig genug Türken in der Klasse seien, mit mir bereits acht. Ein türkisches Mädchen, Aysel, habe gerufen, Billie brauchte nicht jedes Mal herumzubrüllen, dass sie Türken nicht leiden könne. Sie wisse ohnehin, dass Billie, wenn sie nicht so fein täte, am liebsten auch schreien würde «Ausländer raus».

Billie habe gesagt, davon könne doch wohl keine Rede sein. Niemand hasse die Türken, sie wären in München doch richtig daheim. Sogar eine eigene Türkenstraße hätten sie, ein Kino namens Türkendolch und ein Türkenfeld gäbe es auch. Was Aysel denn wolle?

Meral hätte mir gar nicht mehr erklären müssen, dass Billie die Anführerin in dieser Klasse ist, eine blonde Adila vielleicht. Ich werde mich ihr nicht unterwerfen, ich nicht. Nur – warum muss ich immer über Billie nachdenken? Inzwischen weiß ich, dass sie Sybille heißt, Sybille Huth. Es ist nicht der Hut, den man auf dem Kopf trägt, man schreibt den Namen mit einem «h» am Ende. Flori, der Sybille verachtet, wobei ich inzwischen glaube, dass er sie viel lieber gern haben würde, also Flori sagt immer «Kappe» zu ihr oder «Mütze» oder «Sybille Zylinder». Dafür, dass er sie verachtet, gibt er sich zu viel Mühe, aber Sybille tut so, als wäre Flori Luft, und daher beschäftigt er sich wohl umso intensiver mit ihr. Ich kann Flori gut verstehen, mir geht es mit Sybille ja ähnlich. Ich muss nur noch herausfinden, warum sie so stark in meiner Phantasie lebt. Bei Flori hat das ja Gründe, die jeder begreift.

Billie sitzt schräg vor mir in der Bank direkt am Fenster. Habe ich dir schon beschrieben, dass Billie sehr dichtes, hellblondes Haar hat? Sie macht ab und zu so eine komische Bewegung, beugt den Kopf vor und wirft ihn dann mit einem Ruck zurück, sodass ihr Haar für eine Sekunde wie ein Fächer auffliegt. Warum sie das macht, weiß ich nicht, aber ich werde schon dahinter kommen, und dann erfährst du es.

Wenn Billie ruhig saß, sah ich ihren Rücken, die schwarze Seidenjacke, auf der REPLAY in großen Silberbuchstaben stand. Die Jacke war herrlich und die großen Silberohrringe Billies waren es auch. Sie sahen aus wie Blöcke von Silber. Die anderen Mädchen in der Klasse trugen teilweise auch Ohrringe, meistens waren das Silberringe, große und kleinere, aber keine hatte solche wie Billie. Dir kann ich nichts vormachen, du siehst in mein Herz, daher weißt du wohl auch, dass ich mir wochenlang nichts so sehnlich wünschte wie die Jacke von Billie und die Ohrringe dazu. Dabei hatte sie am nächsten Tag etwas völlig anderes an, ich weiß heute nicht mehr, was sie da trug, aber die schwarzsilberne Jacke und die Ohrringe machten mich neidisch. Es ärgerte mich, dass es so war. Ich hielt Billie für oberflächlich und arrogant und fand auch ziemlich schnell heraus, dass sie in der Klasse zu den Schwächsten gehörte, was die schulischen Leistungen anging. Trotzdem brachte ich Billie nicht aus meinem Kopf. Jeden Tag war ich begierig darauf, sie zu sehen, obwohl sie mich schlecht behandelte.

Es war nicht nur die Kleidung Billies, die mich gefangen nahm. Nicht nur ihre kurzen Hosen, die sie über glänzenden Strumpfhosen trug. Billie hatte die Selbstverständlichkeit, die ich in meinem ersten Land gewohnt war. Sie hatte es einfach nicht nötig, darauf zu achten, ob sie anderen Leuten gefiel. So wollte auch ich wieder sein. Doch Billie zeigte mir jeden Tag, wie weit ich davon entfernt war. Manchmal hatte sie sogar Strümpfe an, die an Haltern befestigt waren, die sie hier Strapse nennen. Ich sah, dass auch Charlie, ich meine Frau Baumann, auf Billies Schenkel starrte. Sie tat es eher verstohlen, das spürte ich genau, und sie sagte auch nichts darüber, doch ich glaube, die Strapse gefielen ihr nicht. Zwischen Charlie und Billie scheint es unnennbare Strömungen zu geben. Inzwischen glaube ich, das hängt mit Billies Vater zusammen, der seine Tochter manchmal von der Schule abholt. Er fährt einen Jeep wie bei uns die Soldaten. Darüber habe ich mich am Anfang gewundert, aber mir ist das natürlich lieber, dass hier die Zivilisten in den Jeeps sitzen und nicht die Militärs. Vielleicht wären sie alle gern Soldaten und wissen es nur nicht. Wenn sie verborgene kriegerische Gelüste haben, lass sie weiterschlafen in ihnen. Ich bin froh, in einem Land zu sein, wo man nur selten Militär sieht, ich vertrage das inzwischen schlecht. Neulich, als ich mit der U-Bahn fuhr, sah ich plötzlich im Tiefgeschoss am Hauptbahnhof einen Trupp Soldatinnen und Soldaten. Sie waren jung, alle trugen lange schwarze Schlagstöcke und rannten; ihre Gesichter waren angespannt. Das hat mir Angst gemacht, ich stand da und hoffte, dass niemals ich es sein möge, auf den sie gehetzt würden.

Ich wollte dir jedoch von Billies Vater berichten, der einen ganz schwarzen Jeep fährt, der groß ist und dröhnend die Straße hinter unserer Schule unter seine Räder nimmt. Manchmal kommt Billies Vater in die Klasse, das tun nur wenige Eltern, und dann geht Charlie an den Bücherschrank, obwohl sie darin gar nichts zu suchen hat in diesem Moment. Doch er geht zu Charlie hin, redet auf sie ein, und nach einer Weile kann Charlie nicht mehr kramen, sie muss mit ihm reden, und ich sehe genau, dass sie in diesem Moment nicht unsere Lehrerin ist, nicht Frau Baumann, denn ihre Augen flattern, und sie scheint mir in ihren eigenen Bewegungen gefangen. Und dann steht Billie noch daneben und lächelt so, wie ich es hasse, weil es kein Lächeln ist, das im anderen ein Echo sucht, sondern eines, das wehtun will.

Da ist offenbar etwas zwischen Charlie und Billies Vater, was ich nicht weiß. Daher kann wohl Charlie zu Billie auch nicht sagen, dass sie Billies Shorts zu kurz und die Strapse zu lang findet. Einmal, im Sommer, trug Billie einen Body aus weißer Spitze. Weißt du, wie ein Body aussieht? Mädchen tragen ihn. Er ist wie eine enge zweite Haut aus Stoff, die Mädchen haben Jeans darüber an, Shorts oder Miniröcke, und es sieht meistens schön aus, sexy. Ich habe dir ja schon berichtet, dass es hier wichtig ist, sexy auszusehen. Für mich, selbst wenn ich es wollte, ist es leider unmöglich. Jedenfalls habe ich bei der Caritas noch keinen Body gefunden. Schon gar keinen aus Spitze, wie Billie ihn trug. Er war ziemlich durchsichtig, man konnte Billies Brüste sehen und die Brustwarzen, natürlich nur, wenn man genau hingesehen hat. Aber das ist hier durchaus üblich.

Charlie hat auch hingesehen, und sie hat zu Billie gesagt, dass sie mit diesem Body zum Feringasee fahren solle, aber in der Schule sei das unpassend. «Geschenkt», sagte Billie nur, und Charlie ging zurück zur Tafel, ohne ein Wort.

An diesem Tag hat Billie mit einem Wort einen Graben zwischen ihr und mir aufgeworfen. Am Schluss des Unterrichts, als alle aus den Bänken herausrannten, blieb Billie neben mir stehen. Sie sah mich von oben bis unten an, lächelte dies eigentümliche Lächeln und sagte «peinlich».

Damals wusste ich noch nicht genau, was das Wort bedeutete, doch dass es mich absonderte von allem, das spürte ich natürlich, und meine Verlassenheit machte mir in diesem Augenblick das Atmen schwer.

Meral hat mir genau erklärt, was Billie gesagt hatte. Es bestätigte nur, was ich instinktiv gefühlt hatte. Billie fand es peinlich, wie ich angezogen war, es machte ihr Pein, was soviel wie Schmerz bedeutet. Billie konnte zum Glück nicht wissen, dass ich mich selbst schon genug darüber ärgerte, dass ich in alten und verwaschenen Sachen herumlaufen musste. Inzwischen bin ich sicher, dass du ein sehr alter Mann sein musst, sonst würdest du einsehen, wie mühevoll es sich in diesem Land lebt, wenn man keine Kleider besitzt, wie sie in den

Schaufenstern zu sehen sind. Achte mal darauf, wie unnachgiebig die Menschen auf den Gesetzen beharren, die von der Mode vorgeschrieben werden. Frauen vor allem halten die Gesetze strikt ein, aber Männer tun es auch, vor allem die jungen, glaube ich. Das kannst du in unserer Klasse sehen. Nach Billie, die eine Ausnahme ist, sind die Schüler, die am schönsten angezogen sind, die türkischen. Ihre Eltern leben meist schon lange in Deutschland, und sie kaufen ihren Kindern alles, was modern ist. Sirin, Türkan oder Aysel haben Levis-Jeans und T-Shirts von Chevignon. Sogar lederne Rucksäcke für ihre Schulsachen besitzen sie. Vielleicht war es ihnen ja auch peinlich, wie ich gekleidet war, aber sie haben nie etwas Derartiges zu mir gesagt. Niemand tut das, außer Billie. Ich weiß, dass du die Sanftmütigen liebst, aber ich war wütend auf Billie. Ich hatte ja nicht einmal Wörter, um zurückzuschlagen. Damals habe ich begriffen, welche Macht die Sprache hat. Ohne die richtigen Wörter ist man ein Nichts. Noch weniger als ein Nichts. Ich konnte Billie nicht sagen, welch schöne Kleider ich auf dem Land, im Haus meiner Großmutter getragen hatte. Weite Hosen in den Farben des Meeres, bunte Blusen unter dem langen, luftigen Hemd.

Du weißt das alles, aber Billie konnte ich es nicht erklären. Ich konnte ihr auch nicht sagen, dass ich nur das besaß, was ich trug, als Mehmet mich von den Nachbarn abholte. Und so musste ich hinnehmen, was Billie mir vorwarf. Am nächsten Tag in der ersten Stunde hatten wir Geschichte, und Frau Baumann gab die Schulaufgabe heraus. Billie wurde nach vorn gerufen, und Meral flüsterte mir zu, dass Billie eine Fünf geschrieben habe, schon die zweite nach Mathematik. Billie nahm die Arbeit entgegen, scheinbar unbewegt, doch als sie das Haar zurückstrich, sah ich, dass ihre Ohren rot waren. Ich glaube jedenfalls, dass es so war. Als Billie zurückging zu ihrem Platz, blieb sie bei mir stehen. Sie sah mich an, als hätte ich ihr die Fünf beschert, jedenfalls schien mir ihr Blick so eigentümlich drohend. Was wollte sie schon wieder von mir? Ich spürte, dass auch die anderen uns ansahen, auch Charlie, die Lehrerin. Es lag eine seltsame Spannung in der Luft, ich wollte Billie los sein und sagte daher so korrekt, wie es mir möglich war, das Wort, das ich von ihr gelernt hatte: «Peinlich».

Die anderen lachten, Billie warf zornig ihr Haar zurück, setzte sich an ihren Platz. Tina, das Mädchen neben Billie, lachte mich zum ersten Mal an. Ich sah eine silberne Zahnspange in ihrem Mund und wusste, warum Tina selten lachte. Für mich hatte sie ihre metallenen Verästelungen gezeigt und mir dadurch Recht gegeben. Und das, obwohl sie anscheinend Billies Freundin war.

Meral sagte zu mir, es sei nicht gut, wenn ich Billie zu meiner Feindin machte. Meral sah mich aufrichtig und zugleich ängstlich an, doch ich verstand ihre Befürchtungen nicht. Es ist gut, dass Meral neben mir sitzt. Nicht nur, weil sie Türkisch spricht und ein sehr gutes Deutsch, wodurch sie mir jeden Tag hilft. Nein, das ist es nicht allein. Meral ist sanft und leise, sie ist eine der Frauen, die du nicht mit der nötigen Körpergröße beschenkt hast. Mehr als einen Meter und fünfzig Zentimeter misst Meral sicherlich nicht. Wenn sie in der Bank sitzt, merkt man es nicht, nur wenn sie aufsteht, glaubt man fast, sie sei noch ein Kind. Meral ist weich, was in diesem Land nicht gut ist. Ich glaube, in keinem Land darf man zu weich sein, sonst kneten einen die anderen genau so, wie sie einen haben wollen, und wie sieht man dann aus?

Mir geht es aber eigentlich um etwas ganz anderes. Ich mache mir Sorgen um Meral und wüsste gern, was du dazu sagst. Schließlich bist du es, der bestimmt hat, dass Frauen schon mit vierzehn, fünfzehn Jahren heiraten und dass dann ihr Mann über sie herrscht, wie früher ihr Vater. Meral hat so einen Mann. Er holt sie mittags immer von der Schule ab. Glaubst du vielleicht, dass Meral sich freut, wenn sie ihren Mann sieht? Sie bewegt sich mit völlig regungslosem Gesicht auf ihn zu, und er geht an ihrer Seite, als führe er sie ab. Merals Mann ist nicht hübsch. Seltsam. Gut, dass ich keinen Mann habe. Bitte, gib, dass Mehmet nicht auch noch auf diese Idee kommt. Ich könnte gar nichts dagegen tun, das weißt du. Warum hast du es so eingerichtet, dass die Männer über die Frauen herrschen? Warum lässt du so viele Dinge geschehen, die ich nicht begreife?

Manchmal, in den Nächten, wenn alles zurückkommt, was mein Leben fast zugrunde gerichtet hätte, packt mich der Zorn. Wer bist du? Verdunkelst du den Menschen das Gehirn, damit sie es fertig bringen, ihre Brüder und Schwestern zu töten? Kinder zu erschlagen? Sie töten ohne jedes Recht. Du kennst Halabdja. Wie konntest du zulassen, dass Saddam Hussein die Stadt mit Giftgas bombardieren ließ? Fünftausend Menschen starben, fast die ganze Stadt. Gellt dir das Schweigen so vieler Toten nicht in den Ohren? Herrschen da, wo du bist, nicht die Gesetze des Mitleids? Komm zu uns, steig zu uns herab, damit du sehen kannst, was mit uns geschieht. Wir sind ein sehr altes Volk. Wir wollen nur in dem Land leben, das du uns gegeben hast. Warum lässt du zu, dass wir flüchten müssen, um nicht zu sterben? Sag ihnen, sie sollen aufhören zu töten.

Hast du nicht gesehen, wie die Männer zu unserem Haus gingen in Diyarbakir? Meinen Vater hatte der Geheimdienst schon abgeholt, daher war unsere Nachbarin schon unruhig, ihr fiel auf, dass die Männer zur hinteren Tür gingen, und die Nachbarin lief, mich zu holen, zum Haus von Ayses Eltern. Sie wollte nicht riskieren, dass ich den Mördern in die Arme laufe. Sie musste mir nichts erklären. Vater arbeitete im Menschenrechtsverein von Diyarbakir. Das konnte jeden Tag den Tod bedeuten, das wussten wir alle. Als ich das Gesicht der Nachbarin sah, wurde mir klar, dass das eingetreten war, was Mutter manchmal angedeutet hatte. Jetzt war es geschehen, endgültig. Die Nachbarin versteckte mich im Vorratsraum hinter einem Regal, bis Mehmet kam. Mir war alles gleichgültig. Egal, wer mich abholte. Wohin ich jetzt auch gehen würde, eine Lösung war es nicht, auch kein Ausweg. Ich würde es mit mir geschehen lassen. Seltsam – an dich habe ich damals nicht gedacht.

Im Bus fuhren wir nach Ankara, Mehmet und ich. Wir fanden kaum einen Platz, so drängten sich die Menschen im Bus. Das war gut für uns, da niemand uns beachtete. Ich musste mich darauf konzentrieren, nicht zu erbrechen, dämmerte in Wellen von Übelkeit und Entsetzen.

Die Freunde von Mehmet, die uns aufnahmen, wohnten in provisorischen Häusern am Rand von Ankara. Sie waren selbst Flüchtlinge, gaben mir jedoch Decken und Polster, soviel sie hatten. Damit rollte ich mich auf dem Lehmboden zusammen. Der fremde Boden war hart, und ich fror. Mir war elend, meine Zähne schlugen aufeinander. Panik war in mir und dann wieder Gleichgültigkeit. Im Einschlafen hoffte ich, dass alles nur ein Traum sei.

Mehmet war schon weg, als ich erwachte. Man gab mir Fladenbrot und Tee, und ich wartete auf Mehmet. Er musste falsche Pässe besorgen, denn mit unseren Ausweisen hätte man uns im Flughafen festgenommen. Was sollte nun werden? Ich sah in meine Zukunft wie in einen dunklen Abgrund, und zum ersten Mal in meinem Leben dachte ich daran, ob es nicht besser wäre zu sterben.

Gestern hatte ich noch eine Zukunft gehabt. Tage mit dem gleichen Muster wie vorgestern. Die Stimme meines Vaters, wie er morgens aus dem Haus ging. Ich wurde schon immer vorher von seinem Räuspern wach. Vater rauchte, daher musste er morgens husten, und dann wusste ich, dass es Zeit für mich war aufzustehen. Und zwar rasch. Timur hörte Vaters Räuspern auch, und sofort rannte er ins Bad. Da schloss er sich ein für lange Zeit. Es beeindruckte ihn nicht, wenn ich davor stand und klopfte. Gegen Timurs ungebremste Morgentoilette waren wir alle machtlos, selbst Mutter. Sie stellte mir schon den Tee hin und geröstetes Brot mit Joghurt und heißer Butter. Ich weiß heute nicht recht, warum – aber ich war maulfaul am Morgen. Nur Verwünschungen gegen Timur fielen mir ein.

Mutter klopfte dann so lange gegen die Badezimmertür, bis er mit seinem liebenswürdigen Egoistenlächeln, vor sich hin summend, endlich aus dem Bad herauskam. Timur tat immer, was er wollte, und Mutter entschuldigte ihn. Timur, zwei Jahre jünger als ich, war immer noch unser Kleiner. Dabei war er groß und knochig geworden in der letzten Zeit, seine sanft gebogene Nase sprang ihm jetzt kräftig aus dem Gesicht, auch seine Haut war nicht mehr so samtig. Timur trug, glaube ich, die Dornenkrone der Pubertät, die an mir spurlos vorübergegangen war, zumindest, was das Äußere anging. Daher verstand ich auch, dass Timur jetzt über alle Maßen eitel war, trotzdem brachte es mich immer in Rage, wenn er für eine Ewigkeit im Bad blieb.

Heute versuche ich, mir jede Minute dieses letzten Morgens zurückzurufen. Was hatte Mutter gefragt? Hatte sie noch irgendetwas zu mir gesagt? Und ich? Hab ich ihr wenigstens einen guten Morgen gewünscht? Ihr einen Kuss zum Abschied gegeben? An nichts konnte ich mich erinnern, was anders gewesen wäre als an jedem anderen Morgen. Dabei hatten wir doch alle gewusst, oder hätten es wissen müssen, dass jeder Morgen unser letzter hätte sein können.

Du musst es gewusst haben. Du hast uns ja hineingestellt in das Leben, du weißt, dass wir in unserem Land nicht wir selbst sein dürfen. Sicher hast du uns das als Prüfung geschickt. Gerecht ist es nicht. Dich versteht kein Mensch. Nur – manchmal gibst du doch Zeichen. Hättest du mir nicht an diesem Morgen ein Zeichen geben können, eine Mahnung an der Wand, nur ein Wort, damit ich jeden Laut meiner Mutter höre, in mich einbrenne, jede ihrer Gesten, den Ton ihrer Stimme. Ich hätte meine Mutter umarmen können, lange, ohne Ende. Erst jetzt weiß ich, wie sehr ich ihren leisen Geruch nach Schlaf liebte. Ihre Müdigkeit, alles gehörte zu den Ritualen des morgendlichen Haushalts.

Warum habe ich Vater am Abend nicht gebeten, sich zu verstecken? Seit dem Newroz, unserem Neujahrsfest, kamen seine Freunde fast jeden Abend zu uns. Wir hörten aus dem Wohnzimmer ihre Stimmen, die sich manchmal überschlugen. Besonders Ismail, Vaters Cousin, führte sich auf, als sei er unsterblich. Überall schrie er herum, dass die Regierung nicht aufhöre mit dem Morden. Ich habe das auch gewusst, das heißt, ich hörte es, ich entsetzte mich darüber, aber ich begriff es nicht. Es war weit weg. In unserer Stadt lebten wir mit unseren türkischen Nachbarn in Frieden, da spürte ich nicht so deutlich, dass die Regierung uns bekämpfte. Doch im April vor drei Jahren, am Geburtstag meiner Großmutter, lernte ich es. Wir waren in Gozel, dem Dorf, in dem ich die ersten sieben Jahre meines Lebens verbracht habe. Die Eltern meines Vaters, meine Großeltern, lebten da, ich habe dich schon einmal daran erinnert. Du weißt, wie gern ich in Gozel war. Schon wenn wir ins Dorf hineinkamen, freute ich mich auf meine Großeltern. Besonders meine Großmutter hatte immer Zeit für mich, bei ihr galt ich mehr als mein Bruder Timur, der daheim Mittelpunkt der Familie war. Meine Großmutter bewunderte mein langes, dichtes Haar, sie wickelte die

Strähnen um ihre Finger und sagte, sie habe früher ebensolches Haar gehabt. Überhaupt sähe ich ihr ähnlich, das bestätigten alle in der Familie, und meine Großmutter war darüber sehr glücklich. Sie zeigte mir ihren Schmuck, Ketten mit großen Goldmünzen, Armbänder, Ringe. Mir gefiel besonders gut eine Kette aus blauen Steinen, die mit einer Münze aus Gold und einer zweiten Kette aus weißen Perlen verflochten war. «Das alles bekommst du, meine einzige Enkelin, am Tag deiner Hochzeit», sagte meine Großmutter zu mir, und dann zeigte sie mir die bestickten weißen Tischtücher und Bettlaken, die ich ebenfalls erhalten sollte. Es war nicht der Schmuck oder die schöne Wäsche, die mich froh machten, es war der Stolz meiner Großmutter, die mich bei der Hand nahm, mit mir in die Häuser ihrer Nachbarn und Freunde ging. Meiner Großmutter galt ich viel, das spürte ich, und ich küsste ihre kühle Wange, deren Haut braun war und runzlig von der Arbeit in der Sonne. Großmutter roch nach der Glut des Feuerofens, auf dem sie das Brot buk, nach dem Joghurt, den sie für uns bereitete. Großmutter roch nach Großmutter, und ich war zu Hause, wenn ich in Gozel war.

Doch es war diesmal anders als sonst. Großvater berichtete von Fliegerangriffen auf Nachbardörfer, erst heute Morgen hatten sie das Heulen von Tiefffliegern, den Donner von Explosionen aus dem Norden gehört. Von überall her erreichten uns die Berichte von Dörfern, Städten, ganzen Gebieten, die durch Bombenangriffe der Regierung in Schutt und Asche gelegt worden waren. Doch zum ersten Mal nahmen die Orte Gestalt an in mir. Hier, in Gozel, in den staubigen Straßen, in den einfachen Ziegelhäusern mit den flachen Dächern, bekam ich Angst. Ich hörte die Namen Hani, Kulp, Ergani, Hazro, Lice, Sirnak, ich wollte gar nicht mehr hinhören, aber das Aufzählen nahm kein Ende, und als sie Siirt sagten und Kurtalan und Catak, da rannte ich hinaus und hockte mich an die Stalltür. Ich hätte schreien mögen, um meine Angst zu verjagen, aber sie blieb, solange ich auch in das grelle Licht der Sonne starrte, die den Platz zwischen Wohnhaus und Stall grellweiß tünchte.

Wir waren noch keine zwei Kilometer vom Dorf entfernt, als die Flieger kamen. Im Schatten eines Felsens brachte Vater das Auto zum Stehen. Wir krochen hinter dem Felsen in ein Dornengebüsch, das mir die Haut aufriss, ich spürte keinen Schmerz, so wie ich das Gebüsch nicht mehr als Zweige und Blätter erkennen konnte, sondern als schützende Höhle, in die das Heulen nicht hineingelangen würde. Ich hörte Mutter leise stöhnen, sie hatte sich den Fuß verletzt, ich hörte es und hörte es auch nicht. «Sie fliegen nach Gozel», sagte mein Vater. Das hörte ich.

Als wir schon fast wieder zurück in Gozel waren, als wir das Feuer sahen, den Rauch und den schwarzen Staub, als wir die Schreie hörten, das Rufen, als das Entsetzen unsere Köpfe zu füllen begann, da hörten wir wieder das Heulen. Sie kommen noch einmal zurück, schrie Timur, und wir stürzten panisch aus dem Auto. Vater warf uns in eine Art Graben neben der Straße, und es schlug überall dicht neben uns ein, und plötzlich fühlte ich an meinem Bein einen stechenden Schmerz. Für einen Moment war es das Einzige, was ich empfand. Ich fühlte mich eigentümlich leer, wie im Traum. War ich taub geworden von der Detonation? Ich hörte nichts, als wir aus dem Graben herauskrochen, ich fühlte, wie Blut an meinem Bein herunterlief, Mutter riss ein Stück aus ihrem Rock und band es mir fest um die Wade. Vater und Timur rannten schon ins Dorf, das kein Dorf mehr war, sondern nur noch aufgerissene Wände, die aus Rauch und Feuer hervorschauten.

Wir suchten die Großeltern vergeblich in ihrem zerstörten Haus. Sie hatten wohl auf die Felder flüchten wollen, gemeinsam mit anderen. Wir fanden sie im Staub der Straße, Großmutter lag da in ihrem schwarzen Seidenkleid, seltsam verrenkt, Großvater unweit von ihr, bedeckt von Staub und Erde. Noch vor einer Stunde hatten wir mit ihnen gelacht, uns gefreut, dass wir einander hatten. Vater drehte den Kopf seines Vaters zu sich, behutsam wischte er den Staub aus dem Gesicht des Toten. Nie hatte ich eine so zärtliche Geste bei meinem Vater gesehen. Ich wollte mich hinunterbeugen zu meiner Großmutter. Aber ich hatte Angst. Wo warst du, als wir dort hockten, stumm vor Schmerz und Grauen? Konntest du nicht alles ungeschehen machen?

Ich sah in den Augen meines Vaters den Schrei der Wut. Ich sah in seinen Augen die Abertausende ermordeter Kurden, ihre Frauen, Töchter und Söhne. Ich sah Gefechte, in denen Kurden unterlagen, schlecht ausgerüstet, verraten von ihren Brüdern. Kurden haben keine Freunde, heißt ein altes Sprichwort bei uns. Ich weiß nicht, warum das so ist.

Weißt du es? Du hast doch alles erschaffen. Auf Kurdistan hast du nicht Acht gegeben. Unser Land hat niemals uns gehört. Immer haben andere Völker es uns streitig gemacht. Schon immer haben fremde Völker unsere Männer in ihre Kriege gezwungen, unsere Familie aus ihren Häusern vertrieben, unseren Bauern haben sie das Vieh und den Weizen weggesteuert. Mein Vater sagte, unser Fehler sei, dass wir niemals zusammengehalten hätten. Unsere Sheikhs und Agas haben einander zu oft bekämpft. War ein Oberhaupt tot, hat ein anderer Aga auch noch den Bruder ermordet, um sich den Stamm zu unterwerfen. Meistens haben wir jedoch gekämpft, um uns zu verteidigen, denn sie haben uns behandelt wie den Dreck auf den Straßen, den man mit Füßen tritt. Mein Vater hat mir eine Geschichte erzählt, die mich schon immer wütend und traurig gemacht hat. Hier fällt sie mir oft ein. Es war im vorigen Jahrhundert. Ein deutscher Offizier kämpfte an der Seite der Türken gegen die Kurden. Kurdische Fürsten unterstützten den Kampf des Sultans gegen die eigenen Landsleute, kurdische Führer zeigten dem deutschen Offizier geheime Pfade. Der Offizier, er hieß Helmut Graf von Moltke, entwickelte eine so geschickte Strategie, dass seine Leute früher unbezwingbare kurdische Fürstenhäuser und Burgen in wenigen Tagen einnehmen konnten. Die Türken hatten dabei kaum Verluste. Die Tausende toter Kurden hat niemand gezählt. Als der deutsche Graf eine kurdische Burg betrat, begegnete ihm ein kurdischer Flüchtling, der seinen Bruder schleppte, dessen Bein zerschossen war. Moltke ließ einen Arzt aus seiner Truppe kommen. Er war Türke und zeigte sich angewidert, dass er einen Kurden versorgen sollte. Erst auf den ausdrücklichen Befehl des Grafen Moltke hin tat er es dann widerstrebend. Der Graf hat diese Begebenheit in Briefen an seine Heimat geschildert, er war fassungslos über die Verachtung, die Türken den Kurden gegenüber zeigen.

Dabei sind wir doch Brüder und Schwestern. Und schlagen einander mit Worten und mit Waffen. Bis heute, und es hört nicht auf. Immer noch werden wir Kurden verachtet und unterdrückt. Noch vor wenigen Jahren durften wir nicht einmal unsere Sprache sprechen in unserem Land. Das Verbot ist jetzt aufgehoben, aber nichts ist dadurch besser geworden. In unserem Nachbarland, dem Irak, haben sie kurdische Städte mit Gas bombardiert. Quellen wurden verseucht und alle, die davon tranken, erkrankten oder starben. Säcke vergifteten Weizens haben sie geliefert, und lange wussten die Menschen nicht, was mit ihnen geschah. Ausländische Berichterstatter haben ihre Beobachtungen an die Presse gegeben. Doch niemand hat sich empört.

Haben wir nicht schon längst genug gelitten? Warum hast du uns für vogelfrei erklärt, uns verbannt, aus der Welt herausgestoßen? Wie lange sollen wir noch sterben?

Manchmal fühle ich die gleiche Wut in mir, wie ich sie in den Augen meines Vaters gesehen habe, damals in Gozel. Und ich kann verstehen, dass er seine Arbeit im Menschenrechtsverein nicht aufgeben wollte, nun gerade nicht. Mutter hat versucht, ihn zur Vorsicht zu mahnen, aber nicht immer. Meistens war auch sie wütend und einverstanden mit dem, was Vater und seine Freunde planten. Warum gönnen sie uns nicht den Ansatz einer Autonomie?

Manchmal, in der ersten Zeit nach unserer Flucht aus Diyarbakir, habe ich geglaubt, dass meine Zukunft ebenso ausgelöscht sei wie meine Familie. Ich fühlte mich wie ein Planet, den man herausschießt aus dem Sonnensystem. Fallen ohne Ende. Das wäre schön gewesen. Manchmal dachte ich auch, dass ich bereits tot sei wie die Eltern, wie Timur. Vielleicht war ich gar nicht am Nachmittag bei Ayse? Vielleicht haben mich die Konterguerillas auch erschlagen, und nun lebte ich in einem Traum?

Offenbar hatte ich mich in den beiden Nächten in Ankara, als ich auf dem Lehmboden schlief, stark erkältet. Mein Kopf war dumpf, ich hätte nur noch daliegen mögen und nicht wieder aufstehen. Doch da war Mehmet, der mich zum Aufstehen drängte. Sein bleiches Gesicht mit den Bartstoppeln war kein Traum, auch Mehmet sah krank aus, ich spürte, wie er schwitzte und zitterte. Mehmet hatte mit dem Vater für mehr kurdisches Selbstverständnis gekämpft. Nun konnte er unsere Verwandten nicht einmal begraben.

Die falschen Pässe hatten das gesamte Geld gekostet, das Mehmet in der Eile hatte mitnehmen können. Als wir das Flugzeug nach Deutschland bestiegen, schien mir alles sinnlos. Am liebsten hätte ich vergessen, woher ich komme, es war mir auch gleichgültig, ob wir festgenommen würden oder nicht.

Was hatte ich getan, dass ich mit Mehmet in diesem Flugzeug saß? Warum war ich plötzlich an Mehmet gekettet, auf ihn angewiesen, den ich früher nur hin und wieder gesehen hatte? Dort unten ließ ich meine Familie zurück. Ich versuchte mir das Gesicht meiner Mutter vorzustellen, ihr schönes, klares Gesicht. Was haben sie mit ihr gemacht? Du musst es doch wissen, ob sie sie erschlagen haben oder erschossen. War ihr Gesicht zerstört? Und Timur, sicher hatte er Mutter beschützen wollen, und sie ihn, sie hatten einander helfen wollen, was sollte ich denken, eine solche Situation darf ich mir einfach nicht ausdenken, sonst kommt ein Sturm in mir auf, den ich nicht beherrschen kann. Später, viel später, hörte ich in Deutschland ein Lied: «Vom Himmel auf die Erde, falln sich die Engel tot.» Der Dichter muss meine Angst gekannt haben, das Äußerste, das man erleben kann.

Ich flog meinem Land davon. Es war nicht mehr mein Land. Ich hatte dort nichts mehr zu suchen als das zerstörte Gesicht meiner Mutter, das Loch in der Stirn meines Vaters, die toten Augen Timurs. Wenn ich nicht mit Mehmet geflohen wäre, hätten sie mich inzwischen auch umgebracht. Warum eigentlich nicht? Auf eine Tote mehr oder weniger kam es nicht an. Ich sah durch die Fensterscheibe des Flugzeugs, alle wandten den Kopf dahin, so tat ich es auch. Unter der Maschine zogen Wolkenfetzen, das Flugzeug schien betrunken, so taumelte es hin und her.

Dann sah ich unter mir mein zweites Land. Niemand war da, der auf mich wartete, niemand, der mich kannte, den ich kannte.

Ich sah Mehmet an. Er wischte sich fortwährend die Schweißtropfen aus dem Gesicht. «Sag kein Wort, wenn man dich nicht ausdrücklich fragt», befahl er mir. Sein Ton war rau, ganz anders als gestern noch. Vermutlich wünschte Mehmet in diesem Moment, er wäre allein, ohne mich, die ich ihm natürlich eine Last sein musste. Besonders in diesem

Moment. Ein falscher Ton von mir oder von Mehmet, und die deutschen Behörden konnten uns zurückschicken in die Türkei. Die Regierung zu Hause hasst Kurden, die Kurden sein wollen. Sie sagen, wir seien Bergtürken. Und doch sind wir seit Jahrhunderten Kurden, und das wollen wir bleiben. Wir verlangen von keinem Türken, dass er plötzlich Kurde wird. Wie soll das auch gehen? Kein Mensch kann seine Abstammung, auf die er stolz ist, einfach ablegen wie einen alten Mantel. Doch die Regierung will das. Sie hat Angst, dass der türkische Staat an Macht verliert, wenn die Kurden in ihre Rechte eingesetzt werden. Für türkische Politiker gibt es daher keine Kurden, sondern nur Terroristen. Dabei hat mein Vater mir erzählt, dass es schon 3000 Jahre vor Christus Kurden gab.

Doch wenn das so weitergeht, wenn du nicht endlich damit aufhörst, die Kurden zu bestrafen – wofür eigentlich? –, dann wird es unser Volk eines Tages nicht mehr geben.

Vater hat gesagt, dass die Kurden oft betrogen wurden. Das war in der ganzen Geschichte Kurdistans so, hat mein Vater gesagt. Noch 1920 wurde im Vertrag von Sèvres anerkannt, dass die Kurden das Recht haben, in Süd- und Ostanatolien einen Staat Kurdistan zu gründen. Die Regierungen Großbritanniens und des Irak anerkannten 1922 dieses Recht für die Kurden auch im ölreichen Gebiet Südkurdistans, in Irakisch-Kurdistan. Selbst General Mustafa Kemal, der spätere Atatürk, was Vater aller Türken heißt, Atatürk versprach den Kurden Autonomie. Daraufhin kämpften die Kurden mit ihm gegen die ausländische Besatzung. Mit dem Ruf «Türkisch-Kurdische Bruderschaft» wurden die Besatzer aus Anatolien vertrieben. Im Vertrag von Lausanne jedoch unterschrieben alle Beteiligten ein Abkommen, in dem von einem kurdischen Staat und von der Existenz einer kurdischen Minderheit in der Türkei nicht die Rede ist. Nach der Gründung der türkischen Republik kann es nach der Logik der Türken keine Kurden mehr geben.

Wie sollen wir das begreifen? Wenn du uns schon in eine derart verzweifelte und ausweglose Situation bringst, dann gib uns doch wenigstens den Verstand, dass wir einsehen können, warum. Ich begreife es nicht, und wenn ich meine Gedanken daran nicht verdränge, rege ich mich ständig von neuem auf. Können Politiker am grünen Tisch einfach ein ganzes Volk beseitigen? Jetzt erklär mir bitte nicht, dass es viele Kurden gibt, die stolz darauf sind, Türken zu sein. Ganz wie Atatürk es befohlen hat. Genau darin liegen ja unsere Probleme.

Wenn Vater mir nicht so viel über unsere Vergangenheit erklärt hätte, würde ich überhaupt nichts von dem begreifen, was passiert. Vater war eben Lehrer, und er hat nichts lieber getan, als seinen Beruf zu Hause fortzusetzen. Manchmal wurde es mir zu viel, wenn er von nichts anderem mehr sprach als von der kurdischen Geschichte, aber heute bin ich froh um jedes Wort, das er gesagt hat. Ich weiß daher auch, warum die Türken uns bis auf den Tod bekämpfen. Sie wollen, dass wir türkisch werden, und sehen, dass sie damit scheitern. Dabei geben sie den Bauern in den Bergen nicht einmal eine reelle Chance, die türkische Sprache zu lernen. Und dann töten sie die Menschen, weil sie Angst vor ihrem Anderssein haben. Sie vergessen, dass wir keine Einwanderer sind, sondern Einheimische. Und sie vergessen auch, dass im Laufe der Geschichte viele Völker unser Land beherrscht haben und wir keiner Kultur unsere kurdische Identität geopfert haben.

Ich glaube, die türkische Regierung fühlt sich im Innern des Landes von uns Kurden bedroht. Von außen sind es Armenien, Griechenland, Syrien oder auch der Iran, mit denen die Türkei zuweilen Krieg führt. Vielleicht bin ich ja zu naiv, um das richtig zu beurteilen, aber ich glaube, wenn die Türkei den Kurden wenigstens einige Rechte zurückgäbe, sie als echte Partner innerhalb des Staates ansähe, dann wäre die Türkei so stark, dass sie sich behaupten könnte. Und jeder Nachbarstaat würde sich gut überlegen, ob er es wagen kann, die Türkei zu verärgern.

Vater hat immer voll Bitterkeit gesagt, dass die türkische Regierung so stolz darauf sei, ein moderner Staat zu sein, eine offene und tolerante Gesellschaft. Darüber musste sogar ich lachen, die ich von Politik so gut wie nichts verstehe. Wie kann eine Gesellschaft tolerant und offen sein, wenn das Militär überall herrscht? Der Staat ist bei uns das Militär, und das Militär ist der Staat. Das sieht doch ein kleines Kind, dass bei uns das Militär für Ruhe und Ordnung sorgt. Einen modernen Staat stelle ich mir anders vor. Das muss ein Staat sein, auf den jeder Bürger stolz ist, ein Staat, den er sich wünscht und an dem er mitarbeitet, damit er sich weiterentwickeln kann.

Männer und Frauen, die, wie mein Vater, um die gesellschaftliche Gleichstellung und Anerkennung als Kurden gekämpft haben, wurden oftmals auf dem Weg zur Arbeit erschossen. Oder sie wurden abgeholt und kamen nie wieder. Selbst Journalisten, die kritisch über die Verhältnisse in Türkisch-Kurdistan berichteten, wurden umgebracht. Besonders viele Mitarbeiter der Tageszeitung «Özgür Gündem», die von oppositionellen Kurden herausgebracht wird.

So kann es doch nicht weitergehen. Wie sollen die Kurden denn überleben? Du hast Macht über alle Dinge. Nur von dir kann Schutz und Hilfe kommen. Auch für Mehmet und mich.

Mehmet hatte Angst, als wir das Flugzeug verließen. Ich sah, dass er noch blasser war als bisher, er sah mich kaum mehr, ging sehr rasch vor mir her, sodass ich kaum nachkam.

Seine Angst konnte ich nur zu gut verstehen, dennoch war sie nicht meine Angst. Was konnte mir noch geschehen? Hier, in diesem Flughafen, fühlte ich mich seltsam leicht und frei. Licht blendete mich fast, mir war, als käme ich aus der Nacht in ein großes, gastfreies Haus. Elegant gekleidete Leute gingen rasch an mir vorbei, manche plauderten miteinander, sie trugen schönes Gepäck, und ich sah sie an einem Laufband auf bunte Koffer warten.

Ich dagegen hatte eine alte Stofftasche, in die mir Ayses Mutter rasch etwas Waschzeug und Unterwäsche von Ayse eingepackt hatte. Mehmet hatte auch nicht mehr Gepäck, doch ihn drückte sichtbar die Angst, dass die deutschen Beamten uns nicht glauben würden, was in Diyarbakir passiert war. Denn wir kamen schließlich aus einem Land, in dem es weder Folter noch Morde gab. Mehmet hatte sich ein paar deutsche Wörter aus seinem deutsch-türkischen Lexikon abgeschrieben. Immer wieder hatte er in der vergangenen Stunde geübt: «Asylantrag», «politisch Verfolgte». Mehmet sagte seinen Spruch auf, und man bedeutete uns zu warten.

Ich sah durch die hohen Glaswände nach draußen in die Nacht, die beherrscht war von einem magischen Licht. Das Flughafengebäude erschien mir wie ein majestätisches Schiff, das Tag und Nacht in Helligkeit segelt. Was konnte mir in diesem Licht, das durch alle Wände flutete, schon passieren? Wir hatten den Flug bezahlt, Mehmet und ich, zumindest in diesem lichten Gebäude waren wir zu Recht. Was danach kam, das entschieden Uniformierte. Denn wir waren keine Reisenden wie die anderen, die in Geschäften kommen oder zu Besuch. Wer in der Türkei ankommt, wird auch höflich empfangen. Freundlichkeit wird Fremden gezeigt. Türken sind großzügige Gastgeber, ihr Gast wird aufgenommen und bewirtet wie ein geliebter Bruder. Dabei ist keine Berechnung, ich weiß das ganz sicher, denn Kurden sind ebenso großherzige Gastgeber. Meine Mutter hatte immer heißen Tee für die Gäste, sie kochte und buk, damit jeder sich wohl fühlte bei uns, es sollte an nichts fehlen. Wenn unsere türkischen Freunde uns besuchten, war es für meine Mutter eine Ehre, ihnen aufzutischen; und waren wir bei ihnen zu Gast, hießen sie uns genauso herzlich willkommen. Meine Eltern und ich hatten viele türkische Freunde. Ayse ist meine beste Freundin, aber auch Tahin, Aysun und Sabine, die mit mir die Schule besuchten, haben mich nie spüren lassen, dass ich Kurdin bin. Ich weiß bis heute nicht, was sie sich gedacht haben, wenn ich, wie alle Schüler, jeden Morgen zum Schulanfang rufen musste: «Ich bin Türkin, ich bin fleißig, ich bin aufrichtig. Ich bin glücklich, Türkin sein zu können. Ich bin als Türkin geboren, ich werde als Türkin sterben.»

Wann hast du zuletzt unsere schönen Berge betrachtet, ihre weißen Gipfel? Du weißt, dass die Berge uns Kurden heilig sind, denn sie gaben uns schon immer Schutz vor den Feinden. Manche Berge haben jetzt Spruchbänder. Bei Tag und Nacht kannst du lesen: «Ich bin glücklich, ein Türke zu sein.» An Schulgebäuden heißt es: «Ein Türke ist so groß wie das Universum.»

Wenn ich ehrlich bin, wäre ich in diesem Moment am Flughafen am liebsten einer jener Reisenden gewesen, die fröhlich ihr Gepäck nahmen und davoneilten. Sie schienen ohne Sorge zu sein, sie wussten, das Land wird sie aufnehmen, sie werden erwartet. Wir aber – was wird aus uns? Mich hat mein Land ausgespuckt, und mir ist immer noch, als träume ich. Ich schlafe im Gehen, und es ist mir egal, wohin ich gehe.

Beamte kamen. Sie hatten einen Dolmetscher geholt, und sie befragten Mehmet. Seine Freunde in Ankara hatten uns schon vorbereitet. Anhörung heißt das in diesem Land. Man hört sich an, was der Flüchtling zu berichten hat. Man kann es ihm glauben oder nicht. Würde ich Mehmet glauben, wenn ich ihn anzuhören hätte? Hast du nicht bemerkt, wie Mehmet sich in diesen zwei Tagen verändert hat? Wenn er uns besuchte, früher, dann war es immer, als wehe ein frischer Wind herein, der Blattwerk und Lärm mitbringt. Mehmet war groß, und er war jung und zauste lachend mein Haar. Jetzt schien er mir schon alt geboren. Hatte ich die Narben in seinem Gesicht nicht gesehen? Sein Kopf, den er früher hoch trug, war nun auf den Boden gerichtet. Und schaute er auf, war sein Blick wie erstarrt vor Angst.

Warum hast du Mehmet so verändert? Machst du ihn dadurch nicht verdächtig? Ich kannte Mehmet nicht allzu gut, jedenfalls habe ich mir früher kaum Gedanken um ihn gemacht. Jetzt jedoch ist er alles, was ich noch habe, und ich frage dich, warum du mir nicht lieber meinen Vater gelassen hast oder Mutter oder Timur. Wenigstens einen. Alle Suren des Korans würde ich auswendig lernen, wenn du mir meine Mutter wiedergeben würdest. Du kannst es, wenn du wirklich willst, du bist doch der Erbarmer, der Barmherzige. Lass mich wenigstens noch einmal mit meiner Mutter reden. Sie wollte so oft mit mir reden, und ich war zu faul, hatte keine Lust, war mit meinen Gedanken bei Ayse oder bei Tahin. Bei ihm besonders, jetzt kann ich es zugeben, du weißt es ohnehin. Und Mutter war es wichtig, meine Gedanken zu teilen. Warum war es mir nicht wichtig?

In diesem Moment hörte ich, wie Mehmet davon sprach, dass die Konterguerilla meine Eltern umgebracht hatte. Ich glaube, erst in dieser Stunde habe ich es wirklich begriffen. Es war, als bekäme ich einen Schlag. Die beiden Beamten sahen zu mir hin, sie waren jung, einer hatte langes, blondes Haar und einen dünnen Bart über der Oberlippe, mehr wie ein Flaum. Ich sah, dass er die Zähne zusammenbiss, ich sah es an den Muskeln in seinem Gesicht. Der andere, eher dun-

50

kel, hatte ganz kurzes Haar, das ihm in einem Mittelscheitel an der Stirn auseinander fiel. Er sah aus wie ein unzufriedenes Kind. Er glaubte Mehmet nicht, jeden Tag hörte er solche Geschichten, er begriff sie nicht, also glaubte er sie nicht, es war doch kein Krieg erklärt, eigentlich unerhört, was sich die Leute ausdenken, denen geschieht doch nichts, wenn sie sich benehmen wie jeder normale türkische Bürger.

Sie wissen nichts, dachte ich, und schlimmer noch, sie wollen nichts wissen. Sie glauben mir nicht, wenn ich ihnen sage, dass ich nicht einmal weiß, wie lange sie meinen Vater haben sterben lassen, wie lange sie gebraucht haben, ihm seine Finger einzeln abzuhacken, ihm seinen Bart auszureißen, ihn an einer Straße in den Dreck zu werfen. Haben sie Timur mit dem Rücken auf glühende Kohlen gelegt, oder haben sie seine Füße zusammengebunden und ihn mit Stöcken zu Tode geschlagen? Und Mutter. Dass sie sie umgebracht haben, spielt keine Rolle. Alles, was geschehen ist, reicht hier nicht, macht uns nicht glaubwürdig.

Nicht einmal dir kann ich sagen, wie sehr ich außer mich geriet. Je mehr ich versuchte, mich zu fassen unter den Augen dieser Männer, unter ihren zweifelnden, nüchternen Blicken, desto stärker quollen die Tränen und das Schluchzen aus mir heraus. Ich presste meine Hände vor den Mund, biss in die Knöchel, doch ich konnte nichts festhalten, Schluchzen und Schreie brachen aus mir heraus. Und schließlich war es mehr, als die Beamten ertragen konnten.

Wir durften gehen, Mehmet und ich. Eine große, seltsam leere Halle nahm uns auf. Wo waren die anderen Reisenden? Mehmet ging schnell, immer schneller, es war, als sei er noch auf der Flucht oder erneut, und im Laufen sagte er zu mir: «Gut, deine Tränen», und dann rannte er weiter. Ich, fast ohne Atem, lief hinterher, und wir fanden rollende Bänder, die uns trugen. Wir fuhren in warme Helligkeit hinein und folgten dem großen grünen S. «Nehmen Sie die S-Bahn», hatte uns der Dolmetscher gesagt. «Das grüne S ist überall gut sichtbar.» Ich war froh, es immer wieder zu finden, dieses grüne S, und auf meinem Weg sah ich Menschen an Tischen und Kellner, die ihnen Getränke brachten, und als ich eine schräge Ebene aus glänzendem Marmor hinunterlief, prangten links und rechts bunte Läden, in die ich gerne hineingegangen wäre. Doch ich hatte keine Zeit, meine Augen suchten das grüne S.

Am Ende der Fahrt kamen wir die Rolltreppe hoch, und ich sah den Nachthimmel, sah die Wolken, die am Mond vorüberzogen. Es war derselbe Mond wie in Kurdistan. Mehmet ging auf ein paar Männer zu, die an der Haltestelle standen, und ich hörte, dass es Kurden waren. Sie beschrieben uns den Weg und gaben Mehmet einen Zettel mit Adressen. Mehmet machte mit dem Kopf eine Bewegung zu mir. Ich hängte meine Tasche wieder um und ging hinter Mehmet her. Ich hatte das Gefühl, ich mache mich auf in harte Zeiten.

Wenn ich jetzt an dieser U-Bahn-Haltestelle vorbeikomme, fällt mir mein erster Abend in München ein. Diese erste Nacht vielmehr, in der ich außer dem Himmel und der leeren Straßenkreuzung nichts wahrgenommen habe. Wie sollte ich auch? Du hattest so viel Unglück über mich gebracht, dass ich vor Angst und Furcht unfähig war, irgendetwas wahrzunehmen.

Das ist lange her. Eigentlich viel länger als ein Jahr und einen Monat. Meine Gebete hast du immer noch nicht erhört, nur einen meiner Wünsche hast du mir erfüllt. Es sei denn, du rechnest es deiner Güte an, dass ich inzwischen ziemlich gut Deutsch spreche und auch meistens gerne in die Schule gehe. Du hast jedoch immer noch nicht dafür gesorgt, dass Mehmet und ich eine bessere Wohnung finden. Wie soll ich jetzt, wo es wieder Winter wird, unsere Wäsche trocknen? Immer noch wasche ich sie mit der Hand in der Plastikwanne, denn Mehmet legt jede Mark, die er bei Mehdi Erten verdient, auf die Seite. Daher kann ich auch jetzt nicht mit unserer Bettwäsche in den Waschsalon gehen. Du weißt ja sicher schon lange, warum, denn du kennst ja die Gedanken der Menschen. Mehmets Gedanken kenne ich auch ziemlich gut. Du weißt ja, dass Mehmet studiert hat und auch hier ständig lernt, weil er wieder an die Universität will. Mehmet glaubt auch, dass er hundertmal klüger ist als ich. Wenn er aus dem Haus geht, sagt er mir nie, wohin er geht und wann er zurückkommen wird. Darunter leide ich nicht, im Gegenteil, manchmal gehe ich dann auch rasch weg, laufe zum Telefonhäuschen, um mit Tina zu telefonieren. Heimlich, denn über jeden Schritt, den ich tue, muss ich Mehmet Rechenschaft ablegen. Wie gut, dass es die Schule gibt. Dir kann ich es ja sagen, denn du siehst und hörst es ja ohnehin, wie ich Mehmet belüge. Ich erfinde Schulstunden, die wir gar nicht haben, Nachmittagsunterricht vor allem. Sozialkunde müssen wir nachschreiben, sage ich, und dass wir basteln müssen für einen Adventsbasar. Das stimmt sogar, nur basteln wir in den regulären Stunden, aber Mehmet hat gar nicht die Zeit, das zu kontrollieren. Und wenn er daheim ist und ich zu spät zurückkomme, habe ich Semmeln im Netz und Kaffee und Joghurt und beklage mich darüber, dass der Supermarkt wieder so voll war, dabei habe ich schon gleich nach der Schule alles eingekauft, dann ist es nämlich überall leer, und ich bin in wenigen Minuten mit dem Einkaufen fertig. Ich belüge Mehmet oft. Vielleicht bist du böse auf mich? Vielleicht erfüllst du mir deshalb keinen meiner vielen Wünsche, weil ich gegen deine Gebote verstoße? Es steht geschrieben, dass du vergebend und barmherzig bist. Du schreibst auch, wer eine

Sünde begeht, begeht sie nur gegen sich selbst. Du hast Recht. Ich spüre jedes Mal, dass es mir wehtut, Mehmet zu belügen, dass ich mich innerlich vor mir selbst entschuldigen muss, weil ich es eigentlich verabscheue zu lügen. Doch in diesem Land könnte ich nicht zurechtkommen, wenn ich mich daran halten würde, was Mehmet mir sagt.

Mehmet erwartet, dass ich in der Schule mitkomme, dass ich gute Noten schreibe. Er erwartet auch, dass ich mich zurechtfinde in der Stadt, in den Geschäften, unter den Menschen, die sofort ein anderes Deutsch sprechen, wenn ich sie etwas frage. Neulich fuhr ich mit der U-Bahn nach Neuperlach, zu Emine. Ich wollte mit ihr für Mehmet, der am anderen Tag Geburtstag hatte, Baklava machen. Die U-Bahn war sehr voll, ich war müde, hatte auch noch gerade meine Tage, ich wollte mich hinsetzen. Ein Mann saß am Fenster, auf dem Platz neben ihm stand eine Tasche. Ich fragte ihn, ob ich mich da hinsetzen könnte. Der Mann schaute auf, sah mich an, seine Mundwinkel verzogen sich. «Für dich? Für dich mach ich nicht Platz. Die Tasche bleibt stehen. Türkengeschwerl, freches.» Für einen Moment war es still. Ein Junge, der ihm gegenübersaß, ich sehe noch jetzt sein weiches, blasses Gesicht, sprang auf, stellte die Tasche auf den Boden und sagte: «Mann, du alter Sack, hör bloß auf mit dem Gelaber.»

«Ist doch wahr», verteidigte sich der Mann und stellte seine Tasche wieder auf den Sitz, «die kommen her, sitzen in unseren billigen Wohnungen und machen unsere Wirtschaft kaputt.»

Der Junge stellte die Tasche jetzt wieder runter, setzte sich selbst auf den Platz und bot mir seinen an. Ich wäre am liebsten ausgestiegen, so peinlich war mir diese Szene, doch dann stieg Wut und Trotz in mir auf, auch Freude darüber, dass der Junge mich verteidigt hatte. Ich setzte mich den beiden gegenüber, und der Mann fuhr wieder fort zu schimpfen:

«Wir Deutschen haben alles aufgebaut, aus den Trümmern, und jetzt kommen all die Schmarotzer und machen uns alles kaputt. Das ist die Wahrheit, und die darf ich sagen.»

«Das ist nicht die Wahrheit», sagte jetzt eine ältere Dame von der anderen Seite des Abteils. Sie war sorgfältig gekleidet und frisiert; sie sprach sehr fein und leise, als sie sagte, dass nur dumme, unwissende Leute so daherreden würden wie er. Der Mann hatte inzwischen einen ganz roten Kopf, er war wütend und brüllte wieder, dass er wohl noch die Wahrheit sagen dürfe. Seine Söhne fänden keine Wohnung, weil in jeder ein Türke oder ein Bulgare oder ein Pole sitze. «Gehn Sie doch mal in den Westpark oder in den Hirschgarten. Da sehen Sie vor lauter Ausländern ja keinen Baum mehr.»

Ich sah, wie ein kleiner Junge erwartungsvoll seinen Vater ansah. Eng an ihn geschmiegt, saß er einige Bänke weiter hinten. Nach kurzem Zögern räusperte sich der Vater und rief zu dem Mann hinüber: «Halten Sie jetzt endlich mal den Mund. Sie wissen ja nicht, wovon Sie reden. Behalten Sie Ihre primitiven Stammtischparolen gefälligst für sich.»

Du kannst dir kaum vorstellen, wie das Gesicht des kleinen Jungen vor Stolz erglühte. Ich selbst hatte die Beleidigungen des Mannes schon fast vergessen. Ich sah Vater und Sohn aussteigen, Hand in Hand, ich schob mich auch zum Ausgang, denn ich musste umsteigen. Eine alte Frau, die mit einer anderen hinter mir stand, sagte leise, aber so, dass ich es hören konnte: «Ganz Unrecht hat der Mann ja nicht. Schließlich haben wir Deutschen alles aufgebaut, alles, und jetzt sollen wir denen alles herschenken. Aber man darf's nicht laut sagen. Ist besser, man behält es für sich.»

Die meisten Menschen in diesem Land sagen, glaube ich, nicht das, was sie wirklich denken. In meiner Klasse, bei meinen Mitschülern, ist es eigentlich nur Billie, die offen sagt, dass sie Ausländer nicht leiden kann. Bei ihr wiegt das jedoch nicht so schwer. Erstens, weil sie es offen zugibt, und zweitens, weil Billie außer sich selbst kaum jemanden leiden kann. Nur einen, glaube ich, kann sie leiden, und das ist Güray, der Lockenköpfige, der mich Prinzessin genannt hat. Seit dem Morgen auf der Eisbahn sieht mich Billie sowieso plötzlich mit ganz anderen Augen. Denke aber nur nicht, dass sie mich jetzt lieber mag als am Anfang. Im Gegenteil, jetzt verabscheut sie mich erst recht.

Ich muss es dir von Anfang an erzählen, sonst verstehst du es nicht. Schließlich begreife ich es selbst nicht so recht. Jedenfalls war es im Winter. Wir fuhren mit der Klasse zum Michaelibad. In der Nähe ist eine Kunsteisbahn, und die meisten in der Klasse gehen gern zum Schlittschuhlaufen. Daniel durfte nicht mit, weil er in der letzten Zeit zu oft gefehlt hatte, ohne eine plausible Entschuldigung. Ich mochte Daniel, und es tat mir Leid, als er allein die Klasse von Frau Rentrop ansteuerte, während wir uns im Pausenhof versammelten. Charlie verlangt immer strikt, dass wir zusammenbleiben, an jeder Kreuzung aufeinander warten und so. Klar, sie hat die Verantwortung. Mir war bei dem ersten Ausflug überhaupt nicht wohl, im Leben hatte ich noch keine Schlittschuhe an den Füßen, und nun musste ich mit zum Eislaufen. Meral tröstete mich, sie hatte es auch erst jetzt gelernt. Zwei türkische Mädchen, Aysel und Türkan, können ebenfalls nicht Eislaufen.

Während der U-Bahn-Fahrt war mir beklommen zumute. Im Schwimmunterricht bin ich auch die Schwächste. Ich kann zwar schwimmen, aber ich fürchte mich, wenn ich mehr als einen Meter vom Rand des Bassins oder vom Ufer entfernt bin. Dabei liebe ich das Wasser. Das Meer vor allem. Aber da, wo es vom Türkisen ins Nachtblaue überwechselt, da, wo es den Grund nicht mehr durchschimmern lässt, da macht mir das Meer Angst. Am Ufer, in den türkisen Wellen, kann ich lange schwimmen, ohne zu ermüden, doch weiter draußen, wo Mutter, Vater und Timur miteinander schwammen, da fürchtete ich mich, verschluckte mich sofort und geriet in Panik.

Als wir zum ersten Mal ins Michaelibad zum Schwimmen gingen, saß ich in der U-Bahn neben Charlie. Ich war noch nicht lange in der Klasse, aber Meral übersetzte, und ich erklärte Charlie meine Ängste. Charlie drückte mir die Hände, lachte mich an und sagte, das sei kein Problem. Sie achtete darauf, dass ich immer auf der Bahn am Rand schwimmen konnte, und selbst Billie, der sonst keine Schwäche anderer entgeht, hat nichts gemerkt. Billie trug einen schwarzen Badeanzug mit tiefem Ausschnitt vorn und hinten, aber man sah keinen Busen bei ihr, und sie schwamm immer mit dem Kopf unter Wasser und hängte sogar Max und Florian ab, doch die waren das schon gewöhnt.

Du kannst mir glauben, es sah schön aus, wie Billie ihre Bahnen durch das Wasser zog. Ihre langen hellen Haare flossen wie eine Art Schleier hinterher, und Billie wrang sie wie ein Tuch, wenn sie aus dem Wasser stieg. Ich möchte dir gern beschreiben, was Billie so stark von den anderen in der Klasse unterscheidet. Billie sieht scheinbar niemanden an, aber sie wird von allen angesehen. Nicht nur in der Klasse, überall, in den Straßen, im Schwimmbad, auf der Eisbahn. Ich muss dir ja nicht sagen, dass Billie sehr graziös und temperamentvoll Schlittschuh läuft. Sie hat es als kleines Mädchen gelernt, und jetzt fegt sie über die Eisbahn, sogar kleine Sprünge steht sie durch. Ich berichte dir das nur, damit du einmal siehst, was es für einen Menschen bedeutet, überall das Schlusslicht zu sein. Warum hast du die Menschen so unterschiedlich begabt? Manchen gibst du Schönheit, Begabung und Reichtum, du schenkst ihnen ein Leben in friedlichen Ländern, wo sie Feste feiern und Sport treiben können, wann und wo immer sie wollen. Anderen dagegen gibst du gar nichts von alledem. Meinen Landsleuten daheim zum Beispiel. Sie leben im rauen Gebirge, müssen sich auf den Feldern mühen, und dann können sie noch nicht einmal in Frieden das genießen, was sie sich erarbeitet haben. Ich will ja gar nicht von denen reden, die du dazu bestimmt hast, Folter und Mord zu erleiden, obwohl sie völlig unschuldig sind.

Ich weiß, ich kann dein Denken nicht mit unseren Maßstäben messen. Die ganze Erde wird für dich nur eine Hand voll sein am Tage der Auferstehung, und die Himmel werden zusammengerollt sein in deiner Rechten. So steht es im Koran. Und doch. Ich möchte dich oftmals so gerne begreifen, denn du hast Macht über alle Dinge. Du könntest alle meine Wünsche erfüllen und müsstest dazu wahrscheinlich nicht einen Finger rühren. Aber du tust es nicht. Ich muss es allein schaffen. Und so saß ich wieder einmal unter den anderen und wusste, ich würde alles das nicht können, was für sie selbstverständlich war. Schon wie ich aussah. Ich hatte einen schwarzen Pullover von Mehmet an zu einer Jeanshose, die ich tatsächlich bei der Caritas gefunden hatte. Es war keine Levis, aber eine Jeans. Da sie in der Taille viel zu weit war, hatte ich sie mit einem Gürtel von Mehmet eng zusammengezurrt. Auf dem Kopf trug ich eine gehäkelte schwarze Kappe, auch von Mehmet. Er hatte übrigens nie etwas dagegen, wenn ich Sachen von ihm auslieh. Er sagte zwar, dass ich scheußlich aussähe, nicht Frau, nicht Mann, aber er ließ mich gewähren. Nur im Sommer, bei den kurzen Röcken, da war Mehmet gnadenlos. Einen Minirock – niemals. Ich hatte bald einen, den mir Tina geschenkt hatte, er war aus Baumwolle, ich konnte ihn bequem in meiner Schultasche verstecken. Auf der Schultoilette zog ich mich um. Ich liebe Miniröcke. Es ist nicht nur die Luft an den nackten Beinen, es ist mehr, aber darüber will ich dir nichts berichten, denn ich glaube, du magst erst recht keine knappen Röcke. Vielleicht bist du ja deshalb so streng mit mir, weil ich mich weder verschleiere noch lange Kleider trage. Dafür darfst du mich jedoch nicht strafen, ich habe das nicht gelernt, meine Familie hat es nicht von mir verlangt. Nur Mehmet ist jetzt in einigen Sachen streng mit mir, weil er für unsere Familie das Gesicht wahren muss.

Doch ich wollte dir ja vom Eislaufen berichten. Tina sagte mir beim Aussteigen, ich sähe richtig süß aus, vor allem mit der Kappe. Billie sah flüchtig her zu mir, in ihren Augen blitzte Wut auf, anscheinend gefiel ihr die Kappe auch. Das hätte mich sonst gefreut, doch heute konnte nichts meine negativen Erwartungen verdrängen, ich fürchtete mich mit jedem Schritt mehr, den wir uns der Eislaufbahn näherten. Fast alle liehen sich die Schlittschuhe aus, nur Tina und Billie, nein, auch Florian und Max hatten ihre eigenen dabei. Ich war erstaunt, wie schön die Leihschlittschuhe aussahen. Sie waren goldfarben, nie hatte ich so hübsche Schuhe gesehen. Als ich sie anhatte, spürte ich allerdings, dass sie aus hartem Plastik waren, das an den Knöcheln und Zehen sehr stark drückte. Ich spürte, wie mir das Herz klopfte, ich hätte dringend auf die Toilette gemusst. Doch die anderen gingen über die genoppten Gummimatten zum Ausgang, ich musste mit, Meral hielt meine Hand, und wir stolperten dem Ausgang zu.

Leider muss ich dir jetzt von einem Charakterzug an mir berichten, der nicht edel ist und für den ich mich auch insgeheim hasse. Türkan und Aysel, die ebenso wenig Eislaufen konnten wie ich, trauten sich nicht, von den Holzbänken aufzustehen. Charlie ermunterte sie, bat sie, schließlich befahl sie, dass die beiden es wenigstens versuchen müssten. Charlie nahm jedes der Mädchen für eine Runde an die Hand, doch beide stolperten Charlie nur vor die Füße, sodass Charlie schließlich ein Einsehen hatte und die beiden auf der Bank sitzen ließ. Sie waren traurig und schämten sich. Denkst du vielleicht, ich hätte Mitleid mit ihnen gehabt? Nein, mich überkam ein unbeschreiblicher Ehrgeiz. Ich sah Billie und Tina leicht über die Bahn gleiten, und natürlich hatte ich von Billie einen Blick der Verachtung kassiert. Daran war ich schon gewöhnt. Ich konnte nicht laufen auf dem Eis, das war mir klar, aber hinfallen würde ich auch nicht. Ich bat Meral, meine Hand zu halten, und dann bewegten wir uns langsam, ganz langsam vorwärts. Ich will es, dachte ich mir, ich will es lernen, und ich werde es lernen, und plötzlich bremsten neben mir ein paar schnelle Schlittschuhe, es war Max, der mich bei der anderen Hand nahm, und mit Max und Meral ging es sogar ganz gut. Nach einer Weile setzten wir uns erschöpft auf die Bank, und Charlie lobte mich, stellte mich Türkan und Aysel als Vorbild hin. Die beiden froren und langweilten sich, doch ich fand kein gutes Wort für sie. Und jetzt kommt das, was ich dir noch weniger gern berichte. In unserer Klasse gibt es ein Mädchen, das nirgends mittut und auch von niemandem eingeladen wird, dabei zu sein, obwohl Carmen Deutsche ist und ich eigentlich nicht weiß, warum niemand in der Klasse sie mag. Sie ist fast so hässlich angezogen wie ich, denn sie kommt aus dem neuen Teil Deutschlands, aus der Gegend um Leipzig. Die anderen sagen, Carmen spräche einen Dialekt, da zöge es einem die Schuhe aus. Das ist zwar wieder so ein Spruch, der mir nicht sofort einleuchtete, doch wenn man länger darüber nachdenkt, versteht man es schon. Ich höre das ja nicht, für mich spricht Carmen deutsch, und ich verstehe sie so gut oder so schlecht wie die anderen. Ich weiß also nicht, warum ich Carmen ablehne, an der Sprache kann es nicht liegen. Charlie nimmt Carmen immer in Schutz, lobt sie besonders für gute Antworten oder für gute Noten. Ich könnte nicht sagen, dass die anderen Carmen schlecht behandeln. Sie behandeln sie überhaupt nicht, ich glaube, das ist das Schlimmste. Verstehst du, was ich meine? Wenn Billie mich dumm anredet oder wenn mich jemand als Türkentussi beschimpft, ist das nicht angenehm. Es tut weh. Man spürt aber wenigstens, dass die anderen Notiz nehmen, dass sie sich mit mir auseinander setzen.

So suchte Billie auf der Eisbahn die erste Gelegenheit, als ich allein ein paar Schritte machte, in mich hineinzufahren, mich aufs Eis zu knallen, sodass ich im ersten Moment dachte, ich hätte mir das Steißbein und das Schulterblatt gebrochen. Doch alles war heil, Charlie, Meral und Max halfen mir, Charlie schrie Billie an, dass sie eine widerliche Kuh sei. Billie fuhr ruhig auf Charlie zu: «Das meinen Sie doch nicht wirklich, oder?» Dabei grinste sie wieder ihr Überlegenheitslächeln, doch zeigte sich Charlie diesmal wenig davon beeindruckt. «Beim nächsten Mal bleibst du in der Schule, wenn wir zum Eislaufen gehen, das garantiere ich dir.»

Billie segelte davon, doch Max fuhr hinterher. Schon in der Kurve holte er Billie ein, wir konnten sehen, wie er sie am Ärmel riss, die beiden standen voreinander, stritten und gaben einander Püffe. «Mein Gott», sagte Charlie, «der Max bringt es fertig und scheuert ihr eine.» Charlie fuhr hin zu den beiden, und Meral rief: «Soll er ihr doch eine runterhaun. Sie dürfen es ja nicht.»

Ich rappelte mich wieder auf, es war ja nichts passiert. Ich versuchte weiter, einige Schritte allein zu machen. Da lief Carmen auf mich zu, die schnell und sicher auf den Schlittschuhen ist. Sie fasste mich bei der Hand und zeigte mir, wie ich am sichersten gleiten könne. Eine Weile lief ich mit ihr, es ging ganz gut, Carmens Sicherheit übertrug sich auf mich. Trotzdem war es mir nicht angenehm, mit Carmen zu laufen. Es war nicht, weil ihre Hände kalt und feucht waren. Es war, weil ich nicht zu Carmen gehören wollte. Ich fand, ich sei allein Außenseiter genug, ich wollte nicht in die Ecke der Klasse, in die sie Carmen gestellt hatten. Ich sah Carmen neben mir, ihr blasses Gesicht, ihre grauen Augen, die mich jetzt anlachten. Carmen war sicherlich froh, mir helfen zu können, vielleicht mochte sie mich, mir war das nicht recht, ich wollte Carmens Zuneigung nicht, ich wollte die von Tina, und vor allem wollte ich Billie für mich gewinnen. In diesem Moment wurde mir das klar. Ich begriff mich nicht, aber ich wusste, dass ich auf eine verquere Art Billie anbetete. Dass ich ihr gefallen wollte, und sei es nur, um sie zu ärgern. Eine Rolle wollte ich spielen in Billies Leben, und zunächst war mir gleichgültig, was für eine Rolle das war. Ich ließ Carmens Hand los, murmelte etwas von Dankeschön und lief wackelig, aber allein zurück zu den anderen. Ich setzte mich zu Türkan und Aysel auf die Bank, wo sie immer noch saßen, unglücklich aneinander geschmiegt.

«Warum versucht ihr es nicht wenigstens?», fragte ich die beiden, doch Türkan sagte über die Schulter: «Hau ab. Lass uns in Ruhe.» Ich wollte ihnen gerade etwas Passendes antworten, da kamen Max, Billie und Charlie zurück, und Charlie sagte, dass wir jetzt unsere Schuhe zurückgeben sollen und uns dann in der Halle sammeln. Tina sagte zu Billie: «War total krass, wie du die Leyla angerempelt hast. Das passt aber nicht zu Joop und Armani.»

«Nun mach dich bloß nicht lächerlich», gab Billie zurück, «das Rumgenerve um die Leyla – ist doch abartig.»

Dabei sprach sie meinen Namen so aus, dass er hässlich klang. Sie betonte nicht das «e», wie es richtig ist, sie sagte «ei», wie das Ei, und zog alles lächerlich lang.

Billie lief auf ihren Schlittschuhen in die Toilette, wie auf ein geheimes Kommando gingen alle Mädchen hinterher. Auch ich – obwohl ich gar nicht musste. Ich kann es dir nicht genau erklären, warum, aber ich war auf eine seltsame Art zufrieden an diesem Morgen. Zwar tat mir mein Hintern immer mehr weh und die Schulter auch. Doch zum ersten Mal hatte ich das Gefühl, dass ich hier eine Rolle spielte. Sie hatten mich verteidigt, Charlie, Tina und Max.

In der Halle hörten wir plötzlich Charlies helle Stimme, die hoch und schneidend klang. Wir liefen zu dem Pulk von Schülern, die um Charlie herumstanden, zwei große Jungen redeten wütend auf Charlie ein, und ich begriff erst langsam, worum es ging. Die Jungen behaupteten, Metin, Florian und Micha hätten zwei Mädchen aus ihrer Klasse angemacht. Die Mädchen standen dabei und sagten, dass sie es nicht nötig hätten, sich von so abgefuckten Typen blöd anreden zu lassen. «Von welcher Schule kommt ihr überhaupt?», wollte einer der Jungen wissen. Max sagte es ihm. Die Mädchen riefen, dass sie von der Ricarda-Huch-Realschule seien, und es war klar, dass sie sich uns überlegen fühlten. Metin bekam einen roten Kopf: «Ich hab das gar nicht nötig, euch anzumachen. Hättet ihr wohl gern.»

Daraufhin ging das Gebrüll und Geschrei wieder los, und ich hörte Meral auf Metin einschnattern, dass er sich ja nichts gefallen lassen solle. Ich dachte, das könne doch nicht Meral sein, die jetzt sogar ihr Deutsch vergaß und in Türkisch auf die anderen einschimpfte. Billie, vielleicht noch aufgeladen von dem Streit mit Max, griff als Erste an. Sie gab einem der Jungen einen Stoß, sagte: «Verpiss dich, du Wichser», und er, von Billies Schönheit offenbar nicht beeindruckt, gab Billie ebenfalls einen Rempler, und dann schlug und rempelte jeder jeden und Meral fluchte auf Türkisch, wünschte ihnen kochendes Wasser und Jauche auf den Kopf.

Kannst du dir vorstellen, was in Meral gefahren war? Warum verteidigte sie Metin? Weil er ihr Landsmann ist? Dabei ist er doch Kurde. Ich werde das beobachten, nahm ich mir vor. Doch dazu hatte ich keine Zeit, ich musste mitschubsen, puffen, keifen, doch dann sah ich, dass Charlie weiße Lippen hatte, dass sie mit verzerrtem Gesicht versuchte, Max von dem einen der Realschüler zu trennen. Erst jetzt spürte ich, wie ernst die Situation für Charlie war. Der Mann vom Schlittschuhverleih kam auch aus seinem Laden und trennte die großen Jungen voneinander.

Endlich zogen die vier Realschüler ab. Charlie zählte uns durch und sagt aufatmend: «Mit euch kann man sich nirgends sehen lassen.» Auf dem Weg zur U-Bahn kam Max und fragte mich, ob mir vom Sturz was wehtäte. «Danke, dass du für mich eingetreten bist», sagte ich, und Max legte für eine Sekunde den Arm um mich.

Plötzlich sah ich ihn, du weißt schon wen. Er kam auf dem Rad, sein Gesicht schien zu glühen von der kalten Luft. Wie schön er war. Er sagte: «Hallo Prinzessin», da zog mich Meral weiter, und ich sah nur noch, wie Billie mich überrascht ansah.

In der U-Bahn saß ich neben Charlie. Sie sah erschöpft aus. In diesem Land Lehrer zu sein, sollte man sich, glaube ich, nicht wünschen. In Kurdistan waren die Schüler nicht so selbstbewusst, wir haben unsere Lehrer als eine höhere Instanz angesehen. Hier dagegen habe ich das Gefühl, als müssten die Lehrer froh sein, wenn die Schüler ihnen überhaupt zuhören, ständig schenken die Schüler den Lehrern Gnadenerweise.

Charlie ist anders. Sie lässt uns viel Freiheit. Fragt, ob wir die Probe sofort zum Unterrichtsbeginn schreiben wollen, oder erst nachher, nach der Pause. Darüber stimmen wir dann ab. Doch dann zeigt Charlie wieder eine Härte, die nicht zu ihr zu passen scheint. Zehn von uns haben die Deutschhausaufgaben nicht gemacht. Charlie notiert jeden Einzelnen. «So, ihr alle habt es also nicht nötig, die Hausaufgaben zu machen. Kommt mir nur ja nicht und jammert, dass ihr mit der Sprache nicht zurechtkommt. Ich lass euch in Zukunft allein.» Jetzt brüllt Charlie: «Drei Sätze als Hausaufgabe! Das könnt ihr wohl doch noch schaffen!»

Immer wenn Charlie wütend ist, fragt sie uns ab. So auch heute. Es geht um «das und dass». Charlie schießt die Sätze auf uns ab, auch ich komme ein paar Mal dran, aber ich habe es mir gut gemerkt. Wenn man «das» durch dieses oder welches ersetzen kann, schreibt man es mit einem «s». Aber ich muss aufpassen wie ein Wachhund im Gebirge, sonst mache ich es doch falsch. Charlie schreit schon wieder: «Ist es das Fahrrad, das du mir gestern im Katalog gezeigt hast? Flori.» Er weiß es. «Ich hoffe, dass du mit dem Rad gut bedient bist. Billie!» Sie sagt es falsch. «Es freut mich, dass du das hoffst, Leyla!»

«Beides mit einfachem ‹s›», schreie ich zurück, doch Charlie spottet: «Ach ja? Weil du auch sagen könntest, es freut mich, dieses du das hoffst?» Pech gehabt. Dann verteilt Charlie Arbeitsblätter, und wir müssen in einen seitenlangen Text, in dem es um Gletscherwasser und Turbinen geht, «das» oder «dass» einsetzen. Auf dem Papier, wenn ich die Worte vor mir sehe, weiß ich die richtige Schreibweise eher als in einer mündlichen Prüfung, wenn man keine richtige Zeit zum Nachdenken hat. Ich kann es dir nur immer wieder sagen – diese deutsche Sprache ist kompliziert. Doch so langsam beginne ich, die Wörter zu enträtseln, auch schwierige Wörter, die mich so lange wie durch Masken angesehen haben. Ich konnte nicht herausfinden, woher sie kamen und was sie mir sagen wollten. Worte können sein wie Schauspieler in einem unbekannten Stück, dann sind sie wieder von einer dreisten Ähnlichkeit. Eine Mutter kann zum Beispiel auch eine Schraube sein, ein Wagen ein Auto, aber auch ein Gefährt, worin man ein Kind transportiert. Der Stuhl ist ein

Möbel, aber kann auch Exkremente des Menschen bedeuten, und so könnte ich dir diese Reihe beliebig lang fortsetzen.

Doch ich bekomme viele Wörter geschenkt. Die meisten schenkt mir Charlie. «Keineswegs» hat sie mir geschenkt, «du störst keineswegs», sagt Charlie, wenn ich sie etwas frage. Andere Leute sagen: «Du störst nicht.» Keineswegs gefällt mir jedoch ungleich viel besser. Charlie sagt auch: «Wessen Arbeitsblatt ist das, da fehlt wieder der Name.» Sie könnte auch, wie die meisten Leute, sagen: «Wem gehört dieses Arbeitsblatt?» Ich bemühe mich auch, den Genitiv richtig einzusetzen, einfach, weil es für mich schön klingt. Für «trotzdem» setzt Charlie meist «dennoch» ein, das ist auch ein Wort, das mir gut gefällt.

In meiner ersten Zeit in München, als ich ständig Leute nach dem Weg fragen musste, lernte ich: «Wos is?» Zuerst glaubte ich, «wos is» sei ein Gruß, wie «Guten Tag». Ich sagte natürlich dann auch: «Wos is?», und wunderte mich, dass mich die Leute erstaunt ansahen. Am leichtesten lernte ich «Grüß Gott». In diesem Land grüßt man sich so, ich weiß nicht, ob dir das gefällt, aber hier denkt sich niemand etwas dabei, glaube ich. Die Leute rollen dabei das R, und ich kann das auch schon gut. Jedenfalls schaut mich niemand mehr komisch an, wenn ich «Grüß Gott» sage.

Flori und Micha, die in der Schule immer so tun, als sei es eine Zumutung für sie, da zu sein, sagen immer: «Okay, okay.» Dabei ist die Art wichtig, in der sie es sagen. Wenn Charlie sie zur Mitarbeit auffordert oder ihnen Strafe androht, sagen sie, als seien ihre Nerven überstrapaziert: «Okay, okay.» Sie ziehen die Wörter so lang, dass jeder begreift, wie man sie quält. Dies lang gezogene Okay von Flori und Micha habe ich übernommen für Mehmet. Wenn er mir wieder eine Liste von Wünschen diktiert, was immer Putzen bedeutet, Kochen – gut kochen, endlich mal gut kochen –,

Waschen, Bügeln, dann sage ich auch neuerdings immer «okay, okay», und Mehmet begreift, dass ich mich nur höchst ungern von ihm an unser Zimmer im Westend anpfählen lasse.

Doch einmal musste ich lernen, dass Worte sich auch rächen können, wenn man sie sich so einfach ausleiht, ohne ihren Sinn richtig zu begreifen. Erinnerst du dich an die größte Blamage, die mir in der Schule passiert ist?

Es war Morgen, Mehmet war schon früh zum Großmarkt gefahren, und ich hatte vergessen, mir den Wecker zu stellen. So kam ich viel zu spät über den Schulhof gerannt, ich sah die anderen schon an ihren Tischen sitzen. Ich rannte noch schneller, merkte nicht, dass mir mein Pausenbrot aus der Tasche gefallen war. Unser Hausmeister, der mir entgegenkam, sah es und rief mich zurück. Ich sagte: «Danke, Arsch», und wollte weiterrennen in die Klasse. Doch der Hausmeister, er heißt Brunhuber, wie ich jetzt weiß, riss mich am Ärmel zurück und starrte mich wütend an. «Das wollen wir doch mal sehen, wer hier ein Arsch ist», brüllte er und zerrte mich hinter sich her in die Klasse. Er schob mich vor Charlie hin. «So», sagte er, «jetzt sagst du nochmal, was du gerade zu mir gesagt hast.»

Ich verstand ihn noch nicht so richtig, dass ich aber etwas Falsches zu ihm gesagt hatte, war mir klar, zumal die anderen in der Klasse lachten und sich auf die Schenkel schlugen. Charlie rief Meral, die mir alles übersetzte, was Brunhuber Charlie sagte. Ich wusste damals noch kein Wort für Entschuldigung. Meral sagte es mir, ich sagte es zu Brunhuber und spürte, dass meine Wangen und meine Ohren glühten, doch Brunhuber glaubte mir nicht. Mit einem wütenden Blick zu mir ging er hinaus. Ich kann dir das alles nur erklären, wenn du weißt, dass ich Brunhuber in der ersten Zeit gar nicht persönlich wahrgenommen habe. Ich hatte kein Geld, um mir, wie die anderen, bei ihm oder bei seiner Frau Cola zu kaufen oder Milch, Brezn oder Leberkässemmeln.

In dem undurchdringlichen Chaos, das die Schule am Anfang für mich darstellte, tauchte der Name Brunhuber gar nicht auf. Ich verband ihn dann auch nicht mit dem kräftigen, rothaarigen Mann, der manchmal in die Klasse kam, wenn ein Lichtschalter kaputt war, der Filmvorführer nicht funktionierte oder das Klo wieder mal verstopft war. Brunhubers Nase über dem rotbraunen Schnurrbart war ständig rot, seine Haut über den Backenknochen auch. Und immer, wenn die Schüler von Brunhuber sprachen, sagten sie «der Arsch». Heute ist mir klar, warum, denn Brunhuber beschwerte sich ständig darüber, dass der Pausenhof derart verdreckt sei, dass die Schüler Butterbrote, Coladosen und sogar angegessene Leberkässemmeln auf den Boden warfen, obwohl es reichlich Papierkörbe gab. Damals dachte ich eben, «Arsch» sei Brunhubers Name.

Nach der Stunde suchte ich, gemeinsam mit Meral, Brunhuber. Seine Frau sah uns feindselig an. Sie wisse nicht, wo ihr Mann sei. Schließlich fanden wir Brunhuber unten im Keller, wo er an den Heizungsrohren arbeitete. Meral ging zu ihm hin und sagte ihm nochmal, dass es mir Leid täte, dass ich noch so wenig Deutsch könne und so weiter. Brunhuber schaute gar nicht auf von seiner Arbeit, er brummelte irgendetwas. Meral zuckte mit den Schultern, sie ging zur Treppe. Zuerst wollte ich auch gehen, aber ich hatte ein Würgen im Hals, ich hätte weinen mögen, weil ich einen Mann beleidigt hatte, ohne es zu wollen.

«Herr Brunhuber», sagte ich leise zu ihm und spürte, dass meine Stimme kaum zu hören war, es war mehr ein Räuspern, was ich herausbrachte. Brunhuber schaute hoch, er sah mich an, und ich bückte mich zu ihm hinunter und küsste ihn auf seine rote Wange. Dann rannte ich hinter Meral her und war froh, dass sie nichts gesehen hatte.

Kannst du dir vorstellen, dass ich mich am nächsten Tag fast nicht getraut habe, in die Schule zu gehen? Ich habe mir lange überlegt, ob ich zum Telefonhäuschen laufen, mich entschuldigen sollte. Aber dann sagte ich mir, dass ich morgen ja wieder hinmüsse und übermorgen auch und dass es besser sei, zu dem zu stehen, was ich angestellt hatte. Im Pausenhof sah ich Brunhuber, er lachte mich an, ich lachte zurück, und das tun wir jetzt immer, wenn wir uns sehen.

Es hat mir Mut gemacht, dass ich diesmal das Richtige getan hatte. Es ist kompliziert für mich, in diesem Land keine Fehler zu machen. Vor allem ich als Kurdin darf nirgends unangenehm auffallen. Viele deutsche Politiker hatten bislang Verständnis für die schwierige Lage der Kurden in den vier Ländern, die Kurdistan unter sich aufgeteilt haben. Doch seit die PKK hier in Deutschland Anschläge verübt auf türkische Geschäfte, türkische Banken und Reisebüros, auf die Konsulate, hat sich viel verändert. Hast du gesehen, wie sie hier in München das türkische Generalkonsulat gestürmt haben? Trotzdem wollten die deutschen Politiker die PKK nicht verbieten. Bis zum 4. November. Da flogen in Wiesbaden Benzinbomben in ein Lokal, in die türkische Gaststätte Hermannseck, in der Türken und Kurden verkehren. Der Wirt dort ist Kurde, aber er lebt mit seinen türkischen Nachbarn in Freundschaft, wie die meisten Kurden und Türken hier in Deutschland. Es wurde nicht einmal bewiesen, ob wirklich die PKK die Plastikbeutel mit dem Benzin geworfen hat. Einmal schuldig, immer schuldig. Und für die deutschen Politiker war es der Tropfen, der das Fass zum Überlaufen bringt, wie man hier sagt. Der Innenminister hat jetzt offiziell die PKK verboten, und Tansu Ciller reibt sich in Ankara die Hände. Für die türkische Ministerpräsidentin sind Kurden

Terroristen. Dabei hat sie die Wahl nur gewonnen, weil sie den Kurden mehr Gerechtigkeit versprochen hatte. Einen eigenen Fernsehsender wollte sie dem kurdischen Volk geben. Die Kurden sollten ihre Sprache und Kultur pflegen können. Doch nach ihrer Wahl hat man davon nichts mehr gehört. Tansu Ciller ist reich. Sie hat in Amerika studiert, sie kann das Leid und die Enttäuschung der Kurden gar nicht begreifen. Wer setzt sich denn für die Kurden ein? Wenn du es genau ansiehst, kämpft nur die PKK für das kurdische Volk. Die PKK will die Feudalherrschaft im Land abschaffen, sie will Mann und Frau gleichstellen. Daher kämpfen auch so viele Frauenbrigaden mit bei der PKK. Ich begreife schon, dass die Kurden in Südostanatolien mit der PKK sympathisieren. Sie fühlen sich von ihnen vertreten, weil die PKK ihnen demokratischer scheint als der türkische Staat. Fortschrittlicher. Doch wenn wir Frieden mit der Türkei haben wollen, müssen wir auf Gewalt verzichten. Einer muss anfangen, aufzuhören mit der Gewalt. Vielleicht denkst du ja, dass ich nur ein Mädchen bin und das alles nicht richtig verstehe, aber ich weiß, dass meine Eltern tot sind und meine Großeltern, alle ermordet, und dass Kurdistan dadurch keinen Schritt weitergekommen ist, was seine Rechte angeht.

Was ist mit uns Kurden hier in Deutschland? Die Polizei hat unsere Moscheen durchsucht, alle unsere Versammlungsorte. Sie hat Kassetten mitgenommen, Schriftstücke, sogar Büromöbel. Wo wir doch ohnehin keine richtigen Einrichtungen haben. Die Deutschen, die nicht viel über uns wissen, sehen nur, was die PKK anrichtet. Für sie sind Kurden und PKK ein- und dasselbe. Neulich habe ich mal wieder für Herrn Mayr eingekauft. Als ich ihm die Lebensmittel brachte, hatte er Besuch von seiner Schwester, einer alten Dame, klein, mit weißen Haaren, aber lebhaft und offenbar gesünder als Herr Mayr. Sie las ihm aus der Zeitung vor. Während ich meine Einkäufe in Herrn Mayrs Kühlschrank räumte, hörte ich sie sagen: «Ich weiß nicht, diese Kurden, die sind mir unsympathisch. Sie sind Gast hier in unserem Land, und dann tragen sie uns ihren Krieg hier herein.»

Herr Mayr sagte ungehalten, sie solle Sachen, die sie nicht verstehe, auch nicht beurteilen, doch seine Schwester dachte gar nicht daran, still zu sein. Offenbar war sie besser informiert, als Herr Mayr geglaubt hatte, denn sie zählte ihm behände alle Sünden der PKK auf. Sie wusste sogar, dass die Partei Ende der siebziger Jahre von Marxisten gegründet worden war und dass der Chef der PKK Abdullah Öcalan ist. Ich sah, dass Herrn Mayr der Mund offen stand, ihm war das sehr peinlich, was seine Schwester sagte, weil er wusste, dass ich es in der Küche hören konnte. «Wer weiß», sagte seine Schwester gerade, «wer weiß, ob dieser Mehmet nicht auch mit der PKK sympathisiert.»

Obwohl ich wusste, dass der Verdacht unbegründet war, erschrak ich. Mehmet wollte, genau wie mein Vater, mehr Rechte für die Kurden. Die gleichen, wie die türkischen Bürger sie haben. Mehmet hätte aber nie Gewalt gutgeheißen. Doch die türkische Regierung hatte ihm und Vater offenbar unterstellt, dass sie dem Staat feindlich gesinnt waren. Warum sonst hätten sie meine Eltern und Timur umbringen lassen?

Doch wie soll ich es den deutschen Behörden erklären? Immerhin haben wir jetzt einen deutschen Anwalt, Mehmet und ich. Als ich ihn zum ersten Mal sah, war ich erstaunt. Anwälte, so dachte ich, haben schwarze Roben an oder korrekte Anzüge und tragen immer glänzende Aktenkoffer mit sich herum. Dieser Anwalt war anders. Er hatte eine Strickweste an. So eine hätte ich auch sehr gerne. Das nur, damit du meine diesbezüglichen Sorgen nicht vergisst. Das Gesicht des Anwalts war weich und sanft, er sprach ruhig mit uns und erklärte alles geduldig. Gleich zu Anfang unseres Hierseins hatte der Anwalt uns vertreten müssen. Du weißt ja, dass wir uns in Ankara falsche Pässe besorgt hatten. Dafür mussten wir uns vor dem Richter verantworten. Wir bekamen eine Geldstrafe. Zuerst war ich darüber empört. Wir waren doch im Recht. Mit unseren Kurdenpässen, die eigentlich nur Ausweise sind, hätte man uns nicht ausfliegen lassen. Doch unser Anwalt klärte mich auf, dass wir gegen das Recht verstoßen hätten.

Vor dem deutschen Gericht lernte ich, wie schwer es ist, Recht zu bekommen. Für einen Kurden muss das vor einem türkischen Gericht unmöglich sein. Ich bekam Angst vor dem Gericht, Angst vor dem Recht, das so viele Gesichter hat. So ziemlich alle Behörden machten mir Angst. «Bundesamt für die Anerkennung ausländischer Flüchtlinge». Findest du nicht auch, dass das bedrohlich klingt?

Meist sehen die Beamten in den Behörden mich gar nicht an. Auch Mehmet nicht. Das war schon beim ersten Mal so, als wir auf dem Amt vorsprechen mussten. Sie reden mit unserem Anwalt, als seien Mehmet und ich Bälle, die man sich zuwerfen kann. Dann jedoch suchte der Beamte nervös nach irgendetwas, ich sah, dass seine Nase lief, und gab ihm ein Papiertaschentuch. Er nahm es auch, sah mich aber trotzdem nicht an, und ich hatte das Gefühl, es sei ihm unangenehm, dass ich ihm aus einer gewissen Verlegenheit geholfen hatte. Denn eigentlich war ja er es, der Wohltaten erwies. Wir mussten dankbar sein, wenn er uns nicht abschob in die Türkei.

Abschiebestopp. Hast du dieses Wort schon einmal gehört? Die PKK hat dafür gesorgt, dass die deutschen Behörden nicht aufhören, uns abzuschieben, sondern im Gegenteil jetzt wieder in unseren Akten prüfen, ob wir zu Recht oder zu Unrecht in diesem Land sind. Manchmal frage ich mich, ob es einen Sinn hat, dass ich mich derart abmühe, diese Sprache zu lernen. Ob es einen Sinn hat, Stunden damit zu verbringen, um Mehmets und meine Wäsche zu waschen, damit wir wenigstens sauber gekleidet sind. Was hat es für einen Sinn, wenn ich mich jede freie Stunde auf der Eisbahn blamiere, weil es immer noch nicht gut genug geht mit dem Schlittschuhlaufen? Warum will ich unbedingt alles können, was die anderen machen? Warum will ich aussehen wie sie, sprechen wie sie, wenn ich von heute auf morgen wieder zurück muss? Kannst du mir auf diese Fragen eine Antwort geben? Natürlich kannst du das, denn du allein weißt ja, was zu welcher Stunde mit mir geschieht. Doch du wirst mich nicht darüber unterrichten. Die Menschen wissen nichts über das, was auf sie wartet. Das hast du so eingerichtet.

Jedenfalls hast du mir inzwischen wenigstens einen meiner zahllosen Wünsche erfüllt. Du hast Mehmet eingegeben, mir einen Rucksack zu schenken, wie ihn alle Mädchen in der Klasse haben. Einen schwarzen Rucksack aus Leder. Wie sehr habe ich ihn mir gewünscht. Meine Stofftasche von Ayses Mutter war schon mehrfach gerissen und voller Flecken, zum Schluss hatte ich zwei Leinentaschen, wie man sie hier in manchen Geschäften bekommt. Aber nun der Rucksack, ich könnte ihn umarmen, so schön ist er. Ich danke dir aufrichtig.

Weißt du, dass Mehmet mir den Rucksack vor allem deshalb gekauft hat, weil er mir etwas sagen muss, von dem er glaubt, dass es mir Kummer machen wird? Emine Erten hat mir schon alles verraten, nur Mehmet denkt, ich wisse von nichts. Mehmet will mich mit dem Rucksack darüber hinwegtrösten, dass er heiraten wird, dass es in unserem Zimmer noch weniger Platz gibt für mich und dass ich daher übersiedeln soll nach Neuperlach zu den Ertens. Sag mir, ist es das, was du für mich bestimmt hast? Emine freut sich, sie möchte, dass ich zu ihnen komme, weil sie den ganzen Tag allein ist und weil ihr die Arbeit für ihre vier Männer schwer fällt. Bitte, versuche einmal, dir vorzustellen, was für ein Leben ich bei den Ertens haben würde. Emine ist lieb, aber sie tut, was Mehdi sagt, auch vor ihren Söhnen kuscht sie. Alle werden sie auf mich aufpassen, Mehdi, Ahmet, Hilit und Remzi. Ich muss nicht mehr nur Mehmet gehorchen, sondern auch noch den Ertens. Ahmet hat eine deutsche Freundin, aber als er mich mal bei Max am Schultor stehen sah, kam er sofort auf mich zu, schrie mich an: «Was machst du mit dem Jungen! Geh sofort nach Hause. Ich sage es Mehmet.» Am liebsten hätte Ahmet mich an den Haaren von Max weggezerrt. Der mittlere Sohn, Hilit, hat ein Auge auf mich geworfen. Emine hat es mir erzählt, und seitdem habe ich ihn beobachtet, es stimmt. Du weißt, wem meine Gefühle gehören, auch wenn ich nicht darüber rede. Weil es aussichtslos ist, weil Güray nie mein Güray sein kann. Er gehört Billie. Du hast das schon immer gewusst, aber mir hast du es erst viel später gezeigt, als ich in meiner Phantasie schon lange mit Güray lebte, auch wenn ich ihn nie allein treffen durfte.

An dem Sonntagmorgen auf der Eisbahn passierte es. Ich war allein dort, Mehmet war mit seinem Fußballverein verreist, und ich hatte einen ganzen Sonntag für mich allein. Ich habe mich so wohl gefühlt, als ich mit der U-Bahn hinausfuhr, ich wollte Eislaufen üben, damit ich wie Tina, Billie, Max und die anderen über die Bahn fegen konnte. Das Geld für den Eintritt verdiente ich mir bei Herrn Mayr. Er gibt mir immer zehn Mark, wenn ich für ihn einkaufe. Stell dir vor, zehn Mark! Davon konnte ich die U-Bahn-Fahrkarte bezahlen und den Eintritt für die Eisbahn. Vorsichtig glitt ich über die tückische weiße Fläche. Ich war schon zweimal allein hier gewesen und war das letzte Mal schon einige Runden gelaufen. Jedenfalls war ich nicht mehr tollpatschig und zaghaft.

Es war dunstig an diesem Morgen und frisch. Ich sah die Bäume und Büsche, die am Rand der Eisbahn wie Zuschauer aufgereiht sind, ihre Äste bewegten sich im Wind wie Köpfe, die den Läufern zusehen. Vielleicht dem Mann mit der weißen Kappe, der jedes Mal auf der Bahn anzutreffen ist. Er dürfte um die sechzig sein, und er läuft eigentlich wenig, viel mehr wiegt er sich in den Hüften und probt kleine Rückwärtsschritte, die ihm sicher gelingen. Man merkt, er ist ein guter Läufer, und das will er zeigen. Er schaut alle Leute auf der Eisbahn an, besonders die Frauen. Er will sehen, ob sie auch merken, wie gut er auf den Schlittschuhen steht. Viele junge Frauen sieht man hier, sie tragen wunderbare Anoraks mit Fellfutter, und ihre kleinen Kinder sind ebenso hübsch angezogen. Die Mütter ziehen ihre Kreise und tun so, als ob sie gar nicht sonderlich auf ihre Kinder aufpassen würden, dabei haben sie Mühe, nicht vor Stolz zu platzen, glaube ich. Und fällt ein Kind, ist sofort jemand da, der es tröstet und aufhebt, nicht nur die Mütter tun das, eigentlich alle Leute, obwohl in den Zeitungen steht, dass Deutschland ein kinderfeindliches Land sei. Ich kann das gar nicht finden. Wie hübsch selbst die Kinder einfacher Leute gekleidet sind, sie werden auch sichtlich gut ernährt, haben Spielzeug in Mengen, und meist sehen die Eltern voll Stolz auf sie, auch wenn die Kinder brüllen oder sich auf die Straße werfen.

Oft, wenn ich so einen Trupp Kinder sehe, denke ich an die Kinder der Bauern in den Bergen. Die Buben haben kahl geschorene Köpfe, viele sind krank, es gibt kaum genug zu essen für alle und keinerlei Medikamente. Ein Mädchen ist ohnehin noch weniger wert als ein Sohn. Die Kinder sitzen zwischen ihren Müttern und scheren die Schafe. Sie wachsen auf wie der Weizen, argwöhnisch beäugt von der türkischen Regierung. Was mit ihnen geschieht, wenn das Militär Razzien macht, das weißt du, und ich will gar nicht daran denken. Man kann sich seine Gedanken ja nicht aussuchen, und wenn ich deutsche Kinder sehe, wie sie behütet und beschützt werden, dann bin ich traurig über die Kleinen, die nicht zählen in den Augen ihrer Feinde. Es wird nicht einmal gezählt, wie viele von ihnen man tötet.

Trotz meiner dunklen Gedanken war ich damit beschäftigt, mein Gleichgewicht auszubalancieren, als ich plötzlich eine Stimme hörte. Seine Stimme! «Na, Prinzessin, soll ich ein bisschen helfen?»

Er. Du hattest ihn mir geschickt, da bin ich ganz sicher. Er stand vor mir, sah mich an und nahm meine Hand. Dann lief er los, und ich gab mir Mühe wie nie. Nur jetzt nicht stürzen, nur jetzt nicht. Und es ging besser als je zuvor, an Gürays Hand lief ich über die Bahn, als hätte ich noch nie etwas anderes getan, und zum ersten Mal waren meine Füße in den Schuhen nicht verkrampft. Ich lief locker und konnte Gürays Hand spüren, die warm und trocken die meine umfing.

Seit ich Güray in der Kazmairstraße zum ersten Mal gesehen hatte, hatten wir uns mehrfach zufällig getroffen, aber nie allein. Güray ist ein guter Freund von Max. Ich hatte ihn schon einmal mit Max gesehen und spürte, dass die beiden über mich redeten. In dieser Sekunde sprach Güray es aus: «Max will mit dir gehen. Weißt du das?»

Ich konnte nichts sagen. Meine Freude war verflogen. Wie sollte ich Güray erklären, dass ich Max gut leiden könne, dass aber er selbst es sei, dem alle meine Gedanken gehörten.

Wir hatten eine Runde gedreht, da ließ mich Güray plötzlich los, sagte, dass er verabredet sei, und da sah ich auch, mit wem. Billie lief auf Güray zu, fiel ihm um den Hals und küsste ihn. Erst dann sah sie zu mir, fragte, was ich denn hier mache, und dann liefen die beiden los.

Was machst du denn hier? Findest du nicht auch, dass mir diese Frage hier zu oft gestellt wird? Überall bin ich unerwünscht, überzählig. Neuerdings auch bei Mehmet. Und Güray? Erst jetzt spürte ich, dass er über ein Jahr lang mein Traum gewesen war, meine Hoffnung. Woher hatte ich meine Gewissheit nur genommen? Wieso hatte ich geglaubt, dass Güray die gleichen Sehnsüchte wie ich haben könnte? Er hatte mich immer freundlich angesehen, sicher, er hatte mich Prinzessin genannt, aber für ihn bedeutete das nichts. Nichts. Nichts. Billie war sein Traum. Eigentlich logisch. Die Schönste für den Schönsten. Ich, ein Trampel in Kleidern der Caritas, hatte mich selbst zu Gürays Freundin ernannt.

Sag mir, war es notwendig, dass du mich derart realitätsfern erschaffen hast? Offenbar hast du mir nicht gezeigt, wo meine Grenzen sind. Güray ist Türke. Da ist es für ihn ungleich viel wertvoller, eine deutsche Freundin zu haben. Noch dazu ein Mädchen wie Billie. Mit ihr zusammen ist er viel weniger türkisch. Was habe ich nur geträumt? Habe ich denn völlig vergessen, woher ich komme? Dass Güray, selbst wenn es Billie nicht gäbe, sich ausgerechnet ein kurdisches Mädchen aussuchen würde?

Weißt du, bislang habe ich immer geglaubt, ich sei intelligent. In meinem Land hatte ich die besten Noten in der Schule, sogar eine Eins in Englisch, und auch hier schreibe ich langsam recht gute Arbeiten. Ich lese die Zeitungen, die Herr Mayr mir schenkt, und habe sogar manchmal Mitleid mit Billie, die in der Schule rein gar nichts begreift. Offenbar will sie es auch nicht, oder sie tut so, als ob sie nicht wolle, einfach, weil sie sich auf gar nichts konzentrieren kann oder so. Jedenfalls gibt es kein Fach, in dem sie gut ist, außer Sport. Am schlechtesten ist Billie in Deutsch. Sie ist legasthenisch. Sicher weißt du, was das heißt. Man kann schlecht lesen und schreiben. Und trotzdem hat Billie alles, was ich haben möchte. Bis auf eines. Billie hat keine Mutter. Ihre Eltern sind geschieden, die Mutter lebt mit ihrem zweiten Mann in den USA. Billie sprach nie von ihr, auch Tina erwähnte nie Billies Mutter. War es für Billie schlimm gewesen, dass ihre Mutter sie verlassen hat? Vielleicht war Billie deshalb so ekelhaft und abweisend? Kennst du dich da aus?

Ich will jedenfalls nicht mehr darüber nachdenken. Auch an Güray denke ich nicht mehr. Ich gebe mir jedenfalls alle Mühe. Ich will das haben, was ich schon lange brauche, das einzige, was Billie nicht hat. Ich will eine Mutter. Und zwar keine wie Emine, die mir immer ihre drei Söhne vorziehen wird. Ich will eine Mutter für mich allein. Eine Mutter, wie Tina sie hat. Kennst du Tinas Mutter? Sie hat blonde Haare, ganz kurz geschnitten, sie ist hübsch angezogen und lacht immer, wenn ich sie sehe. Sie ist die Einzige, die mich zu sich nach Hause eingeladen hat. Nicht einmal Meral tut das, weil ihr Mann mich nicht leiden kann. Meral hat es mir gesagt, weil sie mich natürlich schon lange einladen will, sich jedoch nicht traut. Die Einladung von Tinas Mutter habe ich auch nicht angenommen. Hätte ich anschließend Tina zu mir bitten sollen in die Westendstraße, in unsere Kammer, wo ewig nasse Wäsche hängt und die Kleider und Schuhe herumstehen? Wir haben nicht einmal schönes Geschirr, nur alte Tassen und Teller von Emine. Du weißt ja, dass Mehmet alles spart, und ich tue das inzwischen auch. Siebzig Mark habe ich schon durch meine Arbeit bei Herrn Mayr sparen können. Ich will so viel Geld haben, dass ich mir im Notfall, wenn sie uns abschieben, ein Flugticket kaufen kann. Last minute heißt das, das sind ganz billige Flugscheine, und dann fliege ich irgendwohin, und sie sollen mich mal suchen.

Ich weiß schon, dass ich gar nicht durch die Zollkontrolle

käme mit meinem blauen Flüchtlingspass. Doch manchmal will ich vergessen, dass man nur im Traum über Grenzen fliegen kann. Dass Leute wie ich, die sich in einem fremden Land um Asyl bewerben müssen, nur im Traum verreisen können.

Am nächsten Tag, in der Schule, würdigt mich Billie keines Blickes. Sie sieht so hübsch aus, dass es mich noch trauriger macht, als ich es ohnehin schon bin. Billie trägt einen kurzen Overall aus schwarzweißem Fellimitat, dazu weiße Wollstrümpfe und schwarze Schnürstiefel. In der Pause sehe ich Billie nicht, aber Tina kommt zu mir, fragt: «Eh, stimmt es, dass du Billie den Güray ausspannen willst? Lass das sein, Billie macht dich sonst fertig. Außerdem hast du doch den Max. Reicht das nicht?»

Was fiel Tina denn ein? Als hätte ich eine Chance, Billie etwas wegzunehmen. Ich spürte, dass Tina mich mit anderen Augen ansah als sonst. Was konnte ich dafür, dass Max mich oft heimbrachte oder von daheim abholte? Dass er mir Lesezeichen schenkte, die er bemalt hatte, und dass er mich oft fragte, ob ich Lust hätte, mit ihm ins Kino zu gehen? Ich hatte ihm gesagt, dass ich nicht ins Kino dürfe, weil Mehmet es nicht erlaube. Max wollte mir auch bei den Hausaufgaben helfen, aber Mehmet hatte mir unter Androhung von Schlägen verboten, mit dem Rothaarigen heimzukommen oder gar zu ihm nach Hause zu gehen. Ich erzählte das alles Max, und er dachte sich aus, wie er mir anders helfen könne. Fast alle meine Hefte und Filzstifte sind Geschenke von Max, aber ich fühle nichts Besonderes, wenn er um mich ist. Manchmal stelle ich mir vor, Max wäre Güray – dann würde ich mir tausend Lügen ausdenken, um Mehmet zu täuschen. Tag und Nacht würde ich planen, wie ich Güray treffen könnte. Ihn allein.

Doch das ist jetzt vorbei. Endgültig. Güray gehört zu Billie.

Und Billie tat so, als hätte ich ein Verbrechen begangen, als ich Hand in Hand mit Güray Schlittschuh gelaufen bin. Dabei war Güray auf mich zugekommen, ich hatte ihn doch gar nicht gesehen, und niemals hätte ich ihn angesprochen. Dazu bin ich nicht erzogen, und du hast ja alles gesehen, nicht wahr? Doch Billie hat es Tina wohl völlig anders erzählt, denn jetzt ist auch Tina auf mich böse, weil sie den Max gern hat, das weiß ich schon lange. Überhaupt gibt es in dieser Klasse Heimlichkeiten. Mehr und mehr komme ich dahinter. Dabei war ich so froh gewesen, langsam in die Verflechtungen eingebunden zu werden, und nun spüre ich, wie weh sie taten. Es war Billie, die sämtliche Stränge, die mich an die anderen gebunden hatten, wieder zerriss.

Tina lud alle ein, am Nachmittag zu ihr zum Pizza backen zu kommen. Ihre Mutter sei nicht da. Jeder solle etwas mitbringen, Tomaten, Käse, Pilze oder so. Teig habe sie genug. Alle schrien begeistert «Ja». Pizza backen bei Tina, das hatten sie schon öfter gemacht, das musste schön sein. «Total geil», sagte Tanja. Musik hören, labern, backen. Tina sah mich an: «Du darfst ja doch nicht.» Ich gehörte nicht dazu. Meral auch nicht. Wir wurden auch nicht geküsst.

Ist dir aufgefallen, dass in meiner Klasse viel herumgeküsst wird? Am Anfang glaubte ich, meinen Augen nicht zu trauen, morgens, wenn der Unterricht begann, küssten sie einander. Ich konnte natürlich noch nicht auseinander halten, wer wen küsste, aber so langsam bekam ich den Überblick: Franco, ein temperamentvoller italienischer Junge, küsste so ziemlich jedes hübsche Mädchen in der Klasse. Bei Billie traute er sich nicht, aber Tina bekam auch schon mal einen Kuss ab. Francos Küsse wurden, glaube ich, nicht so ernst genommen. Aber auch zwei deutsche Jungen, Micha und Flori, machten morgens die Runde. Der kleine Thommy, ich glaube, er ist noch kürzer als Meral, aber immer sehr gut angezogen, Thommy ist der Heimlichküsser. Er taucht plötzlich auf und küsst. Es scheint ihm einfach gut zu tun. Vielleicht fühlt er sich dadurch größer. Es fiel mir bald auf, dass immer die Jungen die Mädchen küssten, nie umgekehrt. Meral wäre wohl gern von Metin geküsst worden, aber Metin küsste niemanden. Ich wurde lange nicht einbezogen in die Küsserei, darüber war ich eher erleichtert. Wenn es sich herumsprach, dass ich von Jungen geküsst wurde, wenn die Ertens das Mehmet hinterbracht hätten – das wollte ich mir lieber nicht vorstellen. Zum ersten Mal bekam ich nach der Rauferei im Eisstadion am nächsten Morgen von Micha einen Kuss, weil ich einen Jungen weggepufft hatte, der Micha angegriffen hatte. Seitdem war ich in die Begrüßungsküsserei, wenn denn eine stattfand, einbezogen worden. Doch hat diese neue Zugehörigkeit, so zweifelhaft sie sein mochte, nicht lange gedauert.

Seit dem Sonntag auf der Eisbahn, der für mich so glücklich begonnen hatte, war ich in meiner Klasse verfemt, denn natürlich glaubten alle Billies Version der Geschichte. Doch dabei sollte es nicht bleiben. Aufgeregt kam die Frau des Hausmeisters freitags nach der Pause zu Charlie, und die beiden gingen hinaus. Sofort setzte in der Klasse das übliche Toben und Johlen ein, doch Charlie kam rasch zurück und brüllte, dass wir uns alle hinsetzen sollten. Dann schrieb sie an die Tafel: «Biji Kurdistan! Ich ficke mit der PKK! Scheis Türken! Die Schuhle ist zum Kozen!»

Charlie sah mich an: «Hast du das an den Spiegel im Mädchenklo geschrieben, Leyla?»

Alle drehten sich zu mir um, sahen mich an. Ich schaute Meral an, sah ihr fassungsloses Gesicht. Biji Kurdistan heißt so viel wie: «Es lebe Kurdistan.» Zusammen mit dem Rest des Textes war es eine starke Beleidigung für türkische Bürger. Soweit ich wusste, gab es kein kurdisches Mädchen an der Schule außer mir. Sie mussten glauben, dass ich es geschrieben hatte, und sie glaubten es auch, das spürte ich. Und schon heute Nachmittag würde es Güray wissen. Mir war elend vor Hilflosigkeit.

Ich hörte Charlie sagen: «Das Beste wird sein, Leyla, du gehst jetzt nach Hause. Am Montag reden wir in Ruhe über alles.»

Ich ging, ich rannte, nie erschien mir der Weg in die Westendstraße so lang. Mir liefen die Tränen übers Gesicht, es war mir gleichgültig. In unserem Zimmer rollte ich mich auf meiner Matratze ein. Ich hatte keine Lust, an irgendetwas zu denken. Da war nichts mehr, an das ich mich hätte halten können. Die Schule, die mir so viel bedeutet hatte – nun war dort für mich die Luft vergiftet. Jetzt blieb mir nur noch Emine und Neuperlach.

Nach etwa einer Stunde hatte ich mich ausgeheult. Ich steckte mein verquollenes Gesicht in eine Schüssel mit kaltem Wasser. Kühlte mir immer wieder die Augen. Dann machte ich mich auf den Weg in das Kaufhaus auf der Theresienhöhe. Ich brauchte Trost, irgendeinen. In dem hinteren Bereich der großen Verkaufsflächen mit Lampen, Badezimmern und Wohnzimmermöbeln standen Betten herum, und was für welche, weiche üppige Kissen hatten die, manche sogar einen Himmel aus wolkigem Stoff, und in jedem dieser Betten lagen die herrlichsten weichen Daunendecken. So ein Reichtum. Ich wurde auf der Stelle müde, dachte sehnsüchtig an Mutter, an mein altes Zuhause, wo ich auch immer ein frisch bezogenes Bett hatte, vielleicht nicht so vornehm wie diese hier, aber es war mein Bett, und meine Mutter hatte es für mich gemacht. Jeden Tag, bis ...

Schon wieder spürte ich, wie mir eng wurde im Hals, wie

Tränen herauswollten, aber ich konnte unmöglich schon wieder heulen. Und schon gar nicht an einem so eleganten Ort wie diesem. Außerdem hatte ich von der stundenlangen Heulerei schon genug Kopfschmerzen. Vorsichtig sah ich mich um. Niemand beachtete mich. Pärchen, die vielleicht ihr Hochzeitsbett aussuchten, sahen nur sich selber. Rasch stellte ich meine Schuhe unter ein Himmelbett, dessen hochgetürmte Kissen mich verbergen würden. Ich spürte die kühle Seide an meinem heißen Gesicht, zog die leichte Decke über meinen Kopf, dachte an meine Mutter und daran, dass nichts in dieser Welt so bleibt, wie es ist, und dass ich auch nicht weiß, wo du bist, Allah, ich sehne mich nach dir, ich brauche dich, aber du hast mir alles genommen, sogar meine Mutter, und ich spüre, dass die Worte sich drehen und schwer werden, und ich weiß, dass ich hier nicht liegen sollte, aber es ist längst zu spät, ich bin müde und falle und falle …

Ich sah die Frau. Sie war schmal, eher groß. Ich sah die Frau an, und es war, als sähe ich mich selbst. Nur anders. Ich wusste, dass sie meine Mutter war. Sie stand am Obststand, wog zerstreut Bananen ab, schon bei den Äpfeln konnte sie das richtige Zeichen auf der Waage nicht finden. Sie suchte in der Tasche nach ihrer Brille, sie wurde nervös, weil andere Kundinnen hinter ihr standen. Ich ging hin, drückte das richtige Schild und gab ihr die Äpfel. «Was möchten Sie noch?», fragte ich sie, und sie brachte Tomaten. Ich wog sie ab, und so ging das weiter, bis genug Obst und Gemüse in ihrem Einkaufswagen war.

An der Kasse legte ich die Früchte aufs Band, während die Frau begann, alles in ihren Korb zu packen. «So angenehm habe ich lange nicht eingekauft», sagte sie zu mir. «Meist bin ich nervös, weil ich meine Brille nicht finde oder weil ich so unpraktisch bin beim Einpacken.»

Die Frau gab mir die Hand. «Danke», sagte sie, doch ich wollte sie nicht einfach gehen lassen. Schließlich war sie meine Mutter. Nur wusste sie das noch nicht. Ich sagte daher zu ihr, dass sie den schweren Korb nicht allein tragen solle. Wir nahmen ihn zwischen uns, und ich trug ihn mit meiner Mutter in die Tiefgarage. Sie ging zu einem Auto, das rot war und ein schwarzes Stoffverdeck hatte. Ein schönes Auto, es passte zu meiner Mutter. Was sollte ich nur tun, damit sie mir nicht davonfuhr?

Ich glaube, du hast da nachgeholfen. Meine Mutter sagte nämlich zu mir, dass sie mich jetzt nach Hause fahren wolle. Zum Dank für meine Hilfe. Da bin ich natürlich sehr erschrocken. Meine Mutter in diesem Loch, gerade heute sah es wüst aus bei Mehmet und mir. Mehmet hatte auf dem Großmarkt billig Paprikaschoten bekommen. Ich musste sie kiloweise säubern und auf Schnüre reihen, die Mehmet dann aufhing. Wie die bei uns trocknen sollten, war mir ein Rätsel. Aber was Mehmet sagte, wurde gemacht. Nur musste das nicht gerade meine Mutter sehen.

Ich zögerte, doch meine Mutter verstand mich sofort. Sie öffnete ihre Handtasche, suchte darin herum und gab mir schließlich eine kleine graue Karte. Ich konnte nichts sagen, mein Mund war ganz trocken vor lauter Anspannung. Schnell umklammerte ich die Karte und lief hinaus aus der Tiefgarage. Oben blieb ich hinter einem parkenden Auto stehen. Ich sah, wie meine Mutter mit ihrem eleganten Wagen aus der Tiefgarage schoss und in einem kühnen Bogen gerade noch an dem Auto vorbeikam, hinter dem ich stand. Entweder fuhr sie sehr gut Auto, oder sie konnte es gar nicht. Darüber dachte ich nicht weiter nach. Hauptsache, ich hatte meine Mutter gefunden. Ich wusste, dass sie es war, aber richtig glauben konnte ich es noch nicht.

Während des ganzen Wochenendes dachte ich über meine

Mutter nach. Meist sagte ich mir, dass ich mir wieder Träume anmaßte, die mir nicht zustanden. Warum sollte eine offenbar wohlhabende Dame wie meine Mutter sich mich als Tochter wünschen? Was im Kaufhaus möglich schien, hielt ich schon daheim in unserem Zimmer für eine Krankheit in meinem Kopf. Ich sollte wohl lieber einen Arzt fragen.

Mehmet hatte mir aufgetragen, unser Zimmer herzurichten für Sirin, seine Frau. Die Hochzeit war an diesem Wochenende in Köln geplant. Ich durfte nicht mitfahren, weil ich Hausputz machen musste. Außerdem konnten wir den teuren Fahrschein nicht bezahlen. Ich war nicht traurig, daheim bleiben zu müssen. Im Gegenteil. Zwar musste ich am Sonntag bei den Ertens in Neuperlach essen, aber am Samstagnachmittag konnte ich mich mit Max im Hirschgarten treffen. Mehmet hatte ich gesagt, dass ich mindestens den Samstag bräuchte, um Hausaufgaben zu machen und zu putzen. Er hat es mir geglaubt, er freute sich, er umarmte mich, ich durfte sogar die matschigen Paprika wegwerfen.

Ich stand früh auf, bügelte alle Wäsche, auch die, die noch nass war, Sirin sollte wenigstens nicht unter nassen Bettlaken und Hemden schlafen. Ich stellte Wasser auf die Kochplatte. Wenn ich fertig war mit Putzen, wollte ich meine Haare waschen. Das war immer umständlich. Mein Haar ist lang und dicht, ich brauche viel Wasser, es auszuspülen. In meinem Land haben fast alle Frauen dichtes, dunkles Haar. Hier ist das anders. Viele Mädchen haben dünnes, flusiges Haar, über das sie sich ständig ärgern. Daher kann man in den Frauenzeitschriften auch immer seitenlange Vorschläge für neue Frisuren finden. Hier erst habe ich gelernt, mein Haar als etwas Schönes, Wertvolles anzusehen. Früher habe ich es sommers an der Luft trocknen lassen und im Winter unter einem Tuch. Heute föhne ich es, da Emine mir ihren alten Föhn geschenkt hat. Seitdem steht mein Haar noch viel üppiger als früher ab von meinem Kopf, und bei jedem Schritt bewegt es sich. Das macht Leute auf mich aufmerksam, Männer, Jungen, aber auch Mädchen und Frauen schauen auf mein Haar. Es ist in diesem Jahr fast bis zur Taille gewachsen. Solange ich keine besseren Kleider habe, gebe ich eben an mit meinem Haar. Das hat Tanja gesagt, die selbst drei Haare in neun Reihen hat. Das ist ein Ausspruch von Tina. Sie liebt Sprüche, und ich muss sagen, mir gefallen Tinas Sprüche gut. Sie sind interessant, wenn sie auch meist nicht freundlich gemeint sind. Die hat nicht alle Tassen im Schrank, sagt Tina über Maria aus Jugoslawien.

Maria kommt im Unterricht nicht mit. Sie verhaut jede Arbeit, malt während der Stunden Strichmännchen. Und wenn Charlie sie fragt, was sie einmal tun wird, wenn sie aus der Hauptschule entlassen ist, und das wird ja schon im nächsten Sommer sein, dann sagt Maria, dass sie Ärztin werden will.

Ich habe auch nicht alle Tassen im Schrank. Das hat mir zwar noch niemand gesagt, aber ich weiß es. Was meine Mutter angeht und Güray, aber auch, was meinen Berufswunsch angeht. Da träume ich ebenso unrealistisch wie Maria. Ich möchte nämlich Jura studieren. So wie Michael, unser Anwalt. Er ist inzwischen unser Freund. Er imponiert mir, weil er so viel weiß. Und weil er Leuten hilft, die es schwer haben oder für die es allein unmöglich ist, Recht zu bekommen. Diesen Beruf möchte ich auch haben. Ich möchte meine Landsleute beraten können, ich möchte, dass die Beamten in den Behörden mich ansehen müssen, dass sie zuhören müssen, wenn ich ihnen etwas auseinander setze.

Doch ich weiß, für ein Jurastudium braucht man Abitur. Ich bin Schülerin der Hauptschule. Fast alle in meiner Klasse sehen das als Makel, besonders Max. Er hat mir gesagt, dass man als Hauptschüler kaum noch einen wirklich interessanten Beruf erlernen kann. Die Lehrstellen als Goldschmied oder Kirchenrestaurator, die Max interessieren würden, sind von Abiturienten besetzt. Max würde natürlich auch gern studieren, Medizin, sagt er, aber daran kann er gar nicht denken. Der Vater von Max ist Alkoholiker, Max hat es mir gesagt, weil er nicht wollte, dass die anderen es mir erzählen. Sein Vater ist meist im Krankenhaus. Max sagt, dass es seiner Mutter und ihm lieber ist, wenn der Vater im Krankenhaus lebt. Kommt er heim, ist er traurig und zu nichts fähig, sodass auch die Mutter von Max noch schlechter dran ist als sonst.

Max liebt seine Mutter, das spüre ich, wenn er von ihr spricht. «Sie ist fein», sagt er, «leise, noch nie hat sie mit mir geschimpft. Sie schimpft auch nicht mit meinem Vater, obwohl er ihr Leben ruiniert hat. Meine Mutter arbeitet bei Tengelmann, dort sitzt sie an der Kasse. Und oft, wenn ich sie abends da abhole, sagt sie, Max, ich kann nicht mehr.»

Deshalb versucht Max gar nicht erst, mehr als den Quali zu schaffen. Sicher weißt du nicht, was ein Quali ist. In diesem Land können gute Hauptschüler nach der neunten Klasse eine Sonderprüfung machen, die qualifizierender Hauptschulabschluss genannt wird. Dann hat man die Möglichkeit, die zehnte Jahrgangsstufe der Realschule zu besuchen. In einem Jahr hat man dann den Realschulabschluss.

Mir hat Charlie das neulich genau auseinander gesetzt. Sie glaubt, dass ich den Realschulabschluss schaffen könne, wenn ich in eine «Besondere zehnte Realschulklasse» aufgenommen werde. Charlie traut es mir zu, und ich traue es mir auch zu, dass ich das schaffe. Doch Mehmet und auch Mehdi sagen, selbst wenn ich das alles schaffen würde, dauere es ja noch mindestens zehn Jahre, bis ich Abitur und Studium beendet hätte. Und wer das bezahlen solle. Für mich sei es besser, dass sie mir einen guten Mann fänden, dann sei ich versorgt.

Du weißt, ich will keinen Mann, weder einen guten noch einen anderen. Ich will Güray, immer noch. Und weil ich ihn nicht haben kann, muss ich selbst sehen, wie ich weiterkomme. Und ich will weiterkommen. Höre, wenn du planst, mich mit einem Mann, den mir Mehmet aussucht, in ein Zimmer wie dieses hier abzuschieben, dann sage ich dir gleich, dass du mich schlecht kennst. Ich putze zwar hier den Boden, aber ich putze ihn in den nächsten Jahren nicht auch noch. Nicht hier und nicht in Neuperlach. Du wirst schon sehen.

Ich bin sicher, dass du mich nicht hier hängen lässt. Du bist gütig und weise, nur kann ich eben deine Wege nicht richtig sehen.

Kennst du den Hirschgarten? Das ist ein Park in dieser Stadt, einer der ältesten, glaube ich. Er hat einen großen Biergarten. Das heißt hier so, obwohl natürlich in dem Garten kein Bier wächst. Nicht einmal die Zutaten, die man braucht, um Bier herzustellen. Nein, in diesem Garten trinken Männer Bier und die Frauen auch. Du müsstest die Krüge sehen, die sie so geschwind leer trinken, dass man sich nur wundern kann. Wir waren im Sommer mehrfach hier. Mehmet, die Ertens und ich. Es war heiß an dem Tag, als ich zum ersten Mal hier war. In dem Park, der den Hirschgarten umgibt, lagen viele Leute und sonnten sich. Nackt. Das hörst du bestimmt nicht gern, aber in diesem Land hat sich das so entwickelt. Max sagt, dass früher hier die Leute auch anders gewesen seien, dass sie sogar völlig angezogen zum Schwimmen gegangen seien. Also mit Anzügen, die alles bedecken. Inzwischen ist es hier Mode, sich nackt in die Sonne zu legen. Überall in den öffentlichen Parks tun die Leute das. Mehdi und Mehmet haben sehr geschimpft, als wir an den Nackten vorbeigekommen sind. Ich sagte zu ihnen, sie sollten doch einfach wegsehen oder einen anderen Weg gehen. Da schimpften beide auf mich, sagten, ich wüsste nicht, wie ein Mädchen sich zu benehmen habe.

Das weiß ich aber sehr wohl. Nackt in die Sonne legen würde ich mich nie, darauf kannst du dich verlassen. Beim Schwimmen, in der Schule, sehe ich die anderen Mädchen manchmal nackt, und es macht mir auch nichts aus, dass sie mich nackt sehen. Tina hat einen wunderbaren Busen. Er ist groß, sehr groß für ein junges Mädchen, glaube ich. Er sieht sehr schön aus, doch Tina gefällt er nicht. Billie hat fast gar keinen Busen, aber dafür einen runden Po mit Grübchen darauf. Meral und Tina finden, dass auch ich einen sehr hübschen Busen habe, er ist nicht sehr groß, aber er gefällt mir ziemlich gut. Manchmal, wenn ich in meiner Plastikwanne stehe und mich aus meinem Kochtopf mit Wasser begieße, dann wünsche ich mir, dass Güray mich so sähe. Wenn er auch Türke ist, kommt er doch aus meinem Land. Für ihn bin ich nicht fremd wie für die anderen.

Woran sie es nur sehen, dass ich nicht aus Deutschland stamme. Viele Deutsche sind ja noch schlechter gekleidet als ich. Einmal überwand ich mich und fragte Tina, ob ich anders aussähe als die anderen Mädchen, vor allem anders als die hiesigen. Tina sah mich überrascht an, sagte spontan: «Naaa», doch dann überlegte sie und lachte: «Du siehst wild aus, irgendwie.» Ich verstehe nicht, was Tina damit meint. Ich schminke mich, wie es die anderen Mädchen in meiner Klasse auch tun. Habe ich dir das schon gestanden? Ich weiß, du bist nicht dafür, dass Mädchen sich herausputzen. Mehmet hasst es und sieht darin den Anfang eines moralischen Abstiegs. Dabei hat er auch eine deutsche Freundin, ich weiß es, ich habe die beiden gesehen. Sie ist Friseuse in dem kleinen Salon in der Astallerstraße. Glaube mir, sie hat alle Stellen ihres Gesichts bemalt, auf denen Platz ist. Ihre Haare sind blond und am Ansatz dunkel. Daran sieht man, dass sie eigentlich eine Brünette ist. Sie heißt Karin, und sie gefällt mir, obwohl ich sie gar nicht näher kenne. Bei ihr liebt Mehmet offenbar das auffällige Make-up, mir verbietet er sogar einen Lippenstift. Doch so langsam habe ich mir alles angeschafft. Zwischen meinen Schulsachen liegen Lippenstifte und Kajal, sogar Wimperntusche besitze ich. Auf der Schultoilette schminke ich mich, und an der Ecke vor unserem Haus wische ich schnell das meiste runter. So genau schaut Mehmet mich nicht an. Vor allem, seit er Karin hat. Ich frage mich nur, was er mit Karin macht, wenn er heute Sirin heiratet und mitbringt. Du hast ja den Männern erlaubt, mehrere Frauen zu haben. In diesem Land haben Männer offiziell nur eine Frau. Tina sagt, heimlich hätten fast alle Männer eine Freundin. Ihr Vater habe auch eine.

Das muss Mehmet also mit sich selbst ausmachen und mit Karin. Und mit Sirin. Bei ihr wird es am leichtesten sein, sie kennt ja die Bräuche.

Für mich jedenfalls ist diese Situation nicht ungünstig. Wenn Mehmet mir wieder verbietet, mich ein bisschen zu schminken, dann werde ich auf Karin hinweisen. Dann weiß er, dass er mich nicht gegen sich aufbringen darf, weil ich sonst alles Sirin erzähle. Du glaubst, ich nehme mir zu viel raus gegenüber Mehmet? In der ersten Zeit habe ich auch gedacht, ich dürfe nicht aufmucken gegen ihn, weil ich ihm sozusagen gehöre seit dem Tod meiner Eltern. Inzwischen weiß ich es besser. Ist dir bekannt, dass man in diesem Land einen Vormund bekommt, wenn die Eltern tot sind? Ich habe einen Vormund, eine Frau Vormund, sie heißt Frau Wendt. Sie sieht eigentlich aus wie ein Mädchen, ein bisschen wie Tanja aus unserer Klasse. Doch Frau Wendt ist energisch. Sie ist eine studierte Frau, Sozialpädagogin, und sie hat zu mir gesagt, dass Mehmet zwar mein Onkel sei, aber das sei auch schon alles. Kannst du dir vorstellen, wie gut ich ihr zugehört habe? Sie erklärte mir, dass Mehmet mich auch nicht verheiraten könne gegen meinen Wunsch. Wenn er das versuche, solle ich sofort zu ihr kommen, sie würde Mehmet das schon ausreden.

Du glaubst nicht, wie sehr ich darüber erleichtert bin. Wahrscheinlich bist du eher auf der Seite der Männer, aber du hast auch befohlen, dass die Männer gut sein sollen zu Waisen. Und daher bin ich froh, dass Frau Wendt darauf aufpasst, dass Mehmet zu mir gut ist nach den Maßstäben dieses Landes. Und hier darf ein Mädchen sich schminken, und sie darf sich ihren Mann selbst aussuchen. Max wäre ein Mann, wie ihn sich ein Mädchen wünschen kann. Tina hat das begriffen. Sie möchte gern mit Max gehen. Sie schreibt ihm Zettel. Ich habe das oft gesehen. Ich wünschte aufrichtig, Max würde sich in Tina verlieben. Sie ist nicht auffallend hübsch, aber sie könnte es sein. Normalerweise hätte sie blonde Locken, doch Tina färbt sie mal rot, mal rabenschwarz. Sie trägt am liebsten Pullover ihres Vaters und dicke schwarze Schuhe, die man Doc Martens nennt. Viele hier tragen solche Schuhe. Sie gehören zu den wenigen Dingen in diesem Land, die ich mir nicht wünsche. Tina hat ziemlich große Füße. Ich auch. Leider. In der Schule habe ich Tinas Doc Martens mal anprobiert. Metin sah es. Er sagte zu mir: «Damit kannst du leicht Kurdistan an die Türkei abtreten.»

So richtig begriffen habe ich diese Bemerkung nicht. Metin sagt oft solche Sachen. Man weiß nicht, will er einen jetzt provozieren oder will er Spaß machen.

In diesem Moment fällt mir ein, ob vielleicht Türkan oder Aysel den Spiegel in unserer Toilette mit den gemeinen Sprüchen voll geschmiert haben könnten. Vielleicht ärgern sie sich immer noch über mich, weil ich beim Schlittschuhlaufen so ehrgeizig gewesen bin.

Ich fragte Max. Er sagte sofort: «Nein, das war Billie.»

Und als Max das sagte, brauchte ich nicht mehr lange zu überlegen. Wer sonst als Billie? Sie wollte sich rächen. Wieso war ich nicht sofort darauf gekommen? Billie wollte mir schaden. In der Klasse und bei Güray. Doch ich wollte jetzt nicht traurig sein, nicht an Billie und Güray denken. Ich hatte ein paar Stunden für mich. Ich war bei Max. Er schob sein Rad neben mir her. Vorher waren wir ein ganzes Stück durch den Hirschgarten gesaust. Erst saß ich vorne auf dem Lenker, dann hinten auf dem Gepäckträger. Beides war lustig. Max sagt, er könne mir ein altes Fahrrad besorgen. Seine Mutter habe eines, und sie würde es nicht mehr benützen. «Sie hat vor allem Angst. Vor dem Verkehr. Davor, dass jemand sie anfährt, wenn sie auf dem Rad sitzt. Sie traut sich einfach nichts mehr zu. Es wird immer schlimmer.»

Mir leuchtete ein, dass Max schleunigst selbständig werden muss, damit er notfalls überleben kann. Mit so labilen Eltern, wie Max sie hat, ist das Leben nicht leicht. Max ist auch nie richtig lustig. Er bewirbt sich schon jetzt bei allen Münchner Banken, notfalls ginge er auch aufs Land, sagt Max, wenn er nur eine Lehrstelle fände. Max wird gute Noten haben, das ist sicher, er hat nur Zweier und sogar Einser in Mathe und Geschichte.

Max schafft das schon. «Du wirst eine Stelle bekommen, da bin ich mir ganz sicher», sage ich zu Max. Ich schaue ihn an, wie er neben mir hergeht. Max ist sehr groß, wirkt schlaksig. Mit seiner roten Mähne sieht er anders aus als die meisten Jungen, aber durch seinen strengen Pferdeschwanz wirkt das Gesicht mager, und er sieht älter aus, als er in Wahrheit ist. Er könnte leicht siebzehn sein. Aber er ist fünfzehn, wie ich. Max hat seine freie Hand um meine Schulter gelegt. Ich mag das sehr gerne, ich fühle mich gut, nahe bei Max. Ich muss nur aufpassen, dass kein Bekannter uns sieht, was sehr gut möglich wäre. Hier im Park verbringen viele

türkische und kurdische Familien ihre freie Zeit. Meist haben
sie ja keine Gärten, leben häufig zu viert oder zu noch mehreren in kleinen Räumen. Ich fühle mich in den Parks immer
ein wenig wie daheim. Meine Landsleute grillen hier im Sommer Fleisch, es riecht vertraut, und ich höre ihre Stimmen in
meiner Sprache. Die Männer spielen Fußball oder kegeln mit
dicken Holzkugeln im Gras. Die Frauen und Mädchen sitzen
zusammen auf der Wiese. Sie reden und tuscheln und kichern
und fangen ihre kleinen Kinder ein.

Jetzt, wo fast schon wieder Winter ist, liegt der Hirschgarten unter einer feinen weißen Schneedecke. Die Straßen sind
noch völlig frei, doch die Bäume sehen aus wie gezuckert.
Eine große Gruppe plaudernder Landsleute kommt uns entgegen. Ein Mann schwingt übermütig den größten Ast des
Baumes, unter dem wir uns begegnen, es schneit auf uns herab, und alle lachen, und Max lacht auch.

Wir gehen zu einem asphaltierten Platz, auf dem Jungen
Skateboard fahren. Max erzählt mir, er habe einmal einen
amerikanischen Film gesehen, in dem eine Frau auf dem
Skateboard durch eine Parklandschaft gefahren sei. Diese
Fahrt, die eine Flucht gewesen sei, habe ihn so fasziniert, dass
er sich auch sofort ein Brett gekauft habe.

Max stellt sein Fahrrad an der S-Bahn ab. Wir fahren von
der Laimer Unterführung in die Stadt. Es ist langer Samstag,
Max will mir das WOM zeigen. WOM heißt World of Mu-
sic. Du musst dir darunter einen Laden vorstellen, in dem es
nichts als Musik gibt. Alles, was du dir nur denken kannst,
und du kennst sicher die Musik vieler Länder. Im WOM
kann man auch Musik hören, wenn man kein Geld hat, Plat-
ten oder CDs zu kaufen. Von den anderen hatte ich immer
die Namen der Gruppen gehört, auch Titel, die derzeit «hip»
oder «in» waren. Das nennt man hier so, wird dich aber
wohl weniger interessieren. Für mich war es herrlich. Ich saß

auf einem Hocker, hatte Kopfhörer auf und hörte «Bigger, better, faster, more» von den «4 Non Bondes». Ich kann dir gar nicht beschreiben, wie gut ich mich fühlte. Die Leadsängerin hat so eine hysterische Stimme, die absichtlich immer bricht. Ich wollte, ich könnte auch singen, ekstatisch schreien, mit meiner Stimme experimentieren. Tausende würden mir zuhören, ich bekäme viel Geld dafür. Du, das würde mir gefallen. Ich glaube, im Moment gefällt es mir besser als Jura. Max ließ mich danach seine Lieblingsgruppe anhören, «Die Ärzte». Diese Ärzte sind Punks.

Ich brauchte lange, um mich daran zu gewöhnen, wie manche Jungen und Mädchen sich in diesem Land herrichten. Früher hatte ich das einmal im Fernsehen gesehen, da war das jedoch wie ein Schauspiel, fremd, vorbei. Doch in dieser Stadt sieht man oft Punks wie «Die Ärzte». Sie haben die Haare auf einer Seite des Kopfes abrasiert, auf der anderen Seite sind sie in vielen Farben eingefärbt. Du kannst dir ruhig wilde Farben vorstellen, sie haben gelbe Haare, grüne, lilarote oder blaue. Und die stehen dann meist noch in Stacheln ab. Dazu sprüht man einzelne Haarbüschel stark mit Spray ein, und dann bleiben die Haare wie Stacheln stehen. Andere Punks, Mädchen genauso, lassen sich auf der Kopfmitte einen Büschel stehen, so ähnlich wie der Grünstreifen auf der Autobahn. Diese Büschel stehen auch starr vom Kopf ab. Was die Punks anziehen, das will ich dir im Einzelnen nicht schildern, denn ich fürchte, das du in dieser Welt nicht daheim bist. Auf jeden Fall ist alles, was sie anhaben, schwarz und meistens aus Leder, und Max sagt, dass «Die Ärzte» richtig schön verrückt seien. Dass sie die Gesellschaft karikieren und auch über die Frau des Bundeskanzlers respektlos singen. Max sagt, dass «Die Ärzte» sich jetzt auch mit politischen Themen auseinander setzen, mit den Neonazis zum Beispiel, aber von denen berichte ich dir ein andermal. Wir nehmen die Zeit des Nationalsozialismus nämlich gerade in Geschichte durch, und ich werde bei vielen Geschehnissen von damals aufgeschreckt und muss an unser Land denken.

Aber nicht jetzt. Jetzt bin ich mit Max im WOM, und er lässt mich noch viele Gruppen hören. Der Verkäufer ist jung, er merkt, dass Max viel von dem versteht, was hier verkauft wird, und lässt uns in Ruhe zuhören. Jetzt lerne ich, wer «Green Jelly» ist, «Therapy», «Hammerbox», «Treponem Pal», «Wipers». Früher hörte ich von den anderen immer die Namen der Gruppen, aber ich konnte mir nichts darunter vorstellen.

Tina liebt die «Fantastischen Vier». Manchmal hat sie einen Kassettenrecorder mitgebracht in die Schule, und wir haben «Die vierte Dimension» gehört oder «Die da», «Vier gewinnt». Doch Max findet das alles Kinderkram, für ihn zählen nur «Die Ärzte» und die «Toten Hosen», die musst du dir ähnlich vorstellen wie «Die Ärzte».

Auf dem Heimweg fragte ich Max vorsichtig, was er von Tina denke. «Nicht viel», sagte Max, und sein Gesicht war nicht mehr so offen und hell wie noch gerade im WOM. Ich weiß, dass es nicht taktvoll ist von mir, jetzt mit Max über Tina zu reden, aber ich wollte ihm auf diese Weise auch sagen, dass ich nicht richtig mit ihm gehen will, nicht wirklich. Ich spürte, dass ich das Max gar nicht erklären muss. Er wusste es. Und er hat mich trotzdem immer wieder eingeladen. Ich müsste mich darüber freuen, und ich freue mich auch, aber vorsichtig, ich will nichts falsch machen.

«Ist es Güray?», fragte da Max, und ich sah ihn an, nickte, ohne zu überlegen. Sofort tat es mir Leid, dass ich meine sinnlose Zuneigung zu Güray eingestanden hatte, und auch noch gegenüber Max. Doch nun wusste er, was er schon lange gespürt hatte.

«Billie hasst dich», sagte Max und schaute über meinen Kopf hinweg irgendwohin. «Sie hat gehört, dass Güray dich Prinzessin genannt hat, und seitdem gibt sie keine Ruhe. Sie erträgt es nicht, dass Güray ein anderes Mädchen hübsch findet. Deshalb versucht sie jetzt alles, um dich bei Güray schlecht zu machen. Und nicht nur bei ihm.» Ich hatte das alles geahnt, doch als Max es aussprach, traf es mich wie ein schwarzer Regen, der alles wegschwemmt, was schön und hell ist. Würde das immer so sein in meinem Leben? Ich wollte das nicht akzeptieren. Mir würde schon etwas einfallen. Ich würde mit Billie reden. Ihr auf den Kopf zusagen, dass sie den Spiegel beschmiert hatte. Der Gedanke tat mir gut.

Inzwischen war es dunkel geworden, ich musste mich beeilen, zu Herrn Mayr zu kommen. Wenn Mehmet nicht kann, versorge ich ihn ja, wie du weißt.

In der Kazmairstraße verabschiedete ich mich von Max. «Max», sagte ich, «Max, heut war so ein schöner Tag. Mein schönster, seit ich hier bin.»

Max lächelte schwach: «Das ist aber ein schlechtes Ergebnis nach so langer Zeit.»

«Aber es stimmt», sagte ich und gab Max einen Kuss. Du weißt, ich habe noch nie einen Jungen geküsst, und Güray sollte meinen ersten Kuss bekommen. Doch Max hatte ihn verdient, und ich küsste ihn rasch noch einmal. Er musste sich runterbeugen zu mir, und als ich ihm hinterhersah, wie er sein Fahrrad auf dem Gehsteig schob, da hatte ich so viel Wärme für Max, und gleichzeitig so viel Tränen, dass ich froh war, zu Herrn Mayr hinaufzukommen.

In der Wohnung war es sehr warm. Ich wunderte mich, Herr Mayr liebte frische Luft. Er hatte mir erklärt, dass er im Winter jede Stunde das Fenster öffnen würde, um die Wohnung durchzulüften. Daran dachte ich, als ich die Wohnungs-

96

tür schloss und «Guten Abend, Herr Mayr» rief. «Ach, halloo, Leyla», rief er sonst, aber heute hörte ich nichts. Sofort bekam ich Angst. Ich rannte ins Wohnzimmer, es war dunkel, und als ich Licht machte, sah ich, dass ein Sessel umgefallen war. Dahinter lag Herr Mayr, gefesselt, mit Klebeband um den Mund. Seine Augen starrten an die Zimmerdecke, ich wusste, er war tot. Ich lief raus aus der Wohnung, schrie, sofort ging bei Frau Adamcik die Tür auf, ich sagte: «Herr Mayr», und dann hockte ich mich bei Frau Adamcik auf den Fußboden. Ich würde nicht mehr nach oben gehen, ich hatte genug Tote gesehen, ich wollte nur weg, nach Hause, zurück in die Westendstraße. Max. Warum hatte ich Max nicht mitgenommen?

Die Adamciks waren beide in Mayrs Wohnung gerannt, jetzt kamen sie zurück, Frau Adamcik war ganz weiß um den Mund, ihr Mann zitterte und sagte immer nur: «Polizei, Polizei.» Beide verschwanden irgendwohin zum Telefon, ich stand auf und rannte in die Westendstraße. Unser Zimmer, das ich sonst hasse, schien mir jetzt die einzige Zuflucht. Alles war sauber, an den Wänden hatte ich Tannenzweige mit roten Bändern angebracht. Richtig schön schien mir das Zimmer, ich warf mich auf meine Matratze, rollte mich ein wie ein Embryo und wollte wieder nur, dass ich geträumt hätte, dass ich morgen wieder zu Herrn Mayr gehen könnte. Ich hatte ihn so gern gehabt.

Noch in der Nacht kam die Polizei, sie glaubten mir nicht, dass Mehmet in Köln sei bei seiner Hochzeit. Ich musste mitkommen aufs Revier. Herrn Mayrs Schwester hatte unsere Namen und unsere Adresse angegeben, sie hatte der Polizei gesagt, dass wir bei ihrem Bruder aus und ein gingen. Dass sie schon immer misstrauisch gewesen sei.

Mehmet und ich unter Mordverdacht. Raubmord. In der Wohnung fehlte das Geld, Schecks und Scheckkarte. Auch der Schmuck von Herrn Mayrs verstorbener Frau war nicht mehr da. Herr Mayr hatte ihn mir einmal gezeigt. Er war sehr stolz gewesen auf die Ketten, Ringe und Armbänder. «Ich habe meine Frau sehr verwöhnt», sagte er zu mir. Dann fragte er mich, ob ich eine Kette haben möchte oder ein Armband. Die Ringe würden mir nicht passen, seine Frau sei sehr mollig gewesen. «Komm, Leyla, was soll ich mit all den Sachen, wenn ich tot bin, kriegt es meine Schwester. Sie mochte meine Frau nie leiden, ich werde den Schmuck ohnehin verschenken.»

Ich wollte nichts haben von den Sachen, obwohl ich keinen Schmuck besitze. Nicht ein Stück. «Du hast ja nicht einmal eine Uhr, Leyla», rief Herr Mayr. Er kramte in der Schatulle, seine Frau hatte drei Uhren gehabt. «Hier, die habe ich ihr erst kurz vor ihrem Tod gekauft. Sie dachte nämlich nie daran, die Uhr abzulegen, wenn sie abwusch. Da habe ich ihr eine wasserdichte gekauft. Eine ganz moderne. Ist sie nicht schön?» Herr Mayr hielt tatsächlich eine grüne Swatch-Uhr in die Höhe, er legte sie mir einfach ums Handgelenk und sagte, dass es keine Diskussion mehr gebe: «Die Uhr gehört dir und basta.»

Sollte ich das jetzt den Polizisten sagen? Würden sie Mehmet und mich dann nicht erst recht verdächtigen?

«Herr Mayr», dachte ich immer, «Herr Mayr», und dann weinte ich über ihn und über mich. Mit den Tränen lief meine Nase. In den Taschen meiner Jeans suchte ich ein Taschentuch. Da spürte ich härteres Papier. Die Karte. Die Karte von meiner Mutter. Roberta Kayser, Bavariaring. Ich fragte den Polizisten, ob ich telefonieren dürfe. «Ist das eine Verwandte von dir?», fragte mich der Polizist. «Sie ist meine Mutter», sagte ich, und der Beamte schaute ungläubig auf die Karte aus feinem Papier. «Meine Stiefmutter», setzte ich hinzu, und der Beamte wählte die Nummer.

Meine Mutter kam, und sie bürgte für mich, das heißt, sie unterschrieb, dass ich in ihrer Wohnung bleiben und jederzeit für die Polizei erreichbar sein werde. Wir stiegen in das rote Auto, und meine Mutter fuhr los, als könnten mich die Polizisten sonst zurückholen.

Für Minuten hatte ich Herrn Mayr und die Polizei vergessen. Mit meiner Mutter Auto zu fahren lenkte einen von den größten Problemen ab.

Die überdachte Außentreppe war hell erleuchtet, die Haustür, die nur angelehnt war, öffnete sich in eine beleuchtete Diele. Helles Parkett sah ich, weiße Türen, ich lief auf dicken Teppichen, und dann saß ich meiner Mutter in einer hellgelben Polstergruppe gegenüber, die größer, weicher und seidener war als alle, die ich im Kaufhaus gesehen hatte.

«Willst du erzählen?», fragte sie, und ich nickte. Was sonst? Schließlich hatte sie mich von der Polizei abgeholt. Meine Mutter lief zu einer Schublade, holte Zigaretten und Streichhölzer wie aus einem Versteck. «Willst du auch?», fragte sie mich und steckte sich eine Zigarette in den Mund. Dann wollte sie ein Streichholz von dem Briefchen abreißen. Das erste zerbrach, dann erwischte sie gleich drei und produzierte eine wahre Stichflamme, über die sie sich erschreckte, sodass sie die Streichhölzer auf den Teppich fallen ließ. Ich trat sofort drauf, sie beglückwünschte mich zu meiner Geistesgegenwart. Zur Sicherheit zündete ich das nächste Streichholz selbst an, gab ihr Feuer, und sie rauchte in hastigen tiefen Zügen. «Ich glaube, ich habe dir schon gesagt, dass ich nervös bin und täppisch. Im Grunde ist es ein Wunder, dass ich noch lebe und dass unser Haus noch steht. Aber du wolltest erzählen.»

Ich glaube, ich habe meine Mutter mit offenem Mund angestarrt. Eine Frau wie sie hatte ich noch nicht erlebt. Sie war unberechenbar wie ein kleines Kind und dabei von einer Gelassenheit, als schaue sie sich selbst zu bei allem, was sie anstellte. Nur eine solche Frau, das begriff ich in diesem Moment, nur eine Frau wie meine Mutter holt am Samstagabend ein fremdes Mädchen von der Polizei ab. Ein Mädchen, das sich einfach zur Stieftochter ernennt.

Ich war aufgeregt und beruhigt zugleich. Kannst du das verstehen? Wenn meine Mutter nicht allzu verrückt war, konnte sie mir helfen. Daher erzählte ich ihr alles, alles, sogar von Güray und Max und von Herrn Mayr und der Swatch-Uhr, die er mir geschenkt hatte.

Meine Mutter unterbrach mich nicht, sie fragte nichts, sie rauchte hastig und bot mir von allem an, was auf dem niedrigen Glastisch stand. Es war nicht wenig, und später erfuhr ich, dass Kaysers eigentlich hatten ausgehen wollen und dass Herr Kayser nach dem Anruf der Polizei kopfschüttelnd allein weggefahren war, und jetzt hoffte meine Mutter, dass er nicht, wie geplant, mit Freunden heimkommen, sondern mit ihnen in eine Bar gehen würde. Aus Zorn über seine Frau.

Ich konnte nicht wegschauen von all den Dingen, die auf dem Tisch dekoriert waren. Schalen voll Nüssen jeder Art, Kugeln aus Schokolade, braun und weiß, Mandelsplitter, ebenfalls braun und weiß, Rumtrüffel, Salzgebäck und welches mit Käse, Pralinen, in Silber und Gold gewickelt, ich wusste nicht, wohin ich zuerst greifen sollte. Dann griff ich überall hin, spürte, dass ich hungrig war, ich kaute und sprach und schluckte, und erst als mir schlecht war, hörte ich mit einem Rumtrüffel auf.

Wie ich dir schon sagte, meine Mutter sprach kein Wort. Als ich fertig war mit dem Erzählen und mit der Esserei, da stand sie auf, kramte in einer Kommode und kam mit einem Fotoalbum zurück.

«Du siehst aus, wie ich als Mädchen ausgesehen habe», sagte sie und setzte sich mit dem Fotoalbum zu mir. Erst jetzt sah ich, dass sie ein langes, sehr dünnes graues Wollkleid trug mit Rollkragen und einer gesteppten Weste darüber. Ihre Ohrringe waren lange dicke Troddeln, und an ihrer Halskette hing auch so eine. Ich fand, dass meine Mutter die schönste und eleganteste Frau war, die ich je gesehen hatte.

Die Fotos waren von 1970, als meine Mutter so alt war, wie ich es jetzt bin. Ich weiß zwar nicht, ob ich mich richtig beurteilen kann, aber ich glaube, dass sie Recht hatte. Das Mädchen auf den Fotos hätte zumindest eine Schwester von mir sein können. Obwohl sie Tennissachen trug oder einen Skioverall oder lange Hosen mit Beinen, die unten ganz weit waren.

«Und wie alt bist du genau?», fragte meine Mutter freundlich, und ich sagte ihr, dass ich am 3. Oktober Geburtstag gehabt hatte und dass ich jetzt fünfzehn Jahre alt sei.

Meine Mutter sah mich an. Die Zigarette in ihrer Hand zitterte leicht. Sie drückte sie aus, ohne in den Aschenbecher zu sehen, und strich sich eine Haarsträhne aus dem Gesicht.

«Am 3. Oktober vor fünfzehn Jahren, sagst du?»

«Ja», antwortete ich, doch als ich ihr Gesicht sah, wusste ich, dass mit meinem Geburtsdatum etwas zusammenhing, was sie ängstigte oder überraschte oder auch beides zugleich, jedenfalls klopfte plötzlich mein Herz, und ich hoffte nur, dass es nichts sein würde, was mich von ihr forttrieb, ich wollte hier bleiben, hier bei ihr, in diesem Haus, und lieber wollte ich mit ihr in ihrem roten Auto verunglücken oder im Haus verbrennen, als fortzumüssen von ihr. «Am 3. Oktober vor fünfzehn Jahren», sagte da meine Mutter wieder ganz ruhig, «am 3. Oktober ist meine kleine Tochter gestorben. Morgens gegen halb zwölf kam sie auf die Welt, am Nachmittag ist sie wieder gegangen.»

Hättest du gewusst, was du sagen solltest? Ich glaube, mir blieb der Mund offen, und ich schwor mir, niemals zu verraten, was ich ganz sicher wusste. Meine Großmutter und meine Mutter hatten es mir oft genug beschrieben. Ich war am Nachmittag des 3. Oktober geboren, eine Woche früher, als meine Mutter ausgerechnet hatte. Nachmittags gegen halb drei setzten die Wehen ein, als die Cousinen meiner Großmutter zum Tee kamen und stattdessen meiner Mutter bei der Entbindung die Hand halten mussten. «Nicht einmal Sesamkringel habe ich ihnen angeboten in der Aufregung», hat meine Großmutter mir erzählt. «Dabei stand alles in der Speisekammer. Doch niemand dachte daran zu essen, so aufregend war das, bis du auf der Welt warst. Gerade mal eine Stunde hast du gebraucht, dann warst du da.»

Das Kind meiner Mutter. So war das also. Nicht nur, dass mir schlecht war von den Süßigkeiten, mir war alles unheimlich, alles, das Haus, meine Mutter, ich wusste nicht mehr, wohin mit meinen Gedanken.

Meine Mutter stand am Fenster, sie sah auf einen Garten hinaus, ich sah die Äste der Bäume wie ein kunstvolles Geflecht gegen einen Himmel stehen, der am Horizont orangefarbene Streifen hatte. Alles war hier schön. Ich jedoch fürchtete mich.

Meine Mutter drehte sich um zu mir und fragte das, was ich ihr auf keinen Fall sagen wollte: «Leyla, weißt du, um welche Uhrzeit du auf die Welt gekommen bist?»

«Nein», stotterte ich sofort, «nein, nein, das weiß ich nicht.»

Meine Mutter sah mich an. Wenn sie verrückt war, dann war sie es auf intelligente Art. «Und wenn du genau nachdenkst, Leyla, weißt du es dann auch nicht?»

«Doch. Ich bin um halb vier am Nachmittag geboren»,

sagte ich, und ich erwartete, dass meine Mutter jetzt auf mich zustürzen würde, schreiend oder weinend.

«Ich könnte mir jetzt einreden», sagte meine Mutter ganz ruhig, «ich könnte mir jetzt einreden, dass ich es von der ersten Sekunde an gewusst habe. Nichts wäre jetzt einfacher, als mir das immer wieder zu sagen. Aber das will ich nicht. Wunder braucht man sich nicht einzureden.»

Ehe ich noch darüber nachdenken konnte, was meine Mutter wohl damit meinte, kam Herr Kayser zurück. Später erfuhr ich, dass er Ralph hieß. Sie nannte ihren Mann manchmal meinen Herrn Vorsitzenden, weil Herr Doktor Kayser in einigen Verbänden Vorsitzender war.

An dem ersten Abend im Haus meiner Mutter begriff ich nicht viel, und als Herr Kayser mit raschen Schritten ins Wohnzimmer kam, dachte ich nur, dass mit ihm etwas Starkes, Waches, Undurchdringliches ins Zimmer gekommen war. Herren wie ihn hatte ich bislang nur im Fond großer dunkler Wagen sitzen sehen. Er hatte bestimmt einen Chauffeur. Wer in dieser Stadt zu vielen Terminen musste, der brauchte einen, denn parken kann man nirgends. Von meiner Mutter würde er sich nicht fahren lassen, das schien mir sicher.

Ich muss mir einfach mehr Zeit nehmen, dir Herrn Doktor Kayser zu beschreiben, sonst verstehst du nicht, was alles passierte.

In der ersten Sekunde, als ich ihn sah, dachte ich, dass er der jüngste Vorsitzende sei, den ich je gesehen hatte. Ich habe nämlich manchmal genauer hineingeschaut in die großen dunklen Wagen. Die meisten Männer, die chauffiert werden, sind ziemlich alt und haben weiße Haare. Ralph Kaysers Haar ist schwarz mit grauen Strähnen, es steht in einer dichten Bürste von seinem Kopf ab, die Seiten sind ganz kurz. Herr Kayser scheint alles, was er macht, sehr schnell zu machen. Er geht rasch, er isst in Eile, er blättert flüchtig durch die Zeitung. Ich habe immer das Gefühl, dass er voller Energie ist und dass er Lust daran hat, den ganzen Tag über durch die Stadt zu fahren und überall in den Verbänden Leuten zu sagen, was sie machen müssen.

Er würde auch gern meiner Mutter sagen, was sie machen soll. Doch bei ihr scheint es ihm nicht zu gelingen. Und ich glaube, er begreift nicht so recht, warum ihm das nicht gelingt. Ich habe es gleich am ersten Abend gespürt, als er hereinkam. Sein Gesicht ist ziemlich braun, die Wangen gerötet, auch das sieht man selten bei den Leuten in den dunklen Wagen, doch Herr Kayser sieht so aus, als käme er vom Fußballspielen oder vom Skilaufen. Dafür scheint Herr Kayser aber keine Zeit zu haben, oder nur sehr selten. Ich glaube, er weiß sehr wenig von meiner Mutter. Warum würde er sonst immer sagen «ich begreife dich nicht».

Am ersten Abend sagte er das auch sehr bald. Ich saß auf der gelben Couch, ächzte lautlos wegen der vielen Pralinen, und eigentlich war mir inzwischen alles gleichgültig. Es war an diesem Tag einfach zu viel passiert, ich konnte mich nicht auch noch für den Mann meiner Mutter interessieren. Ich hatte zwar Angst, dass er mich sofort aus dem Haus weisen würde, aber selbst das konnte mich nicht mehr erschrecken. Und so sah ich nur zu, wie er sich die gepflegten Hände rieb.

In diesem Moment erst sah er mich. Er hörte auf zu reden, er rieb auch die Hände nicht mehr, was ihm etwas Freundliches gegeben hatte, er sah mich an und dann seine Frau, und er sagte: «Wegen ihr musste ich allein bei den Sedlmayrs rumsitzen. Und geraucht hast du auch wieder.»

Meine Mutter sagte nichts, und Herr Kayser zeigte auf die Schalen mit den Naschereien und dann auf mich: «Hast du das alles gegessen? Alle Achtung.» Er sah sofort wieder zu seiner Frau: «Nimm dir ein Beispiel. Das ist besser als deine verdammten Zigaretten. Beim nächsten Nebel hast du wieder Asthma. Ich begreife dich nicht.»

Er sah wieder zu mir, als nähme er erst jetzt richtig wahr, dass ich da saß und offensichtlich auch sitzen bleiben wollte, denn meine Swatch-Uhr zeigte inzwischen halb zwölf in der Nacht. Herr Kayser stellte sich vor seine Frau hin, die ihm bislang interessiert, aber ohne sichtbare Regung zugeschaut hatte. «Also, was ist mit ihr? Warum hast du sie mitgebracht? Was willst du mit ihr?»

Meine Mutter kam zu mir, setzte sich neben mich und legte den Arm um meine Schultern. Das war natürlich eine Antwort, aber Herr Kayser konnte sich damit nicht zufrieden geben. Mir war das klar. Meiner Mutter nicht, glaube ich. Die Art, wie sie Antworten gab, schien ihrem Mann nichts Neues, es nervte ihn trotzdem total, wie Tina sagen würde. Wenn sie mich hier sitzen sähe oder gar Max, Tanja, Meral oder erst Billie und Güray, sie würden genauso wenig begreifen wie Herr Kayser. Tina würde alles wohl total geil finden, Billie wäre der Ansicht, dass ich hier nichts zu suchen hätte. Und was würde Max sagen?

Ich glaube, Max hasste wohlhabende Leute, aber er kannte vermutlich auch keine Frau wie meine Mutter. Sie rückte noch näher zu mir, strich mir meine Haare aus dem Gesicht und sagte: «Sie bleibt jetzt bei uns.»

Das war zu wenig Erklärung für ihren Mann. Oder zu viel. Er wandte sich an mich. «Dann sag du mir, wieso du hier bist.»

Ehe ich antworten konnte, stand meine Mutter auf, nahm mich bei der Hand und sagte im Hinausgehen, dass es spät sei. Sie und ich – wir würden jetzt schlafen gehen. Und morgen, beim Frühstück, könnten wir ihm alles erklären. Morgen sei ja Sonntag.

«Ich begreif dich nicht, ich muss ins Allgäu morgen», rief

Mutters Mann hinter uns her, er kam uns nach, als wir schon auf der Treppe waren. «Ich muss morgen sehr früh ins Allgäu, zur Einweihung der neuen Kammer, ich habe dir doch davon erzählt. Jürgens holt mich um acht hier ab.»

Meine Mutter drehte sich um zu ihrem Mann. Sie war ruhig und freundlich, als sie sagte: «Wie kannst du etwas verstehen, wenn du nie hier bist?»

Als ich am nächsten Morgen wach wurde, begriff ich nicht sofort, warum ich schaukelte, doch dann erinnerte ich mich so langsam. Ich lag auf einem Wasserbett. Du, der du alles kennst, kennst du auch Wasserbetten? Ich wusste gar nicht, dass es so etwas gibt. Falls du es auch noch nicht gesehen hast, erkläre ich es dir: Die Matratze, auf der man liegt, ist gefüllt mit Wasser. Mit warmem Wasser, das spürt man deutlich durch die Laken. Und bei jeder Bewegung geht das Bett mit und wiegt dich in den Schlaf. Es gefällt mir.

Meine Mutter sagt, in diesem Haus gäbe es nur Wasserbetten. Auch für die Gäste. Ihr Mann habe es zuerst für eine ihrer eigensinnigen Ideen gehalten, mittlerweile habe er sich daran gewöhnt. «Manchmal, in Hotels ohne Wasserbett, sehnt sich mein Herr Vorsitzender sogar nach seinem Schaukellager», sagte meine Mutter und lachte. Sie war sehr vergnügt heute Morgen.

Auch ich fühlte mich leicht und frei und dachte, dass ich meine Mutter und das Haus festhalten müsse um jeden Preis. Dir danke ich natürlich aus vollem Herzen. Endlich hast du mir gegeben, was ich mir seit mehr als einem Jahr ersehne. Dass meine Mutter und das Haus so ungewöhnlich sind, darum konnte ich nicht bitten, weil ich es mir gar nicht hätte vorstellen können. Niemals war ich in einem derartigen Haus. In meinem Land gibt es auch Villen, du kennst sie. Am Bosporus stehen sie, in Istanbul und Izmir. Ein Wohnpalast ist prächtiger als der andere. Und unsere schönen Moscheen, die Minarette – bei uns gibt es viel Pracht und Reichtum. Doch habe ich noch nie in einem derart behaglichen Haus gewohnt. Du weißt, das Haus meiner Eltern war einfach. Wunderschön fand ich die vielen Kelims an den Wänden, die dicken Sitzkissen auf dem Boden, die großen Tabletts auf den Tischen, um die wir gemeinsam saßen, Tee tranken und Sesamkringel aßen. Im Haus meiner Mutter ist alles mehr zum Anschauen schön, glaube ich. Man sieht an allen Dingen, dass sie viel Geld gekostet haben müssen, daher möchte man sich immer in Acht nehmen. In Gozel musste man das überhaupt nicht.

Meine Großeltern wohnten in einem Haus, dessen Dach so flach war, dass ich von dort aus sofort auf das nächste Haus und auf den Weg zu den Weiden gehen konnte. Ich war glücklich im Haus meiner Eltern, und ebenso glücklich lebte ich bei meinen Großeltern. Erst heute weiß ich das. Damals war es selbstverständlich. Es ist tückisch, dass man es nicht spürt, wenn es einem gut geht. Ich glaube, man merkt es immer erst dann, wenn man alles verloren hat. So wie ich.

Doch jetzt hast du mich entschädigt. Ein so komfortables Haus hätte es nicht sein müssen. Ich wäre auch mit einer Mutter zufrieden gewesen, wie Tina sie hat. Und mit einer Wohnung, in der Tina mit den Eltern und ihrer Schwester lebt. Tina hat ein Zimmer für sich, aber es ärgert sie, dass ihre kleinere Schwester so neugierig ist. Sie durchsucht Tinas Sachen, weil sie wissen will, ob Tina mit einem Jungen geht. Sie lauscht auch immer, wenn Tina telefoniert. Früher, als Tina mich noch gern hatte, erzählte sie mir, dass sie CDU sei. Das klingt wie der Name einer Partei. Bei Tina heißt es aber Club Der Ungeküssten. Tina führt das auf ihre Zahnspange zurück. Ich bin dir dankbar, dass du mir ebenmäßige Zähne gegeben hast. Tina sagt, ihre seien quer gestanden wie bei einem Hai, die Zahnspange sei notwendig, aber ekelhaft.

«Ich trau mich nie, einen Jungen anzulachen», sagt Tina. «Und es tröstet auch nicht, dass viele Mädchen eine Spange haben. Es tut einfach weh, blutet, und es ist total lästig, wenn du das Ding rausnehmen und wieder einsetzen musst. Einmal wollte mir ein Junge auf einer Party einen Kuss geben. Als er merkte, dass ich die Spange habe, war er weg.» Früher glaubte Tina auch, dass Max wegen der Zahnspange nicht mit ihr gehen wollte. Seit Billie ihr gesagt hat, dass ich Güray wolle, tut auch Tina so, als sei ich hinter Max her. Du weißt, dass das nicht stimmt. Ich gehe auf niemanden zu, nicht einmal auf Güray. Und vielleicht ist es für Tina besser, wenn sie glaubt, dass Max nur meinetwegen nichts von ihr wissen will. Dann tut es ihr vielleicht nicht so weh, als wenn sie wüsste, dass Max sich einfach nicht für sie interessiert. Seit ich von Billie und Güray weiß, bin ich auch traurig und zweifle an mir, aber das hab ich vorher auch schon getan. Jetzt nur noch mehr, und trotzdem kann ich Billie nicht dafür verantwortlich machen. Güray will mit Billie gehen und nicht mit mir. Je öfter ich mir das sage, je besser. Aber daran will ich jetzt nicht mehr denken.

Nun musst du helfen, dass Mehmet mit der Polizei keine Schwierigkeiten bekommt. Wir haben Herrn Mayr gern gehabt, Mehmet ebenso wie ich. Es ist absurd, uns zu verdächtigen. Es ist schon so: Kurden haben keine Freunde, die Leute halten uns für gewalttätige Menschen, die sich brutal nehmen, was sie freiwillig nicht bekommen. Ich wage gar nicht, an heute Abend zu denken, wenn ich zur Polizei muss. Ich will jede Minute in diesem Haus genießen. Wer weiß, ob du nicht vorhast, es mir wieder wegzunehmen. Denn du bist mächtig, und ich kenne den Weg nicht, den du für mich vorgesehen hast. Bitte, lass mich bleiben, ich will nicht zurück. Jetzt, wo ich endlich eine Mutter habe.

Wir haben geduscht und die Haare gewaschen. Endlich

war ich wieder in einem richtigen Bad. Meine Mutter hat duftende Cremes und Essenzen, nach kurzer Zeit hat es in dem Bad gerochen wie in einer Parfümerie. Manchmal bin ich in so einen Laden hineingegangen. Habe mir die kristallenen Flacons angesehen, die Parfüms und Seifen. Gerüche, Farben, ein Luxus, wie ich ihn niemals vorher gesehen habe. Ich frage mich jetzt oft, ob man ein anderer Mensch wird, wenn man immer umgeben ist vom Kostbarsten. Man will es nicht gern zugeben, aber man riecht anders, nämlich besser, man hat eine schönere Haut, erlesene Kleider – man verändert sich. Und doch: Nie habe ich so oft an die Dörfer in meiner Heimat gedacht, wo es nach Kloake riecht, weil sie nicht einmal Kanalisation haben. Und dann frage ich mich wieder, was ich auch dich immer frage: Warum haben manche Menschen alles, alles, und die anderen haben nicht das Notwendigste? Ich weiß, dass es auf diese Frage keine Antwort gibt außer der, dass es schon immer so war. Akzeptieren kann ich das nicht. Jetzt, wo ich Gast bin in diesem Luxus, spüre ich schmerzlich, wie sehr ich doch Mehmet lieb habe. Unser Zimmer, in dem wir auf bessere Zeiten hofften. Seltsam, seit ich in diesem Haus bin, muss ich immer ans Westend denken. An die Moschee, an Mehmets Freunde und Bekannte, Männer und Frauen, die ich dort oft getroffen habe. Es ist, als sei ich mit jedem von ihnen durch ein unsichtbares Band verbunden, eines, das nicht reißt, gleichgültig, wie groß die Entfernung auch ist. Seit ich hier bin bei meiner Mutter, spüre ich jedes einzelne dieser Bänder schmerzhaft, es ist, als würde ich die anderen verraten, die in kleinen, dürftigen Zimmern leben. Die sich mühen, für sich und ihre Kinder das Nötige herbeizuschaffen. Die in Angst leben, dass morgen die Ausländerbehörde zu ihnen sagt, dass sie nicht hier bleiben dürfen, dass sie abgeschoben werden.

Mehmet und mir droht das schließlich auch. Wenn der

Mord an Herrn Mayr nicht aufgeklärt wird – was soll dann werden? Mehmet war in Köln, dafür gibt es schließlich viele Zeugen. Doch allesamt Kurden. Sind Kurden in Deutschland hilfreiche Zeugen? Vielleicht hat diese schlimme Sache auch ein Gutes. Ich hoffe, dass Mehmet es als vorteilhaft ansieht, dass ich jetzt eine Mutter habe, die Deutsche ist und viele Deutsche kennt. Vielleicht kann sie uns helfen, dass wir bei der Polizei glaubwürdiger sind. Für mich hat sie ja schon erreicht, dass ich bei ihr bleiben durfte. Vielleicht lässt Mehmet mich ja bei ihr, und wenn es nur für kurze Zeit ist. Vielleicht will er mit seiner Frau auch allein sein. Mach, dass er das will, bitte.

Mittags war ich mit meiner Mutter in einem kurdischen Restaurant in der Jutastraße. Sie wollte unbedingt so essen, wie ich es gewohnt bin. Wenn meine Mutter wüsste, was für einen abenteuerlichen Speiseplan Mehmet und ich im letzten Jahr hatten. Davon erzähle ich lieber nichts. Mehmet kann jedenfalls keinen Maisbrei mehr sehen, und Mehlsuppe mag er auch nicht mehr. Im «Agri» bestellte ich für meine Mutter alles, was ich nicht kochen kann. Gefüllte Zucchini, Fleischspießchen und eine Tarhana-Suppe, für mich selbst eine Vorspeisenplatte und Tatarröllchen, die es zu Hause oft gab. Meine Mutter probierte von meinen Tellern, ich von ihren, wir waren beide hungrig, wir aßen und lachten, ich glaube, in diesem Moment hätte ich meine Mutter umarmt, wenn nicht so viele Menschen im Lokal gewesen wären.

Bislang habe ich es ja sogar vermieden, meine Mutter direkt anzusprechen. Ich wusste nicht, sollte ich Frau Kayser sagen? Einfach Roberta? Als mir meine Mutter nach dem Duschen eine Jeans von sich gab, eine richtige Levis, und dazu einen schwarzen, sehr weichen Pullover, habe ich mich gefreut und sie gefragt, wie ich sie denn nennen solle. Wir standen vor dem großen Spiegel im Bad, ich zog einen Nietengürtel durch die Jeans, alle Sachen meiner Mutter scheinen mir zu passen. Ich habe Kleider von ihr anprobiert, Röcke, Overalls, sogar ein Abendkleid. Ich fühlte mich fremd in den Sachen, aber meine Mutter sagte immer wieder: «Leyla, du bist wirklich schön.» Sie sagte es so, dass es mich nicht verlegen machte. So, wie wenn sie gesagt hätte, «Leyla, ich glaube, es regnet.» Genauso nebenbei sagte sie dann auch: «Nenn mich Roberta, wenn du magst.»

In Deutschland sagt man «Kleider machen Leute». Das ist wahr. Besonders in dem Abendkleid sah ich wie eine erwachsene Frau aus, ich traute mich gar nicht, richtig hinzusehen. Gut, dass Max es nicht sieht. Er würde mich so nicht schön finden, glaube ich. Weil ich an ihn dachte, suchte ich mir von all den herrlichen Sachen nur die Jeans aus und den Pullover. Dann gab mir meine Mutter noch eine sehr dicke Jacke mit einem karierten Futter. Das sei eine Walkjacke, sagte meine Mutter, darin würde ich auch im härtesten Winter nicht frieren. Solche Jacken habe ich schon oft in der Stadt gesehen, meistens in grau oder braun. Meine Jacke ist gelb und das Futter innen braun und grün. So eine schöne Jacke. Sogar die Schuhe meiner Mutter passen mir. Sie hat gleich große Füße wie ich. Sie schenkte mir gefütterte Halbschuhe aus schwarzem Leder. Ich habe es schon deutlich gespürt, als ich mit meiner Mutter beim Essen war. Die Menschen schauen mich ganz anders an. Ich habe die richtigen Kleider, die richtige Mutter, plötzlich gehöre ich dazu. Was wohl die anderen sagen, wenn ich in diesen Sachen in die Schule komme? Meine Mutter hat mir angeboten, mich zu begleiten. Wegen Billie und der bösen Verleumdung auf dem Spiegel. Ich bin jedoch fest entschlossen, das allein mit Billie auszumachen. Vor der Klasse werde ich ihr sagen, dass sie es war. Und dann wollen wir mal sehen, wie sie reagiert.

Am Abend traf ich Mehmet auf der Polizei wieder. Da ging

meine Mutter mit. Ich sage immer noch, wenn ich mit dir
spreche, «meine Mutter», weil es mich einfach zuversichtlich und stark macht, zu sagen, ich hätte eine Mutter.

Mehmet war empört und verzweifelt über den Verdacht
der Polizei. Seine Frau hockte allein im Flur auf der Bank. Ich
wollte zu ihr gehen, aber meine Mutter und ich mussten beim
Verhör von Mehmet mit dabei sein. Die Beamten hatten inzwischen noch einen anderen Verdacht. Die Schwester von
Herrn Mayr, die uns verdächtigt hatte, war am Morgen auf
dem Revier erschienen. Ihr war eingefallen, dass ihr Bruder
ihr von zwei Zeitungsverkäufern berichtet hatte, von so ge-
nannten Drückern. Sie verkaufen Zeitungen auch an Leute,
die eigentlich gar keine wollen oder auch nicht soviel Geld
haben, immer noch mehr Zeitungen zu abonnieren. Doch
diese Drücker verdienen damit Geld, möglichst viel Abonne-
ments loszuwerden. Wenn sie nicht genug Erfolg haben, werden sie von der Firma entlassen. Daher sind diese Männer oft
aggressiv und möchten die Leute zwingen, ihnen ein Abon-
nement abzunehmen. Solche Drücker waren in der letzten
Woche bei Herrn Mayr gewesen. Er hatte seiner Schwester
erzählt, dass er sie schließlich aus seiner Wohnung hinaus-
geworfen habe. Sie hätten ihm vorgeworfen, dass er dicke
Rente kassiere und kein Herz habe für Leute, die sich in einem schweren Beruf durchschlagen müssten.

Plötzlich war Herrn Mayrs Schwester der Gedanke gekommen, dass diese Drücker ja gefährlich werden könnten.
Außerdem habe sie im Fernsehen einen Film über die Kurden
gesehen, wie die Militärpolizei bei den armen Leuten alles
kurz und klein geschlagen habe. Sogar die Vorratssäcke hätten die Soldaten aufgeschlitzt. Und da habe sie gedacht, dass
sie Mehmet und Leyla vielleicht Unrecht getan habe. Sie
habe es nur im ersten Schmerz um ihren Bruder gesagt, in der
ersten Verwirrung.

Für Mehmet und mich war diese Beobachtung der alten Dame ein großes Glück. Die Polizei hatte eine konkrete Spur, Mehmet ein einwandfreies Alibi, und die Täter würden hoffentlich bald gefasst werden.

Mehmet stellte mir Sirin vor. Ich machte ihn mit meiner Mutter bekannt. Natürlich sagte ich nicht: «Das ist meine Mutter.» Ich sagte: «Das ist Roberta Kayser», und Mehmet wurde nicht schlau aus allem. Sirin fiel mir um den Hals. Sie weinte. Sagte, ich solle doch bei ihnen bleiben, auch wenn es eng wäre. Sie könne noch kaum Deutsch, sie habe Angst, sich nicht zurechtzufinden in dieser Stadt, wo sie niemanden kenne.

Mehmet war es peinlich, dass sie weinte, und er befahl ihr, damit aufzuhören. Diesen Ton kannte ich, den hatte er bislang für mich gehabt, wenn er sagte: Du sollst, du wirst, du musst, du darfst nicht. Sirin tat mir Leid. Sie war vier Jahre älter als ich, das hatte Mehmet mir erzählt. Doch sah sie viel jünger aus, klein und rundlich, wie sie war. Sie hatte langes schwarzes Haar, das aber nicht wie bei mir schwer und lockig war, sondern ganz glatt und glänzend. Sie trug einen Pony, hatte eine kleine runde Nase und einen ebenso kleinen Mund. Ihre Haut war ungewöhnlich hell, daher sah sie zart und kindlich aus.

Meine Mutter schlug vor, dass wir zuerst einmal zum Essen gehen sollten. Mehmet und Sirin müssten doch von der Reise hungrig und müde sein, und das waren sie wirklich. Wir gingen in die Trattoria in der Westendstraße, ganz in der Nähe unserer Wohnung.

Mehmet war zuerst meiner Mutter gegenüber sehr zurückhaltend. Sie trug Jeans und eine Bluse aus demselben Stoff, darüber eine dunkelblaue Jacke. Trotzdem sah man, dass sie nicht aus der Westendstraße kam, und Mehmet sagte, es müsse sicher sein, dass er meine Mutter einladen dürfe. Und das jetzt, wo ihn die Hochzeit einen großen Teil seines Ersparten gekostet hatte. In diesem Moment tat mir das Herz weh für Mehmet. Und dennoch war ich stolz auf ihn. Ich nahm mir vor, mit Sirin einkaufen zu gehen, ich musste ihr ja alles zeigen hier im Viertel. Dann würde ich von meinem Geld für den Haushalt einkaufen, ohne dass Mehmet etwas merkte.

Wir machten dann aus, dass ich heute Nacht bei meiner Mutter schlafen und morgen, gleich nach der Schule, zu Sirin gehen sollte. Wir würden gemeinsam einkaufen. Später, während ich Schularbeiten machte, konnte ich Sirin Unterricht in Deutsch geben. Damit war Sirin zufrieden und Mehmet auch. Am Abend würde mich meine Mutter dann abholen, bis Mehmet mit den Ertens gesprochen hatte. Zur Vorsicht erinnerte ich Mehmet noch an meine Frau Vormund. Er hat das nicht gern, aber ich kann es ihm manchmal nicht ersparen, weil er immer Pläne macht, ohne vorher mit mir zu reden.

Schon beim Einparken vor dem Lokal im Westend hatte meine Mutter einen blauen Transporter gestreift. Bei ihm war das Licht zerbrochen, und am Auto meiner Mutter waren Schrammen im roten Lack. «Schade», sagte meine Mutter, «ich hätte anders parken sollen. Hätte ich die linke Seite geschrammt, würde das Lackieren sich jetzt lohnen.»

Ich überlegte gerade, wie das Auto meiner Mutter wohl aussehen mochte, wenn sie von einer größeren Fahrt zurückkäme, da sagte sie auch schon: «Wenn wir verreisen, nehmen wir den Zug. Oder wir fliegen. Es sei denn, mein Herr Vorsitzender fährt, er tut das sehr gern, und er kann es.»

Obwohl diese Bemerkung ziemlich nahe lag, bin ich oft erstaunt, dass sie Gedanken ausspricht, die mir gerade eingefallen sind. Als wir in der Diele standen, vor dem großen Spiegelschrank, war ich für eine Sekunde wirklich irritiert, als ich meine Mutter sah. Ich dachte, das bin doch ich. In derselben Sekunde sagte meine Mutter: «Als ich dich im Supermarkt stehen sah, dachte ich, ich sähe in einen Spiegel, ich sähe mich als junges Mädchen. Als du dann kamst und mein Obst abgewogen hast, warst du schon meine Tochter.»

Nun hatte Roberta es ausgesprochen. Bislang hatte ich ein Gefühl der Unsicherheit, ich scheute mich, meine Mutter richtig anzusehen. So als ob sich alles verflüchtigen, auflösen würde, wenn ich genau hinschaute. Ich vermied es aus demselben Grund auch, sie zu berühren. Ich dachte, es könne ihr unangenehm sein. Sosehr ich meine Mutter bewunderte, sosehr ich selig war, sie gefunden zu haben, so groß war meine Angst, dass alles ein Irrtum sein könne, eine Laune vielleicht. Was tat meine Mutter eigentlich den ganzen Tag? «Wenn du willst und wenn du Zeit hast, können wir bald in mein Atelier nach Taufkirchen fahren.» Verblüfft fragte ich: «Was machst du da?» «Skulpturen», sagte meine Mutter. «Figuren aus Bronze, die ich gießen lasse und mit einer besonderen Emaille überziehe.»

Wenn wir heil nach Taufkirchen kämen, dachte ich, wäre ich sehr gespannt auf die Arbeit meiner Mutter. Sie sagte, dass niemand sich anfangs für ihre Skulpturen interessiert habe. «Man hat mich nicht ernst genommen. Wieder so eine grüne Witwe, die sich beschäftigen muss. Ich konnte die Gedanken richtig lesen. Doch inzwischen muss sich das Bewusstsein der Leute verändert haben. Anfangs habe ich nichts verkauft, wenn ich irgendwo ausgestellt habe. Jetzt, nach acht Jahren, verkaufe ich sehr gut. Obwohl ich zwischen fünf- und zehntausend Mark für eine Skulptur verlange.»

So viel Geld konnte ich mir nicht vorstellen. Meine Mutter verdiente so viel Geld! Warum hatte ich es ihr eigentlich nicht zugetraut?

«Was wird dein Mann sagen, wenn ich immer noch hier bin?», fragte ich sie. Ich hatte Angst vor der Rückkehr von Herrn Kayser. Für ihn war ich ja eine von der Straße Aufgelesene. Er hoffte sicher, dass er mich nicht mehr antreffen würde, wenn er heimkam.

«Wenn du bei uns bleiben willst, Leyla, dann wird mein Mann sich an dich gewöhnen müssen. Du brauchst dir keine Sorgen zu machen. Mein Mann ist ein großzügiger Mensch, der ungewöhnliche Situationen liebt. Er weiß es nur nicht.»

Meine Mutter öffnete jetzt einen Schrank, in dem ein Fernsehgerät stand. Sie fragte mich, ob ich Lust hätte, mit ihr die Tagesschau anzusehen. Es war genau das, was ich mir gewünscht hatte. Ich kam selten zum Fernsehen, eigentlich nur bei den Ertens. Und da sahen wir meistens Videos, Zeichentrickfilme, die den Ertens so gut gefielen, dass sie fast aus den Sesseln kippten vor Lachen. Mich machen Trickfilme nervös, das war schon daheim so. Timur amüsierte sich, und ich langweilte mich nach einiger Zeit.

Bei der Tagesschau kann sich niemand langweilen. Da kann jeder miterleben, was auf der Welt passiert. Auch eine Meldung aus meinem Land war dabei. Die Chefs von zwölf der wichtigsten kurdischen Stämme kamen heute zu einem viertägigen Gipfelgespräch nach Ankara. Mir ist klar, wozu. Die Regierung will zeigen, dass die Stammesältesten auf ihrer Seite sind im Kampf gegen die Freiheitsbestrebungen unseres Volkes.

Ich erklärte meiner Mutter, was mir mein Vater oft gesagt hatte: «Immer schon mussten die kurdischen Stämme gegen andere Länder kämpfen, doch leider kämpften sie stets auch gegeneinander. Keine Regierung könnte uns unterdrücken, wenn die Stammesältesten sich nicht aufreiben würden in ihren Familienrivalitäten und Spaltungen. Das macht sich doch jede Regierung zunutze. Offenbar haben wir Kurden zu wenig Verstand. Kurdistan wird nur dann eine Zukunft haben, wenn sich die Stämme auf ihre Gemeinsamkeiten besinnen, ihre inneren Streitereien beilegen. Doch wenn wir nicht bald Vernunft annehmen, wird unser Volk in naher Zukunft ausgerottet oder überall auf der Welt zerstreut sein.»

«Für ein fünfzehnjähriges Mädchen bist du sehr gut informiert», sagte meine Mutter. «Die Töchter meiner Freundinnen nehmen Gesangs- und Schauspielunterricht und führen Musicals auf. Ich glaube nicht, dass die überhaupt wissen, worin der Unterschied zwischen einem Kurden und einem Türken besteht. Ich selbst war auch nicht viel klüger, bis ich dich gefunden habe.» Ich sagte meiner Mutter, dass sich die Mädchen in meiner Klasse auch nicht für politische Entwicklungen interessieren. Dass sie nicht einmal Lust haben, die Tageszeitungen zu lesen. «Bei denen ist das auch etwas anderes, denen hat man ja auch nicht die Großeltern, die Eltern und den Bruder umgebracht. Die Einzigen, die sich in unserer Klasse für die Politik interessieren, sind Metin, der auch Kurde ist, und Maria aus dem ehemaligen Jugoslawien. Maria überlegt sich dauernd, ob sie nicht wieder eine Sammlung machen kann für ihre Landsleute, sie hat schon zweimal Kleider gesammelt. Metin hält die Nachrichten über seine Heimat kaum noch aus. Er hat unser Land noch nie gesehen, weil seine Eltern ihn bislang nicht mitnehmen wollten. Aber demnächst wird er mitfahren, wenn seine Familie zum sechzigsten Geburtstag eines Onkels reist.»

Herr Kayser platzte in unser Gespräch. Auf ihn traf das wirklich zu, hereinplatzen. Er kam offenbar immer leise und rasch über die dicken Teppiche, und dann stand er plötzlich da und sprach ganz laut, sodass ich wirklich den Eindruck hatte, als sei er durch einen Papierreifen hereingesprungen. Er küsste meine Mutter und sagte ohne jede besondere Betonung: «Da ist sie ja immer noch. Sagt man mir denn wenigstens heute, warum sie bei uns ist?»

«Dass du das nicht von allein siehst», antwortete meine Mutter, «Leyla ist meine Tochter.» Der Mann meiner Mutter schaute von seiner Frau zu mir und wieder zurück. «Dann müsste sie nach gutem Brauch ja auch meine Tochter sein, oder wie darf ich das verstehen?»

«Darüber kannst du selbst entscheiden», sagte meine Mutter liebevoll zu ihrem Mann. Mir fiel auf, dass sie fast immer herzlich mit ihm redete, aber das war auch das wenigste, was sie tun konnte bei den Überraschungen, die sie für ihn bereithielt.

«Ich habe Leyla mittels des Fotoalbums überzeugen müssen, dass sie wirklich aussieht wie ich früher», sagte sie. «Muss ich es für dich auch herausholen, oder siehst du es selbst?»

«Ich habe das gestern schon gesehen, die Ähnlichkeit fällt auch einem Ignoranten wie mir auf. Aber ist das ein Grund, sie an dich zu reißen und zu adoptieren? Was sagen denn ihre Eltern dazu?» Herr Kayser sah seine Frau an und meine Mutter mich. «Das ist nichts, worüber Leyla gern spricht. Jedenfalls hat sie keine Eltern mehr.»

«Das tut mir Leid, Leyla», sagte Herr Kayser, «ich wollte nicht taktlos sein. Meine Frau bringt mich oft in Situationen, für die ich mich entschuldigen muss. Warum, das habe ich noch nie begriffen, es scheint ihr zu gefallen.»

Das Telefon klingelte, Herr Kayser ging hin. «Grüß dich auch, nein, Kicka, davon weiß ich nichts, ich komm grad heim …» Herr Kayser zu meiner Mutter: «Du, wir sollten heute bei Antje und Kicka sein, wieso sind wir da nicht, und wieso weiß ich von nichts? Moment mal, Kicka, die Roberta ist da, sie hat allerdings Besuch, Moment», Herr Kayser schaute fragend meine Mutter an, doch sie sagte ruhig: «Du hattest mir doch gesagt, dass du heute ins Allgäu musst, da habe ich dir von der Einladung nichts gesagt, du wärst ja doch nicht hier gewesen.»

Herr Kayser ruft in den Hörer, dass wieder mal Roberta alles durcheinander bringe. «Wenn sie mir gesagt hätte, dass ihr eingeladen habt, wäre ich natürlich früher dort wegge-fahren, Kicka, tut mir Leid ... Wie, jetzt noch?» Er schaut auf die Uhr, schaut auf meine Mutter: «Roberta, ob wir jetzt noch vorbeikommen, es sei so gemütlich, Gaby und Pierre sind auch da. Was meinst du?»

«Leyla muss ins Bett, sie hat ja morgen Schule. Nein, ich gehe auf keinen Fall mehr hin. Grüß sie schön von mir.»

«Hast du gehört? Leyla, ja, ein junges Mädchen, bei uns zu Besuch, ja, schöner Name, alsdann, Kicka, ich bleib dann auch daheim. Im Grunde bin ich auch hundemüde von der Fahrerei. Die haben schon allerhand Schnee drunten. Danke, ja, ich werd's ausrichten. Gute Nacht.»

Der Mann meiner Mutter überlegte einen Moment, dann sagte er: «Schad, wär' gern noch ein Stündchen gegangen, aber wir haben ja Einquartierung. Nun ja, wenigstens ist es diesmal kein blinder Inder.» Herr Kayser beugte sich zu mei-ner Mutter, küsste sie auf die Schläfe, und zu mir sagte er auch: «Gute Nacht.» Dann lief er rasch die Treppe hinauf, und ich hörte oben Türen gehen.

«Was war mit dem blinden Inder?», fragte ich. Ich gebe zu, ich war verunsichert.

«Ich weiß, was du jetzt denkst, dass ich Menschen sammle wie andere Bilder. Keine Sorge, mir passiert es nur manchmal auf Reisen, dass ich Leute kennen lerne, im Bahnhof oder am Flughafen, Leute, die nicht wissen, wohin. Dann bringe ich sie hierher für einen Tag oder zwei oder drei, und mein Mann begreift es nicht. Der Letzte war tatsächlich in blinder indi-scher Student, der eingeladen war bei einer Münchener Familie, doch sie hatten sich im Datum geirrt. Die Leute waren verreist, kamen erst montags zurück. Und ich habe ihn am Samstag vom Flughafen mitgebracht, als ich von meiner Ausstellung in Hannover kam. Der Junge hat hier einiges durcheinander gebracht, weil er halt nichts gesehen hat. Das ist meinem Mann immer noch frisch im Gedächtnis, obwohl es schon vier Wochen her ist.»

Meine Mutter kam auf mich zu. Sie setzte sich wieder so nah zu mir wie am gestrigen Abend, diesmal küsste sie mich ganz leicht auf die Wange: «Du bist mein Wunder, das müsstest du doch wissen. Und Wunder kann man nicht erklären, niemandem. Du und ich, wir verstehen es ja auch nicht. Wir müssen auch nicht alles verstehen. Die Morde, den Krieg, die Korruption, den Hass in dieser Welt begreifen wir ja auch nicht, sosehr wir uns auch oftmals bemühen. Wir müssen unser Zusammentreffen vor niemandem rechtfertigen, auch nicht vor uns selbst. Wunder passen besser zu den Menschen als Hass und Gewalt. Du hast genug davon erlebt ... Komm, wir gehen auch schlafen.»

Wenn ich dir beschreiben könnte, wie gut ich am nächsten Morgen gerochen habe, als ich zur Schule ging.

Zu dem Gastzimmer, in dem ich schlafe, gehört eine kleine Dusche. Da hat meine Mutter einige der Flaschen hingestellt, die ich gestern schon ausprobiert hatte. Wieder genoss ich es, ausgiebig zu duschen. Dann haben wir zu dritt gefrühstückt. Warme Croissant! Kennst du das?

Ein Stück weit wollte mich Herr Kayser mitnehmen, in seinem Wagen mit Chauffeur. Dann hat es angefangen zu nieseln, und sie haben mich bis vor die Schule gebracht. Muss ich dir sagen, wer am Tor stand? Güray und Billie. Beide haben gar nicht zu dem Auto von Herrn Kayser hingeschaut, erst, als ich ausgestiegen bin, hat Güray mich gesehen. Dann sah mich auch Billie. Ich wollte an den beiden vorbeigehen, da schrie Billie schon, sodass es alle hören konnten: «Was ist los, du stinkst ja heute nicht?»

Da gab Güray Billie von seinem Rad herunter eine Ohrfeige. «Hau ab, hau ja ab», sagte Güray zu Billie. Und sie ging. Nie hätte ich gedacht, dass Billie sich von jemandem so etwas sagen ließe oder gar eine Ohrfeige hinnehmen würde. Doch sie ging, ohne sich umzudrehen, in die Schule. Sicher habe ich ziemlich blöde hinter ihr hergesehen und für einen Moment Güray ganz vergessen.

«Hey, Prinzessin», sagte er leise zu mir, dann stieg er vom Rad und kam nah zu mir her. «Ich weiß jetzt, dass nicht du den Spiegel beschmiert hast. Ich war gestern bei Max.»

«Ich muss rein, es klingelt», schrie ich und rannte ins Schulgebäude. Schon während ich davonlief, hätte ich mich ohrfeigen können. Ich lief vor dem schönsten Moment meines Lebens davon. Sekundenlang überlegte ich, ob ich zurückrennen sollte, doch was hätte ich sagen können, mir schien der Kopf zu platzen.

In der Klasse war das übliche Montagsrangeln und Küssen. Als ich reinkam, schauten die meisten zu mir, es wurde ruhig. Charlie schlug mit dem Lineal auf einen Arbeitstisch: «Ruhe jetzt, setzt euch gerade. Gerade, habe ich gesagt! Franco, du brauchst jetzt nicht zu Tanja und Billie zu schauen. Wir sind nicht mehr vor der Glotze und auch nicht mehr in der Disco. Nehmt die Geschichtshefte, aber dalli.»

Ich meldete mich. Charlie nahm mich, ungern, dran. «Was willst du, Leyla, jetzt ist Unterricht. Wir bringen sonst heute wieder nichts zustande.»

Ich stand auf. Dann sagte ich laut: «Ich wollte sagen, dass nicht ich am Freitag den Spiegel beschmiert habe. Billie war es.»

Ich setzte mich wieder hin. Glaub mir, mein Herz klopfte wie nach einer Runde Eislaufen. Alle sahen gespannt auf mich, auf Billie, auf Charlie. Nur Max lachte mich an. Gut so, hieß das. Billie schrie: «Sie lügt. Sie schleimt sich überall ein. Kommt mit 'nem Alten im dicken BMW.» Billie drehte sich zu mir um: «Hast du dich an der Hansastraße aufgestellt?»

«Billie!», schrie da Charlie, und ich sah, dass sie Billie am liebsten mit dem Lineal geschlagen hätte. Aber sie beherrschte sich, ging zu Billie und sagte mit einer leisen, bösen Stimme: «Leyla hätte das gar nicht schreiben können. Weil sie nach dreizehn Monaten in Deutschland fehlerlos schreibt. Die Einzige in der Klasse, die solche Fehler macht, bist du. Ich kann sie dir in deinem Deutschheft zeigen. Und von wem Leyla in die Schule gebracht wird, das geht dich gar nichts an. Hier hat ja auch keiner über dich geredet, als du schon in der siebten Klasse mit deinen Typen rumgezogen bist. Morgen will ich deinen Vater sprechen. Ich muss mir ernsthaft überlegen, ob ich dich in der Klasse halten kann.»

«Sie hätten mich ja schon längst gefeuert, wenn Sie nicht so gern mit meinem Vater ausgehen würden.» Billie lachte und sah sich um, wie diese Bemerkung auf uns wirkte.

Charlie wurde weiß, ihr Gesicht war für Sekunden verzerrt. Sie riss Billie vom Stuhl hoch, schleuderte ihren Rucksack in Richtung Tür und sagte leise: «Raus, raus, ich will dich heute nicht mehr sehen.»

Trotzig warf Billie ihr Haar zurück und ging. Ihr überlegenes Lächeln fand ich plötzlich verlogen. Bei meiner Bank blieb sie stehen. «Alles nur deinetwegen. Du gehörst bestimmt zur PKK. Demnächst schmeißt sie noch eine Bombe in die Schule.» Das sagte Billie im Hinausgehen aus dem Klassenzimmer. In der ersten Sekunde konnte ich nicht reagieren. Was hatte Billie gesagt? Doch dann war ich schon hinter ihr her. In der Glashalle holte ich sie ein, Billie drehte sich überrascht um, da hatte ich sie schon angesprungen, riss sie zu Boden, ich kniete über ihr, auf ihr, wollte sie in ihr Gesicht schlagen, in ihr schönes Gesicht, das jetzt wehrlos unter mir lag. Ich hatte zuschlagen wollen, ihr alle Gemeinheiten zurückgeben. Doch ich konnte es nicht. Auch wenn Charlie und Max und die anderen nicht gekommen wären, ich hätte Billie nicht schlagen können.

Einige Lehrer kamen, auch die Rektorin. Sie stellten Fragen. Doch Charlie blieb ruhig, gab gelassen Auskunft. Ihre Ruhe beschämte mich. Ich mochte Charlie. Ich versuchte, ihr zu gefallen. Vielleicht versuchte ich es mehr als die anderen.

Obwohl Charlie nichts gesagt hatte, gingen alle ruhig zurück auf ihre Plätze. Ich sah Billie langsam zum Hoftor gehen und hatte schon Mitleid mit ihr. Warum nur?

Ich konnte nicht darüber nachdenken. Charlie ging vor uns auf und ab, wir sahen, dass sie sich etwas Wichtiges überlegen musste. «Es stimmt, was Billie sagt. Und es stimmt auch nicht. Ich bin einige Male mit ihrem Vater essen gegangen. Auf seinen ausdrücklichen Wunsch hin. Ich treffe mich ab und zu mal mit den Eltern von Schülern, die in Schwierigkeiten sind. Billies Vaters hat mich aber zu oft eingeladen. Zuerst wollte ich nicht unhöflich sein, aber bald spürte ich, dass er nur sicher gehen wollte, dass ich Billie versetzen würde. Da habe ich seine Einladungen abgelehnt. Seitdem kommt er öfter her, ihr habt das ja schon gesehen. Er versucht dann, hier auf mich einzureden. Er hätte das gar nicht nötig gehabt. Ich wollte Billie helfen. Sie braucht Hilfe. Sie ist in Konflikt mit ihrer starken Sehnsucht nach Liebe, die sie aber in ihren viel zu frühen, sinnlosen und wechselvollen Liebschaften nicht findet. Auch nicht in ihren teuren Klamotten, beim Bungee-Springen oder beim Snowboardfahren. Ihr wisst, dass Billie eine massive Lese- und Schreibschwäche hat. Man könnte ihr helfen. Nur ist ihr alles zu blöd. Sie pflegt so eine Art dekadenter Selbstaufgabe, die sie wahrscheinlich im Film gesehen hat und völlig missversteht. Wahrscheinlich glaubt Billie, dass sie vom Leben alles geschenkt bekomme. So wie von ihrem Vater. Weil Billies Mutter sie verlassen hat, glaubt ihr Vater wahrscheinlich, er müsse alles tun, um Billie zu entschädigen.»

Billies Vater hatte eine große Gebäudereinigungsfirma. Tina hat mir das erzählt. Aus kleinen Anfängen sei die Firma in den letzten zwanzig Jahren zu einem Großunternehmen geworden, und Billies Vater konnte ein großes Haus kaufen in der Beethovenstraße. Er arbeitet viel, Billie wurde von Haushälterinnen versorgt. Sie war in mehreren Internaten, auf verschiedenen Schulen. So lange wie in unserer Schule hatte sie es noch nie ausgehalten. Ihr Vater hatte ihr aus Erleichterung darüber ein eigenes Pferd gekauft. Vorher hatte Billie Reitunterricht genommen in Schwabing. «Die Billie ist ganz versessen auf Pferde», sagte Tina. «Wenn sie beim Reiten ist, ist sie auch total nett. Ich war mal mit im Reitstall, weil Billie es unbedingt wollte. Sie reitet wirklich gut, toll, haben die anderen auch gesagt. Und am nächsten Tag behandelt sie einen dann wieder wie den letzten Arsch.»

Verzeih, wenn ich dich mit solchen Grobheiten konfrontiere. In meiner Klasse reden alle so miteinander, und in den Straßen kann man es auch überall hören. Ich selbst bemühe mich, besonders nach dem Vorfall mit Brunhuber, solche Kraftausdrücke nicht zu benutzen. Ich glaube, von einem, der nicht aus diesem Land kommt, klingen diese Worte nicht gut. Charlie wird böse, wenn jemand in der Klasse Schimpfworte sagt. «Wo sind wir denn hier», schreit sie dann. Besonders Micha und Flori haben einen reichen Wortschatz in dieser Richtung. Aufzählen will ich dir davon aber lieber nichts. Micha und Flori sitzen in der Klasse, als seien sie auf einer Insel, als sei ihnen völlig gleichgültig, was da vorne passiert. Sie reagieren auch nicht, wenn Charlie schimpft oder wenn sie freundlich ist. Sie tun, als gehörten sie im Grunde nicht dazu. Nur wenn eine Durchsage kommt, dass ein Lehrer erkrankt ist, dass Musik ausfällt oder so, dann werden sie aktiv und gratulieren sich. In Geschichte beschäftigen wir uns derzeit mit den Nationalsozialisten. Du kennst sicher Hitler, den Reichskanzler dieser Partei. Er hat einen der schrecklichsten Kriege zu verantworten, die je geführt worden sind. Außerdem hat er Millionen Juden ermorden lassen. Ich wusste nur dies. Jetzt lerne ich die komplizierten Zusammenhänge kennen, durch die dieser Mann, der für mich ein Schreckensmonster ist, an die Macht kommen konnte. Ich finde das hochinteressant. Die meisten in der Klasse finden das jedoch nicht. Franco flüstert etwas zu Tanja, und Charlie schreit: «Du hast überhaupt nicht zugehört und quasselst hier rum.» Türkan gähnt mehrfach, und Charlie sagt, dass sie mehr Interesse von der Klasse erwarte. «Wer sich nicht für Geschichte interessiert, für die eigene und für die Geschichte anderer Länder», sagte Charlie, «der steht dann hilflos vor ausgebrannten Häusern oder klatscht sogar Beifall.»

Ich glaube, Charlie ist manchmal am Ende ihrer Geduld, wenn die Klasse ihr ungeniert zeigt, dass sich niemand für das Unterrichtsthema interessiert. Charlie weiß nämlich vor allem in Geschichte viel mehr, als in den Büchern steht, aber niemand will es wissen, außer Max. Max konnte uns das genau erklären mit dem Schwarzen Freitag an der New Yorker Börse, über die Hintergründe, die in der Überproduktion der Landwirtschaft und in der Industrie der USA lagen. Max weiß auch, wie Hitler sich an die Macht gemogelt hat. Wie die Großindustrie an Rhein und Ruhr ihn unterstützte.

Nach der Pause schrieben wir dann eine Probe. Heimlich wollte ich für Meral, die heute nicht da war, die Fragen notieren, damit sie es beim Nachschreiben nicht so schwer hätte. Meral spricht zwar gut Deutsch, aber sie ist in allen Fächern ziemlich schwach. Weil sie einfach keine Zeit hat zum Lernen. Ihr Mann erlaubt es nicht. Meral muss außer Kochen, Waschen und Putzen noch Heimarbeit machen, weil ihr Mann Geld für ein Haus in die Türkei schicken will. Merals Mann schlägt sie, wenn sie nicht alles tut, was er will. Vor allem, wenn sie mit der Heimarbeit nicht fertig wird. Sie muss Puppenkleider nähen, ich habe einmal versucht, ihr zu helfen. Das ist knifflig, all die kleinen Teile, es geht nicht schnell, man muss es sorgfältig machen.

Meral hat mir einmal gesagt, dass ihr Mann sie auch schlägt, weil sie keine Lust hat, mit ihm zu schlafen. Meral sagt, sie würde es sich ja gefallen lassen, aber es ginge einfach nicht. Ich war da auch ratlos, ich weiß überhaupt nicht genau, wie das geht, mit einem Mann schlafen. Ich werde jetzt bald einmal Sirin fragen, sie erzählt es mir bestimmt. Sie hat schon gesagt, dass Mehmet in der Nacht viel zärtlicher und liebevoller zu ihr sei als am Tag. Dass sie Angst gehabt habe vor der Nacht nach ihrer Hochzeit, Mehmet jedoch sehr verständnisvoll und sanft zu ihr gewesen sei. Am Tag darauf könne er dann auch streng sein und ungeduldig, aber er sei ein guter Mann, er würde sie bestimmt niemals schlagen.

Merals Mann schlägt sie. Ich habe es Meral angesehen, sie hatte öfter dunkle Flecken um die Augen, an den Handgelenken, an der Schulter. Sie hat es mir auch sofort gesagt. Merals Mann ist finster, und ich muss zugeben, er ist mir unsympathisch. Er mag mich auch nicht. Einmal, als ich kurz bei Meral war, hat er mich weggeschickt. Ich sei nicht gut für Meral, sagte er zu mir. Da habe ich zu ihm gesagt: «Du bist ein schlechter Mann. Kein moderner Mann schlägt seine Frau. Das tun nur die, die nichts wissen.» Daraufhin hat er mich fast geschlagen. Er hat aber gemerkt, dass ich mich gewehrt hätte, da schlug er einfach die Türe zu vor mir. Wäre ich Meral, ich würde ihn hassen.

Charlie ist auch empört, wenn Meral sagt, dass sie wieder keine Zeit hatte für die Hausaufgaben. «Ja, muss ich denn an deinen Mann schreiben: ‹Herr Duman, Ihre Frau macht die Hausaufgaben nicht?› Wo kommen wir denn da hin? Dein Mann soll in die Schule kommen. Ich will mit ihm reden.»

Merals Mann kam dann auch. Er kann sehr wenig Deutsch, das machte ihn wütend, er schrie herum, dass seine Frau gar nicht mehr in die Schule käme, wenn sie hier verdorben würde.

Deshalb schrieb ich Meral rasch ein paar Fragen der Probe ab, damit sie wenigstens eine Vier bekäme. Doch Charlie hat es gesehen. Sie sagt: «Was machst du da, Leyla?» Ich sage, dass ich nichts mache, und steckte das Blatt rasch weg. Aber Charlie kommt und zieht es aus meinem Block heraus. Sie liest und schreit mich an: «Wenn du das noch einmal versuchst, Leyla, kriegst du eine Sechs und Meral auch. Meinst du, ich hätte Lust, mir wieder neue Fragen herauszuschreiben, nur weil du dich als Retterin Merals aufspielen musst? Wir sind hier kein Kindergarten. Jeder muss selbständig arbeiten. Im nächsten Jahr werden die meisten von euch in den Beruf entlassen. Wenn ihr nicht lernt, konsequent zu arbeiten, besteht ihr doch keine Prüfung!»

Glaubst du mir, dass ich mich nicht aufspielen wollte? Ich war so lange die Ärmste und Dümmste in meiner Klasse, dass ich jetzt glücklich wäre, ich könnte anderen helfen. Ich weiß, Charlie hat Recht, das mit der Probe war so etwas wie ein Betrug. Oder war das schon ein richtiger Betrug? Wenn man etwas aus Liebe zu einem anderen Menschen tut, ist es dann auch ein richtiger Betrug? Ich habe Meral wirklich gern. Sie war die Erste, die mir geholfen hat in der Klasse.

Wenn ich ihr nur auch helfen könnte. Ob ich einmal mit

Metin spreche? Ich glaube, Meral ist in ihn verknallt. Das sagen sie hier, wenn man verliebt ist, heftig verliebt. Vielleicht kann sie deshalb nicht mit ihrem Mann schlafen, weil sie es lieber mit Metin tun würde. Ich könnte niemals mit einem anderen Mann schlafen als mit Güray. Obwohl davon gar keine Rede sein kann, das weißt du. Aber ich stelle es mir jetzt vor, um Meral verstehen zu können. Wenn ein anderer als Güray mich nackt sehen wollte und alles das tun, was mir Sirin noch erklären muss, nein, das kann ich mir nicht vorstellen.

Wie soll Metin sich auch für Meral interessieren, die schließlich schon einen Mann hat. Das ist sehr kompliziert. Du schaffst sehr schwierige Verhältnisse zwischen Mann und Frau.

Gleich nach der Schule bin ich zu Sirin gegangen. Wir haben im Supermarkt eingekauft, und Sirin zeigte mir, was man alles braucht, um richtig kurdisch zu kochen. Sie kann es nämlich. Da hat Mehmet Glück, wo er so lange meine misslungenen Versuche aufessen musste. Ich hatte Geld mitgenommen, und wir haben üppig eingekauft: Hackfleisch und Lammschulter, Okraschoten, Spinat, Mandeln, Auberginen, Joghurt, Weinblätter und sogar eine Schachtel Zigaretten für Mehmet.

Sirin hat dann gekocht. Als Vorspeise machte sie gefüllte Weinblätter mit Pistazien, Reis und Rosinen, danach gab es gebackene Auberginen und Okraschoten mit Hammelfleisch. Ich half Sirin, mit ihr gefiel mir das Kochen. Und ganz nebenbei versuchte ich herauszubekommen, was ich wegen Meral, aber auch meinetwegen von Sirin wissen wollte. Ich habe sie ausgefragt. Zuerst natürlich erzählte ich ihr von Meral, damit Sirin nicht gleich verschreckt wurde. Doch sie wiederholte nur, was ich schon wusste, dass Mehmet in der Nacht stark und zärtlich sei. Genaueres war aus ihr nicht herauszubekommen. Ständig musste ich an Güray denken. Wenn er und ich – mir wurde es warm und heiß im Bauch, ich hatte Sehnsucht nach Güray. Heute Morgen war er mir wieder so nahe gewesen wie am ersten Tag, als ich ihn in der Kazmairstraße gesehen hatte.

Aber da war immer noch Billie. Auch wenn Güray sie geohrfeigt hatte. Ich war sicher, und es machte mich elend, dass Billie mit Güray schlief. Viele deutsche Mädchen schlafen mit ihren Freunden. Ich wusste das von Tina und aus den Magazinen, die ich gelegentlich auch von ihr geschenkt bekam, wenn sie selbst damit fertig war. In dieser Zeitung, die eigens für junge Mädchen gemacht wird, steht immer, dass die Mädchen mit ihren Freunden schlafen wollen. Oder dass sie es nicht wollen. Oder noch nicht wollen. Es ist das Thema Nummer eins. Manche Mädchen bekommen vom Frauenarzt die Pille. Ihre Mütter gehen mit, und dann verordnet der Arzt das, damit ein Mädchen nicht vorzeitig schwanger wird. In der Zeitung stand, dass immer mehr sehr junge Mädchen schwanger würden. Sie seien häufig arbeitslos, hätten keine genaue Vorstellungen davon, was sie einmal beruflich machen wollten, und dann würden sie nicht richtig verhüten.

In diesem Land ist es ein Unglück, wenn ein junges Mädchen ein Kind bekommt. Die meisten Mädchen heiraten erst, wenn sie über zwanzig Jahre alt sind. Bei uns ist das ja anders. Eine Mutter, die vierzehn Jahre alt ist, das ist für mein Land völlig normal. Viele Mädchen werden mit vierzehn und fünfzehn verheiratet, so wie Meral. Und dann haben sie auch bald Kinder. Meral wohl nicht, wenn das weiterhin so bleibt, dass sie mit ihrem Mann nicht schlafen kann. Er war mit ihr neulich sogar bei einem Frauenarzt. Dieser Arzt muss dumm gewesen sein. Er hat zu Meral nur gesagt, dass sie sich entspannen müsse, daran denken, dass sie eine verheiratete Frau sei. Dass sie ihrem Mann nicht länger zumuten könne, eine Frau zu haben, die ihn ständig abweise. Ich glaube, der Arzt hat Meral gar nicht richtig angesehen. Wahrscheinlich hat er ihren Unterleib untersucht und vergessen, in ihr Gesicht zu sehen. Oder gar mit ihr zu reden. Wenn er ihre traurigen Augen gesehen hätte, ihr blasses Gesicht, in dem meist irgendwo ein brauner oder grünblauer Fleck zu sehen ist, wenn er das wirklich gesehen hätte, dann müsste er ihren Mann gebeten haben, ihn mit Meral allein sprechen zu lassen. Hat er aber nicht getan. Meral sagt, er war ganz auf der Seite des Mannes, hat ihn bedauert, dass Meral ihm keine gute Frau sei. Dann hat er ihm auf die Schulter geklopft und hat gesagt: «Das wird schon. Verlieren Sie nicht die Geduld. Vielleicht klappt es ja bald.» Zu Meral hat er nichts Ermutigendes gesagt.

Was für ein Frauenarzt muss das sein. Sollte er sich nicht lieber Männerarzt nennen? Er hat ja nicht einmal ein Keimgrübchen im Dattelkern Verständnis für eine so junge Frau wie Meral. Unberührt und unerfahren. Das finde ich nicht gut an den Eltern in meinem Land. Sie erlauben den Mädchen nicht, dass sie vor der Ehe mit einem Mann auch nur die geringste Erfahrung machen. Sie verheiraten sie, und dann muss das Mädchen sehen, wie sie mit dem Mann zurechtkommt. Auch wenn er sie schlägt, kann sie ihn nicht ablehnen. Nur er darf das. Wenn er sie verstoßen will, muss er nur dreimal sagen, dass er sie verstößt. Meine Eltern hätten mir keinen Mann gesucht, das weiß ich. Sie hätten erlaubt, dass ich mir selbst einen suche. Mit einem Jungen zusammen sein, hätten jedoch auch sie mir nicht erlaubt. Mehmet hat das ja hier weitergeführt, wie du weißt. Wenigstens scheint Mehmet ein guter Ehemann zu sein. Sirin ist glücklich mit ihm.

Was für ein Ehemann wohl Güray wäre? Inzwischen weiß ich, dass er schon als kleiner Junge nach Deutschland gekommen ist. Er kam hier in die Schule, daher besucht er jetzt auch die Realschule. Er will nach der mittleren Reife das Abitur machen, hat mir Max gesagt. Güray will studieren.

Sicher ist Güray von seinen Eltern frei erzogen worden. Türkische und kurdische Jungen dürfen mit Mädchen gehen. Mit deutschen. Wenn sie eine türkische oder kurdische Freundin haben, müssen sie heiraten, anders geht es nicht. Ich stelle mir vor, dass es für einen Jungen wie Güray oder Metin schwer sein muss, in Deutschland die Balance zu finden zwischen ihrer Erziehung und dem, was sie hier jeden Tag erleben. Metin und Güray und die anderen türkischen Jungen dürfen auch in die Disco. Da sehen sie dann, wie die Pärchen miteinander schmusen, wie sie eng tanzen, und dann möchten sie das auch haben. Ich kann das gut verstehen. Ich sehe es doch selbst jeden Tag, wie Pärchen überall stehen und knutschen. Oder sie sitzen auf einer Bank, haben gerade mal einen Mantel oder eine Jacke über sich gelegt, und was sie darunter tun, weiß jeder. Es kümmert aber keinen. In der ersten Zeit hier konnte ich das nicht fassen. Schon wie die Mädchen aussahen! Viele hatten ihre Haare ganz buntscheckig vom Kopf abstehen. Als es dann Frühjahr und Sommer wurde, trugen sie bauchfreie Oberteile, die Bustier hießen, wie ich jetzt weiß. Dazu die kürzesten Röcke oder Höschen, die ich je gesehen habe. Ich war geschockt und dachte, solche Mädchen finden doch niemals einen Mann. Allein wie sie aussehen. Sie machen sich ja hässlich. Warum tun sie das?

Langsam lernte ich, dass es Mädchen gibt, die Lust daran haben, sich so zu bemalen und so zu frisieren, dass es anderen Leuten nicht gefällt. Das nennt man provozieren. Es bedeutet, andere herauszufordern, soviel habe ich begriffen. Auch die Punks wollen mit ihrem verrückten Aussehen die Erwachsenen herausfordern, mit ihnen zu reden oder sie zu beschimpfen. Dann hätten sie einen Grund, zurückzuschimpfen. Wenn Mädchen sich extrem wenig anziehen, was sie eigentlich nur im Sommer tun, dann wollen sie auch herausfordern. Manche Mädchen wissen das vielleicht gar nicht so recht, aber sie tun es trotzdem. Die Jungen denken dann, wenn ein Mädchen halb nackt herumläuft, dann kann ich sie auch anfassen. Das wollen die Mädchen aber überhaupt nicht haben. Dann werden sie wütend und schimpfen, oder sie geben dem Jungen sogar eine Ohrfeige. Ich habe das mal gesehen an der U-Bahn-Haltestelle. Da saß ein Mädchen, das hatte so ein kurzes Oberteil aus Jeansstoff an, es sah aus, als hätte sie es abgeschnitten und zerfranst. Der Bauch war frei bis zu einer kurzen Hose, die sogar die Pobacken freiließ. Das Mädchen gefiel mir, ich war damals schon an diese Art Kleidung gewöhnt. Ich selbst hätte niemals so etwas anziehen mögen, ich hätte mich nicht getraut, so aus dem Zimmer zu gehen. Trotzdem fand ich das Mädchen schön. Sie hatte ein feines Gesicht, auch wenn sie stark geschminkt war. Große dunkle Augen unter dick getuschten Wimpern und Lidschatten in vielen Farben sahen fast magisch aus. Die Haare des Mädchens waren tiefschwarz, ins Blaue gehend, ein guter Kontrast zu den Jeanssachen und zu ihrer braunen Haut. Die Haare standen auch ziemlich steil vom Kopf ab. So wie dieses Mädchen, dachte ich, gehen sicher viele in die Disco.

Ich habe das jetzt schon mal im Fernsehen gesehen. Da ist buntes Licht, das immer wechselt, in diesem Licht sehen dann solche Mädchen wie Traumwesen aus. Vielleicht wollen sie nicht einfach nur ein Mädchen aus dem Westend sein, sondern eine Märchenfrau, die nicht zur Schule muss, nicht in einen Friseursalon oder sonst wohin zum Arbeiten. Mehmets Freundin Karin sieht ja auch so ähnlich aus wie dieses Mädchen. Nicht so schön, aber die Träume der beiden gehen in dieselbe Richtung, glaube ich.

Kurz bevor die U-Bahn kam, lief ein Mann die Treppe herunter. Er war kein Junge, auch kein älterer Mann, so etwas dazwischen musst du dir vorstellen. Ich habe ihn gar nicht richtig gesehen, weil mich das Mädchen interessiert hat. Er sah sie, die jetzt am Bahnsteig stand, er nahm sie um die Taille und sagte irgendetwas wie Zuckerpüppchen oder so. Da schlug sie ihn und schubste ihn mit solcher Wut weg, dass er fast auf die Geleise gefallen wäre. Sofort stürzte er sich auf das Mädchen, wollte sie schlagen. Ich war wie erstarrt. Ich sah, dass niemand dem Mädchen zu Hilfe kam. Da hab ich es getan. Ich habe ihn fest am Arm gepackt und habe geschrien, er solle das Mädchen loslassen. Ich bekam von ihm auch einige Püffe und Schläge ab, er zog an meinen Haaren und schrie immer was von Nutten und so. Doch da kam die U-Bahn, und er wollte doch lieber einsteigen, als uns weiter verhauen. Das Mädchen sagte nur zu mir: «So ein Scheißtyp», dann ging sie in ein anderes Abteil als er, und ich ging hinter ihr her. Es wunderte mich, dass niemand dem Mädchen zu Hilfe gekommen war. Ich hörte um mich herum, wie Frauen sagten: «Wenn man auch so rumläuft.» «Schamlos ist das.» «Da muss sie sich doch nicht wundern.» Das Mädchen rückte die Frisur zurecht, ich sah, dass sie viele silberne Ringe trug und die längsten Fingernägel besaß, die ich bisher gesehen hatte. Sie waren weiß lackiert und sahen an den braunen Händen des Mädchens seltsam aus. Ich fand das Mädchen jetzt nicht mehr so schön. Sie hat mich nicht einmal angeschaut. Ob sie Güray gefallen hätte? Der Gedanke tat weh. Warum, weiß ich nicht. In der letzten Zeit ist es so, dass ich mich bei jedem Mädchen, das ich sehe, frage, ob sie Güray gefallen würde. Und wenn es ein schönes deutsches Mädchen ist, dann wünsche ich mir, ich könnte sein wie sie. Nach der Schule frei sein, zu Freundinnen gehen, in die Tanzschule, mit einem Jungen spazieren gehen oder in die Disco oder zum Schwimmen, einfach frei sein. Nicht beobachtet und bedroht wie ich. Mehmet war meine Familie. Und ein Mädchen, das nicht die Gebote der Familie hält, ist unwürdig. Niederträchtig. Die Familie ist wie eine Partei, wenn man ihre Gebote nicht achtet, wird man verstoßen. Manche Mädchen werden umgebracht. Vom Vater. Vom Bruder. Weil sie die Familienehre beschmutzt haben.

Hier ist das nicht so. Leider habe ich nichts davon, denn für mich gelten die Gesetze meines Vaterlandes. Die Väter, die ihre Töchter mitbringen nach Deutschland, müssen unwissend sein. Viele Mädchen sind hier geboren, wachsen in deutschen Verhältnissen auf. Doch auch sie müssen dem Vater folgen, nach den Bräuchen seines Landes leben. Sehen denn diese Väter nicht, dass sie Unmögliches verlangen? Wenigstens ihren Söhnen erlauben sie, sich so zu verhalten wie ein Junge aus diesem Land. Die Töchter behandeln sie wie Sklavinnen, wie Menschen von geringerem Wert. Viele Väter sind traurig, wenn sie Töchter bekommen und keinen Sohn. Das zeigt schon, wie Männer die Frauen ansehen. Doch auch ihre Töchter müssen jeden Tag hier leben, sie müssen unter denselben Bedingungen zurechtkommen wie die anderen Mädchen in diesem Land. Bei uns leben die Frauen sehr eng miteinander, besonders auf dem Land ist das so. Es ist, als hätten Frauen ein eigenes Dasein und Männer ebenso. Nur in der Nacht treffen sie sich, wenn sie verheiratet sind.

Hier trifft ein junges Mädchen überall auf Männer. In der U-Bahn, beim Arzt, in der Schule ohnehin, im Supermarkt, überall muss man sich mit Männern auseinander setzen. Mit Fremden, die gewöhnt sind, dass ein Mädchen frei auf sie zugeht. Sich nichts gefallen lässt. Ihnen die Grenzen zeigt. Wo soll ein Mädchen aus meinem Land das alles lernen?

Du hast uns da vor schwierige Probleme gestellt. Doch du bist auch hörend und schauend, du wirst schon den Sinn wissen. Ich muss mich ablenken von solchen Gedanken. Ich werde immer wütend dabei und rege mich auf. Doch hilft das gar nichts.

Ich habe so viel vor an diesem Tag, dass ich richtig im Stress bin, wie hier die Leute sagen. Alle sind im Stress, sogar die Kinder. Aber davon erzähle ich dir später. Ich habe Max versprochen, dass ich ihm helfe. Max war so traurig, dass man es verzweifelt nennen könnte. Er hatte eine Katze, eine Siam, seal-point, wie Max sagt. Das bedeutet, dass die Katze beigefarben ist und dunkelbraune Flecken hat. Ich habe die Katze von Max, die Ginger heißt, nie gesehen. Ich darf Max ja nicht besuchen. Aber Fotos hat Max mir gezeigt von ihr. Sie ist wirklich die süßeste Katze, die man sich vorstellen kann. Lang und schmal, ein kleines Köpfchen mit schrägen, großen, blauen Augen. Die Augen sind das Größte an Ginger. Ginger ist übrigens ein amerikanischer Frauenname, weißt du das? Es kommt von Ingwer. Das nur nebenbei, damit du siehst, was ich mir alles merken muss.

Max liebt Ginger. Er hat sie von einer Züchterin gekauft, für sein ganzes Erspartes. Immer wenn Max von Ginger spricht, ist sein Gesicht anders. Nicht mehr verschlossen und traurig, sondern offen und lustig. Er sagt, dass Ginger bei ihm im Bett schlafe. Immer oben an seinem Kopf. Das Schnurren der Katze schläfert ihn ein und weckt ihn am Morgen wieder. Ginger steht mit Max auf, sie begleitet ihn ins Bad, in die Küche, wo Max für sie und für sich Frühstück macht. Wenn Ginger besonders hungrig ist, klettert sie an Max hoch. Die Schenkel rauf, den Rücken, dann über die Schulter und an den Seiten wieder runter. Damit muss sie sich die Zeit vertreiben, bis Max ihr Kronfleisch geschnitten hat. Oder Leber oder ein Stück Fisch. Max sagt, seine Ginger wolle kein Dosenfutter.

Es sei auch viel zu teuer. Der Metzger gibt Max billige Abfälle. Max kennt sogar einen Jungen in einem Fischgeschäft, der ihm Fischabfälle umsonst gibt. Max hat viele Bücher über Katzen gelesen. Er weiß, was man bei Krankheiten tun muss und so. Seine Katze hängt genauso an Max wie er an ihr. Wenn er von der Schule heimkommt, hört er schon im Flur, wie sie mauzt. Es klingt, wie wenn ein Baby schreit, sagt Max. Ginger schreit auch nur, wenn Max heimkommt. Wenn seine Mutter die Tür aufschließt oder sein Vater, reagiert Ginger nicht. Sie lässt sich auch nicht streicheln von Max' Eltern. Ist Max mal nicht zu Hause, dann versteckt sich Ginger, frisst nicht und lässt sich nicht sehen. Wenn Max im Schullandheim ist, wird es kompliziert. Ginger kommt erst nach Tagen aus ihrem Versteck, erst vor dem Verhungern lässt sie sich füttern. Streicheln darf sie aber trotzdem keiner. Ich könnte stundenlang zuhören, wenn Max von seiner Ginger erzählt. Er sagt, wenn er dasitzt und liest oder seine Aufgaben macht, dann liegt Ginger über seinen Schultern wie ein Pelzkragen. Das sähe ich ja zu gern einmal. Ich möchte auch so eine Katze, aber das ist ausgeschlossen, daran kann ich gar nicht denken.

Und jetzt muss Max seine Ginger hergeben. Die Mutter von Max hat plötzlich, nachdem Ginger schon vier Jahre alt ist, eine Allergie gegen Tierhaare entwickelt. Das ist eine Krankheit, die es hier häufig gibt. Manche Leute bekommen an verschiedenen Stellen des Körpers einen Ausschlag, der stark juckt. Die Mutter vom Max hat viel Schlimmeres bekommen. Asthma. Wie meine Mutter, wenn sie raucht. Davon kann man sterben, wenn es schlimmer wird. Deshalb hatte Max auch gar keine Chance mit Ginger. Was hätte er tun sollen? Er hat überlegt, mit ihr auszuziehen. Aber wohin? Wer hätte das bezahlt? Die Eltern von Max haben schon jetzt Schulden bei der Bank. Das Geld, das die Mutter von Max verdient, reicht nicht. Und sein Vater bekommt schon lange nur eine Rente. Sie ist so niedrig, dass sie nicht einmal für die Miete reicht. Deshalb muss Ginger weg. Max hat es mir zuerst nicht gesagt. Ich habe aber gemerkt, dass er blass und traurig ist. Und ich muss ihm helfen. Max hat eine Lösung gefunden. Ins Tierheim wollte er Ginger nicht geben. Er hat Angst, dass Ginger dann jemand holt, der sie für Tierversuche verkauft oder quält. Du hast, glaube ich, keine Vorstellung davon, was viele Leute mit Tieren anstellen. Davon will ich dir nichts erzählen. Da wird einem übel. Und das mit Max und Ginger ist schon schlimm genug.

Max hat beim Metzger und in dem Fischgeschäft Fotos von Ginger ausgehängt. Es haben viele Leute angerufen, die Ginger haben wollen. Max ist überall hingegangen und hat sich jeden angeschaut, mit den Leuten geredet. Das ist das wenigste, was ich für Ginger tun kann, sagt Max. Er hat dann eine alte Dame gefunden, die am Rotkreuzplatz wohnt. Sie möchte Ginger gerne haben, damit ihre eigene Katze nicht allein ist. Zuerst hat Max Ginger nicht dorthin geben wollen, weil er dachte, die andere Katze würde Ginger quälen, eifersüchtig auf sie sein. Da hat ihn die Dame eingeladen, sie und die Katze anzuschauen. Ein kleines graues Kätzchen war das, völlig schüchtern. Die Dame hat sie aus dem Tierheim geholt. Der Vorbesitzer wollte die Katze einzementieren. Ja, du hörst richtig. Einmauern wollte er das kleine Tier, weil es ihm lästig war. Leute haben ihn aber beobachtet und sofort die Polizei verständigt.

Die meisten Leute hier sind sehr tierlieb, sie passen auf, wenn jemand einem Tier was antut. Dann rufen sie sofort die Polizei. Deshalb wurde auch die kleine Katze gerettet, und jetzt hat sie es gut. Allerdings arbeitet die Frau bei der Post. Sie macht Schicht. Da ist sie oft auch in der Nacht nicht daheim. Sie möchte nicht, dass ihre kleine graue Katze allein ist. Daher wollte sie Ginger.

Max war überzeugt, dass dies die richtige Stelle sei. Wenn es überhaupt eine richtige Stelle gibt außer der bei Max. Heute war er mit der Frau verabredet. Ich musste ihm helfen, Ginger hinzubringen. Allein konnte Max das nicht schaffen. Ginger würde nicht stillhalten, und auf dem Rad war das alles zu kompliziert.

Was sollte ich tun? Ich musste Max helfen. Ich musste aber auch zu Sirin, mit ihr einkaufen gehen, Aufgaben machen. Und danach holte mich meine Mutter ab. Deshalb rannte ich von Sirin zum Telefonhäuschen, meine Mutter anzurufen. Vor Nervosität verwählte ich mich, aber dann ging der Ruf durch. Meine Mutter meldete sich. Ich sagte ihr rasch, dass ich Max beim Transport seiner Katze helfen müsse, dass ich jedoch allein nicht dürfe. Meine Mutter begriff sofort, sie sagte, sie würde mich am Telefonhäuschen abholen und mit mir kommen.

Das war die beste Lösung. Mit meiner Mutter konnte ich zu Max gehen. Niemand konnte dann behaupten, dass ich auf den Strich ginge und so. Ich wusste, dass manchmal Mütter das zu ihren Töchtern sagen. Aus ihrer großen Angst heraus, dass die Töchter die Familienehre beschmutzen. Und dass dann ein Unglück geschieht. Deshalb sagen sie so schlimme Sachen zu ihren Töchtern. Unsere Mütter sind ja nicht böse. Sie sind hilflos und voller Angst. Sie können ihren Töchtern gegen den Vater nicht beistehen. Meral hat ihrer Mutter gesagt, dass ihr Mann sie so oft verprügelt. Da hat Merals Mutter nur leise gesagt: «Dabei seid ihr doch erst ein Jahr verheiratet.»

Meine Mutter in meinem Land hätte niemals so mit mir geredet. Sie war aufgeklärt und gebildet. Lehrerin an einer Schule. Nach der Heirat hat sie nicht mehr gearbeitet, sich nur noch um die Familie gekümmert. Doch sie hatte keine Angst vor meinem Vater, und sie hätte mich auch niemals mit vierzehn Jahren in eine Ehe gedrängt. Daran dachten meine Eltern nicht.

Und meine neue Mutter fände ohnehin nichts Schlimmes dabei, wenn ich mit Max seine Katze umsiedeln würde. Wenn ich bei ihr leben würde, hätte ich sicher mehr Freiheit. Ob Mehmet und die Ertens dann immer noch auf mich aufpassen würden? Ich glaube schon. Denn wir gehören zu einer Familie, und das wird auch so bleiben.

Meine Mutter kam sehr schnell angefahren. Das hatte ich erwartet. Ohne meine Mutter hätte ich es gar nicht mehr geschafft, um halb vier bei Max zu sein. Doch mit dem roten Auto und der eigenwilligen Fahrweise meiner Mutter waren wir pünktlich in der Schießstättstraße bei Max.

Er verstand natürlich nicht, wieso ich mit einer Frau im Auto kam. Doch Max war blass, er schaute kaum auf, ich glaube, er hätte sich nicht einmal über einen Autobus mit einem Känguru als Fahrer gewundert. Max war nur mit Ginger beschäftigt. Er hatte zwei Einkaufscontainer aus Plastik mit Handtüchern zusammengebunden, da er keinen Katzenkorb besaß. In diesem hohen, aber schmalen Behälter saß Ginger. Sie jammerte, natürlich wusste sie, dass etwas mit ihr passierte, was ihr nicht gefallen würde.

Max setzte sich mit dem Plastikbehälter neben meine Mutter, ich saß hinten. Meine Mutter gab wieder Gas, als wären wir ein Notfall. Über die große Eisenbahnbrücke fuhr sie mit 120, glaube ich. Max hatte Mühe, seine Katze festzuhalten, ansonsten schien ihn nichts zu erstaunen, auch nicht die besondere Technik meiner Mutter, temperamentvoll auf Ampeln zuzufahren, um dann, ungern, bei Rot schwungvoll abzubremsen. Doch sie sprach kein Wort. Niemand sagte etwas. Nur das Kätzchen mauzte, klagte wie ein kleines Kind. Ich sah Max. Ich wusste, er litt, weil er sich vorstellte, wie ängstlich seine Katze jetzt sein musste. Wenn Max sie zum Tierarzt gebracht hatte, benutzte er auch die Container, aber da hatte Ginger nie geklagt.

In der Hirschbergstraße fanden wir keinen Parkplatz. Meine Mutter stellte ihr Auto vor das Haus der Frau und blieb im Wagen sitzen, denn sie blockierte zwei Fahrzeuge. Ich begleitete Max und Ginger. Am liebsten wäre ich bei meiner Mutter geblieben, doch aus irgendeinem Grund ging ich doch mit Max. Wir stiegen vier Stockwerke hoch in einem engen Treppenhaus. Weglaufen konnte Ginger also wohl kaum. Eine ältere Frau öffnete uns. «Da ist sie ja», sagte sie, und es war klar, dass sie gut zu Ginger sein würde. Auch Max war das klar. Ich sah an seinem Gesicht, dass er etwas erleichtert war. Nur Ginger wusste das nicht. Als Max sie aus dem Container ließ, schlich sie durch die Wohnung. Zunächst konnten wir sie gar nicht finden. Die Wohnung der Frau war voller Möbel, Gardinen, schwerer Vorhänge. Tischdecken und Deckchen waren überall drapiert, Vasen standen auf dem Boden und auf den Tischen. Nie habe ich eine so ausschweifend dekorierte Wohnung gesehen. Da konnte eine Katze sich leicht verstecken. Schließlich hörten wir Ginger. Im Bad saß sie. Oben im Fenster, das mehr eine kleine Luke war, hockte sie und mauzte so leise und schwermütig, dass ich am liebsten mitgeweint hätte. In den Augen von Max sah ich so viel Schmerz, dass ich mich eng an ihn drückte. Max sah nur zum Fenster, zu seiner Katze. Auch die Frau stand dabei. Sie sagte nichts, zeigte nur auf eine kleine graue Katze, die sich, eng an die Wand gedrückt, jetzt in der Wohnzimmertür sehen ließ. Von ihr hatte Ginger nichts zu fürchten, das sah auch Max. Er gab jetzt der Frau Gingers Spielzeug, eine schwarze und eine weiße Ledermaus. Eine Glocke, mehrere Bälle am Faden. Dann gingen wir. Max wollte nicht mit meiner Mutter und mir fahren. Er ging, seinen leeren Container in der Hand, zu Fuß nach Hause.

«Ich glaube, du brauchst Unterwäsche», sagte meine Mutter sachlich. Ich wusste, dass sie mich ablenken wollte. Außerdem hatte sie Recht. Die Schlüpfer und Hemden, die ich von Ayse hatte, waren unansehnlich, das Gummi ausgeleiert. Gut, dass Sirin das jetzt alles überwachte. Sie war geschickt, würde unseren primitiven Haushalt bestimmt besser führen als ich.

Meine Mutter und ich fuhren in ein Wäschegeschäft, das ganz in der Nähe lag. Es war ein kleiner Laden, der mir sehr elegant erschien. Es gab dort Höschen und Hemdchen und Bodys und Büstenhalter, dazu Unterröcke, Badeanzüge und Bademäntel, das hätte ich dem winzigen Geschäft gar nicht zugetraut.

«Meine Tochter braucht einen Büstenhalter», sagte meine Mutter, «natürlich auch passende Höschen dazu.» Die Verkäuferin riss Schubladen auf, ich ging in eine Kabine und zog rasch meine alten Unterhosen aus. Oben herum war ich ja so fein wie meine Mutter, ich trug ja ihre Sachen, aber was darunter kam, hätte nicht recht in diesen Laden gepasst.

Die Dame reichte mir dezent weiße, roséfarbene und buntgemusterte Wäsche herein. Ich zog alles an, es passte. «Ihre Tochter hat eine wunderbare Figur, ja, man müsste noch einmal so jung sein», sagte die Verkäuferin. Dann verlangte meine Mutter auch noch einen Body für mich. Weiß fände sie schön, einen schwarzen, und vielleicht auch einen grauen. Wenn sie noch einen geblümten hätten, wäre das ein Aufwasch, meinte sie. Die Verkäuferin holte alles aus den Schubladen. Die Bodys waren weich, ich hätte sie am liebsten überhaupt nicht mehr ausgezogen. Das alles sollte mir gehören? Im Body rannte ich zu meiner Mutter, umschlang sie, küsste sie und sagte «danke». Dann lief ich zurück in die Kabine, zog mich an und sammelte meine neue Wäsche auf. Ich hörte, wie die Verkäuferin sagte: «Dass es das noch gibt, dass sich ein junges Mädchen so freut.»

Am Abend wollte meine Mutter mit ihrem Mann in eine Theaterpremiere. Im Volkstheater wurde «Der kaukasische Kreidekreis» von Bertolt Brecht aufgeführt. Brecht kennt man auch in meinem Land. Er ist in unsere Sprache übersetzt, zumindest seine Gedichte.

Meine Mutter zog ein anthrazitgraues Kleid an mit vielen kleinen Knöpfen. Ich glaube, sie liebt dunkle Farben. Ich durfte meine Jeans anbehalten und den weißen Body. Meine Mutter gab mir einen Blazer, er war schwarz mit feinen Streifen. Dann lieh sie mir noch einfache Slipper aus schwarzem Leder. Meine Mutter umrandet die Augen mit Kajal, dazu schminkt sie die Lippen in einem unauffälligen Rot, genau wie ich es mache. Nur deckt meine Mutter noch ihre Haut ab mit einem feuchten Puder. Ich habe es ausprobiert. Die Haut sieht tatsächlich aus, als sei sie aus Porzellan. Man sieht die Poren nicht mehr.

Der Chauffeur brachte uns zum Theater. «In der Dachauer Straße bekommt man nur mit allergrößtem Glück einen Parkplatz», sagte Herr Kayser. Ich weiß nicht, ob es ihm lieb war, dass ich mitkam. Als wir angezogen waren, meine Mutter und ich, hatte sie zu ihm gesagt: «Sag, ist sie nicht wirklich schön?» Herr Kayser hatte ihr einen Kuss gegeben und dann gesagt: «Eine ist schöner als die andere.» Er half meiner Mutter in ihren Mantel und mir in die gelbe Jacke. Sicher war ihm aufgefallen, woher die Jacke stammte.

Ich war nur noch gespannt, wie es im Theater sein würde. In einem Stück von Bertolt Brecht, den mein Vater verehrt hatte. Ich danke dir, dass du meiner Mutter diese Idee eingegeben hast.

Im Theater waren sehr viele Leute. Fast alle scheinen am Abend schwarze Kleider zu tragen. Ich spürte, dass meine

Mutter, Herr Kayser und ich auffielen. Es war mir nicht einmal unangenehm. Ich war ja nicht mehr der verfärbte Häkelrock und die ausgewaschene Bluse. Auf den Blazer, die Jeans und die Slipper konnte ich mich verlassen.

Wir fanden unsere Plätze in der dritten Reihe. Ich sah die ganze große Bühne vor mir. Die Plätze stiegen an wie in einem Stadion, das ganze Theater wirkte schlicht und streng. Hier war auch alles schwarz, glaube ich. Meine Mutter und Herr Kayser begrüßten ständig Leute, die ihre Plätze einnahmen. Da ich zwischen den Kaysers saß, schauten sie auch mich aufmerksam an.

Ich konnte es nicht nicht erwarten, bis das Stück begann. Hast du schon einmal etwas vom kaukasischen Kreidekreis gehört? Es war ein wenig auch meine Geschichte. Es geht da um ein Kind, das zwei Mütter hat. Ich war am Schluss ganz wirr im Kopf von allem. Nach dem Theater gab es eine Premierenfeier, zu der meine Mutter und ihr Mann auch eingeladen waren. Doch sie wollten so rasch wie möglich nach Hause. Meinetwegen. Ich hatte ja am nächsten Tag Schule. Das sagte meine Mutter auch, wenn befreundete Leute sie fragten, ob sie denn nicht zur Premierenfeier bleiben wollten. Meine Mutter sagte: «Wir können nicht, unsere Leyla hat morgen Schule.» Eine Dame, die meine Mutter duzte, sagte mit aufgerissenen Augen: «Wer ist denn Leyla?» «Sie ist unsere Tochter», sagte meine Mutter in ihrer unschuldigen Art. «Ja, aber», stotterte die Dame, «ja, wieso kennen wir sie denn nicht?» «Nun, sie konnte leider nicht bei uns aufwachsen. Jetzt ist sie da.»

Herr Kayser beeilte sich, an die Garderobe zu kommen. Die Blicke dieser Freunde waren auf mich gerichtet. Doch ich hatte mich längst an die Selbstverständlichkeit meiner Mutter gewöhnt. Ich lächelte alle an, als wäre nichts Besonderes los. Eine Dame sagte schließlich: «Roberta, ich muss sagen, sie sieht dir auch auffallend ähnlich.» Ja wirklich. Das fanden alle oder auch nicht alle. Herr Kayser kam mit unseren Sachen. Eine der Frauen konnte es nicht lassen. Sie fragte den Mann meiner Mutter: «Ja Ralph, was sagst du denn zu so einer großen Tochter?»

«Ich sag Leyla zu ihr», sagte Herr Kayser, und dann zog er uns mit sich, meine Mutter und mich, und ich fand, dass Herr Kayser gar nicht so ohne war. Das sagt man hier, wenn jemand, dem man es eigentlich nicht zugetraut hätte, Herr der Situation bleibt. Das sind alles so Redewendungen, die ich nach und nach lerne. Ich hoffe, ich teile dir nichts Falsches mit. Im Auto sagte Herr Kayser dann zu mir, nun wisse ich Bescheid über die Raffinesse seiner Frau. Sie mache ihn vor den richtigen Leuten zum Vater, und nun könne er wohl nicht mehr zurück.

Ich lag noch lange wach auf dem Wasserbett. Es schaukelte warm wie immer, doch ich konnte nicht einschlafen. Draußen tobte ein Sturm, dass sich die Spitzen der Bäume, die ich von meinem Bett aus sehen konnte, weit nach unten bogen. Der Wind peitschte die Äste, riss viele ab, im Haus klapperten Fenster, ich hörte jemanden Schlagläden schließen. Mir konnte nichts passieren, ich lag warm und beschützt, trotzdem musste ich an Mehmet und Sirin denken, an das Zimmer, in dem ich lange gewohnt hatte. Fielen wieder Dachziegel auf die Straße, würde der Wind die Regenrinne abreißen und die Fenster, deren Rahmen morsch waren, ächzen lassen? Warum dachte ich so oft an das Haus, in dem ich immer fremd und unglücklich gewesen war? Wie oft war ich abends allein an unserem Tisch gestanden, hatte Wäsche gebügelt oder versucht, unsere Kleider zu stopfen, Mehmets und meine. Dann hatte ich über mir die Klospülungen im Haus gehört, es war, als säße ich unter einem Wasserfall. Ich schaute immer angstvoll die Rohre an, die durch unser Zim-

144

mer liefen. Einmal war über uns eine Waschmaschine ausgelaufen, es hatte durchgetropft zu uns. Seitdem hatten wir große braune Ringe an der Decke und an der einen Wand. Viel zu oft hörte ich auch das Stöhnen einer alten Frau, die auf dem gleichen Stock wohnte. Sie hielt ihre Schmerzen offenbar nur aus, wenn sie immer «aah, aah» sagen konnte. Unaufhörlich, stundenlang. Einmal wollte ich nachsehen, ob sie allein ist. Da machte mir eine unfreundliche Frau die Tür auf und schickte mich zurück. Das gehe mich nichts an, sagte sie. Ich konnte mich lange nicht an das Wimmern gewöhnen. Es regte mich auf. Ich erfuhr dann, dass die alte Frau bei ihrem Sohn und der Schwiegertochter lebte, die sie versorgten. Ob sie nie einen Arzt holten? Ich habe keinen gesehen. Nur später den Leichenwagen, der sie abholte.

Schön fand ich immer, wenn die Kinder aus einer anderen Wohnung, ich glaube, sie war über mir, Flöte spielten. Sie konnten es noch nicht gut, ich glaube, es waren zwei Kinder, die spielten, oder die Mutter spielte dem Kind vor. Ich kannte die Lieder nicht, aber die Töne waren hell und lieblich. Ein kleines Kind brabbelte immer dazwischen. Dies Kind hörte ich immer, am Tag und am Abend. Es schien ständig wach zu sein. Am Abend oder am Wochenende sprach der Vater mit dem kleinen Kind. Ich konnte seine junge, zufriedene Stimme deutlich hören. Er ahmte die Laute des Kindes nach und brachte ihm einfache Worte bei. Mamamam, Papapap und so. Die Stimme dieser Familie trösteten mich, als wären sie eine Hoffnung. Die Wohnung der Leute musste sehr günstig zu unserem Zimmer gelegen sein, ich hörte die Familie, als sei sie nebenan. Und doch war sie wohl weiter weg. Ich sah öfter Kinder mit ihren Eltern aus dem Haus kommen, wusste jedoch nie, ob das die Flötenfamilie war. Ein Papagei in unserem Haus hat mich lange geängstigt. Er gehörte einem

Rentner nebenan und schrie wie ein wütendes Kind. Dies Geschrei ließ mir keine Ruhe, ich fragte überall herum, bis man mir sagte, dass es der Papagei von Herrn Janz sei. Ich grüßte alle Leute, die mir im Haus begegneten. Manche grüßten zurück, viele schlichen mürrisch vorbei und murmelten irgendetwas.

Ich blieb fremd in dem Haus, in das du mich zuerst geschickt hattest. Doch im Grunde gehöre ich dort immer noch hin. Dies Bett ist nur geliehen. In diesem Haus fühle ich mich ebenso allein wie in der Westendstraße. Nur in einem schöneren Rahmen.

Ich lausche auch immer auf die Geräusche von unten. Kurz höre ich dann mal eine Türe gehen, mehr nicht. Weil es gar so ruhig ist, höre ich Holz atmen und ächzen, da habe ich manchmal Furcht, es könnten Einbrecher kommen. Ich habe oft in den Zeitungen gelesen, dass in dieser Stadt viel eingebrochen wird. Wie in allen Städten. Meist bei reichen Leuten. Das ist logisch. In diesem Haus gibt es Teppiche. Die Bilder sind sicher auch wertvoll. Und der Schmuck meiner Mutter. Sie trägt Ringe, die sind rundherum mit Brillanten besetzt. Einen Ring hat sie, darauf sitzt ein großer Stein, der sehr wertvoll ist, glaube ich. Meine Mutter hat lange, schmale Hände mit sehr dünnen Fingern.

Das Haus hat natürlich eine Alarmanlage. Meine Mutter löst sie oft irrtümlich aus, und dann heult eine Sirene los. Dafür ist meine Mutter schon bekannt bei der Polizei.

Was würde ich tun, wenn Einbrecher kämen, meine Mutter und ihren Mann fesseln würden wie Herrn Mayr? Ich glaube, ich würde mich in dem großen braunen Schrank verstecken, der links neben mir fast die ganze Wand einnimmt. Es ist ein alter Schrank mit Intarsienmuster, ich glaube, er ist breit genug, um mich aufzunehmen. Doch untersuchen Einbrecher wahrscheinlich gerade solche Schränke. Besser würde ich mich hinter den Vorhang stellen, aber einer sähe bestimmt meine Füße. Das kennt man.

Plötzlich fiel mir Max ein und seine Ginger. Da hatte ich keine Angst mehr. Ich dachte nur noch an Max und an das Kätzchen. Ob es immer noch im Bad in der Fensterluke hockte und nach Max schrie? Und Max? Bestimmt ließ ihn die Sorge um seine Ginger nicht schlafen. Ich hätte Max so gern angerufen. Lieber noch wäre ich jetzt bei ihm gewesen. Max bedeutete mir viel. Das wusste ich. Er hatte zu mir gehalten, als mich alle verachteten. Und jetzt ging es ihm schlecht, und ich konnte nichts tun für ihn. Ein Telefon stand auf meinem Nachtschrank, aber ich traute mich nicht zu telefonieren. Das Telefon gehörte ja meiner Mutter und ihrem Mann. Ich konnte sie nicht um Erlaubnis fragen, es war zu spät. Ich dachte an meine Mutter. An Roberta. Sie tat alles für mich, was Mütter für Töchter tun, wenn sie genügend Geld haben. Sie würde mir schenken, was ich mir wünschte. Aber ihr Takt verbietet es ihr, mir zu viel zu geben. Dafür bin ich ihr dankbar. Für alles bin ich ihr dankbar. Dass ich hier schlafen darf. Dass ich im Theater war. Dass ich immer duschen kann, wann ich will, nicht mehr nach feuchter Wäsche und schimmeligen Wänden rieche. Billie hatte nicht Unrecht. Schon nach dem ersten Winter rochen alle unsere Sachen schimmelig. Die Wäsche wurde auch nicht sauber, ich konnte sie ja nicht kochen. Musste mir immer töpfeweise warmes Wasser auf der Herdplatte machen. Ich war nicht so gepflegt, wie ich es jetzt bin, das ist wahr. Mein Haar wusch ich nur selten, einfach, weil es so mühsam war. Besonders im Winter.

Seit Roberta meine Mutter war, dachte ich oft an meine tote leibliche Mutter. Sie war immer für mich da, aber eng verbunden war ich nicht mit ihr. Sie liebte meinen Bruder mehr als mich, jedenfalls habe ich das so empfunden. Mit ihm hat sie viel mehr gespielt, als er klein war. Mein Vater hat mir viel erzählt und erklärt. Wenn er bei mir war. Das war nicht oft. Meist saß er mit seinen Freunden im Salon unserer Wohnung, und sie redeten und diskutierten. Auch musste er ja häufig in seiner Schule sein. Ich sah ihn selten. Und wenn, dann unterrichtete er mich. Mit Timur jedoch kugelte er sich im Garten. Er ließ ihn auf seinen Schultern reiten, er schnitzte Flöten für ihn. Ich sah das, und ich weiß heute nicht mehr, was ich gefühlt habe. Wahrscheinlich nichts Dramatisches, denn meine Eltern waren beide immer gut zu mir. Immer. Aber waren sie mir vertraut?

Ich bin mir auch Robertas nicht sicher. Dass Leben und Tod ihrer kleinen Tochter so auffällig mit meinen Geburtsdaten übereinstimmen, ist schon seltsam. Glaubst du, dass es so etwas gibt wie eine Wiedergeburt? Du hast Macht über alle Dinge und dein ist das Verborgene in den Himmeln und auf der Erde. Wir sind Unwissende.

Es gibt auf dieser Erde Menschen, die an Wiedergeburt glauben. Ob meine Mutter daran glaubt, weiß ich nicht. Sie glaubt an Wunder, da muss sie sich nicht so viele Gedanken machen. Wenn ich nicht wüsste, dass du alles für mich lenkst, würde ich allerdings auch an Wunder glauben, seit ich meine Mutter gefunden habe. Ich würde alles für sie tun. Einbrecher würde ich mit diesem dicken Kerzenleuchter erschlagen, das ist mir jetzt eingefallen. Von hinten, wenn sie gerade meiner Mutter und ihrem Mann die Klebebänder um den Mund kleben würden. Fast wünsche ich mir, dass irgendetwas geschähe, wo ich für meine Mutter mein Leben riskieren könnte. Dann würde vielleicht die Glaswand zerspringen, die mich von ihr trennt. Mir ist immer, als geschähe in diesem Haus alles nicht wirklich. Heute, auf dem Weg in die Hirschbergstraße, als meine Mutter still dasaß und zu Ginger schaute, da war sie mir plötzlich nahe. Doch schon im

Wäschegeschäft glaubte ich wieder, dass ich träume. Ich habe sie zwar umarmt und mich bedankt, das war das wenigste, aber man kommt einem Menschen nicht unbedingt dadurch nahe, dass man ihn umarmt.

In der Sturmnacht habe ich wieder geträumt. Du hast mir einen lebendigen Schlaf gegeben. Ich glaube, ich träume jede Nacht. Und seit ich hier bin, suche ich immer im Traum und weiß nicht, was ich suche. Ich irre um unsere Moscheen und Minarette, ist es die Beram Pasa Camii oder ist es die Sefa Camii? Oft ist in meinen Träumen unsere ganze Stadt mit Schnee bedeckt, ich irre dann ohne Schuhe umher, suche meine Mutter, Vater, Timur. Oder ich laufe auf den Dächern im Dorf meiner Großeltern, ich treffe sie dort, es ist ein weher Schmerz, denn ich weiß auch im Traum, sie sind tot; ich werde sie nie wieder sehen. Oft sind viele Menschen mit mir unterwegs. Wir gehen alle in die Meryem Ana Kilise, und ich taste mich durch die Reihen, aber da ist niemand, den ich kenne, und ich laufe wieder allein durch die Straßen, und immer habe ich nur ein Hemd an und schäme mich, weil ich hässlich oder nachlässig gekleidet bin.

Wenn ich aufwache aus meinen Träumen, lähmt mich manchmal noch lange der Schmerz. Die Bilder, die Erinnerung tun weh.

Ich brauche dann lange Zeit, bis ich mich wieder zurechtfinde. Doch hier ist es, als überwältige einen die Zeit. Damit meine ich, dass ich tagsüber gar nicht lange zum Nachdenken komme. Dann werde ich schon mitgerissen von dem Sturm, der sich am Morgen über dieser Stadt zu erheben scheint und sie zum Wirbeln bringt. Jedem Einzelnen scheint das Tempo in die Glieder zu fahren. Mehmet lief am Morgen hastig aus dem Haus, gerade ein wenig Joghurt mit Wasser trank er, und dann schlug die Tür hinter ihm zu. Auch ich rannte mit den anderen durch den Tag, kaum dass ich mich gewaschen hatte, raffte ich ein Stück Fladenbrot und rannte in die Schule. Selbst in der Schule raste die Zeit. «Himmel», sagte Charlie immer, «jetzt ist die Stunde schon wieder um, und wir haben noch nichts geschafft.»

Auch in diesem Haus ist der Sturm des Tages zu spüren. Herr Kayser bringt ihn mit. Morgens am Frühstückstisch nimmt er kaum Platz, dann springt er auch schon wieder auf, küsst meine Mutter und rennt hinaus. Vorher hat er aber schon mehrfach telefoniert und alle Zeitungen durchgesehen.

Die Stürmischste von allen ist meine Mutter. Bisher habe ich sie noch niemals gehen sehen. Meine Mutter scheint über die Straßen zu springen. Herr Kayser will gar nicht mehr mit ihr in den Nymphenburger Park, weil meine Mutter ihn durchprescht, als sei sie vom Motor ihres roten Autos angetrieben. Meine Mutter geht nicht die Treppe hinauf, sie läuft, eine Stufe überspringend.

Daher bin ich jedes Mal erstaunt, wenn sie so gelassen redet. Ich denke, sie müsse atemlos sein. Keineswegs. Sie fegte zu mir ins Bad, wo ich mir nach dem Frühstück rasch die Zähne putzte. Ihr langer Glockenrock schwang um ihre Füße.

«Deine Jeans muss in die Wäsche», sagte meine Mutter und gab mir eine schwarzgrau karierte Hose aus einem elastischen Stoff, die ich gar nicht auf mir spürte, so leicht war sie. Auch einen hellgrauen Rollkragenpullover legte sie mir hin.

Ich war glücklich über die Sachen. Dann wieder schämte ich mich. Diese Kleider standen mir nicht zu. Ich trug sie wie ein Hochstapler. Genauer, wie eine Hochstaplerin. In diesem Land muss ich darauf achten, dass ich von allem die weibliche Form wähle, wenn ich über eine Frau spreche oder schreibe. Selbst in den Zeitungen achten sie darauf. Das wollen die Frauen in diesem Land so. Ich hatte immer gedacht, hier seien die Frauen gleichberechtigt. Auf den ersten Blick scheint das auch so. Hier geht keine Frau hinter einem Mann her. Sie gehen Hand in Hand oder Arm in Arm. Es kommt auch vor, dass sie nebeneinander hertrotten, als würden sie sich nicht kennen. Das hat dann aber andere Gründe. Entfremdung nennt man das. Man sieht an den Schulen ebenso viele Lehrerinnen wie Lehrer, in den Banken gibt es viele Frauen, auch in den Restaurants und Cafés. Das ist völlig anders als in Kurdistan, du weißt es. Und wahrscheinlich findest du die Bräuche hier gar nicht so gut. Mir gefällt es. Hier gehen auch Frauen allein auf die Straße, wenn sie gegen etwas sind. Gegen den Atomkrieg oder so. Es gibt junge Frauen, die machen Weltreisen. Völlig allein. Ich habe das schon öfter in den Zeitungen gelesen. Sie reisen bis nach China, nach Nepal, wo sie die Sprache nicht kennen und die Sitten des Landes vielleicht auch nicht. Oder sie haben vorher alles gelernt, das traue ich diesen Frauen auch zu. Ich bewundere sie nämlich, wenn ich dir das ehrlich sagen darf. Niemals würde ich es mir zutrauen, allein um die Welt zu reisen. Wenn Meral mitkäme und Max oder meine Mutter, dann vielleicht.

Die Frauen in diesem Land dürfen alles, was Frauen in meinem Land nicht dürfen. Sie dürfen jedoch nicht ihre Schwangerschaft abbrechen. Sie müssen vorher die Ärzte fragen und viele Ämter, von denen sie sich Scheine ausstellen lassen müssen, dass sie sich gründlich haben beraten lassen.

Wie das in meinem Land ist, weiß ich nicht. Wir haben niemals darüber gesprochen. Bei uns, besonders auf dem Land, haben die Familien viele Kinder. Sie sind das Kapital der Familie. Die Kinder werden natürlich geliebt, die Jungen mehr als die Mädchen, aber sie müssen zuallererst gehorchen. Arbeiten müssen sie, schon früh. Wenn die Familie

Streit mit einer anderen hat, müssen die Kinder solidarisch sein mit den Eltern, auch wenn sie mit den Kindern der anderen Familie befreundet sind. Das gibt den Familien Macht, ist aber für die Entwicklung der Kinder und auch für den Zusammenhalt unter der Familie nicht immer vorteilhaft.

Ich kann mich nicht erinnern, dass eine Frau in meinem Land ihre Schwangerschaft abgebrochen hätte. Vielleicht lag das daran, dass ich noch zu jung war und diese Dinge von mir fern gehalten wurden. In diesem Land ist das anders. Da bringen die Frauen ihre kleinen Kinder mit, wenn sie für die Abschaffung des Paragraphen auf die Straße gehen. Jedes Mädchen hier kann genau darüber Bescheid wissen, wenn es das will.

Ich habe auch alles gelesen, was ich darüber erfahren konnte. Was ich aber denken soll, weiß ich nicht. Doch, eins weiß ich: Freiwillig würde ich keine Schwangerschaft abbrechen. Ich wünsche mir viele Kinder. Von Güray hätte ich sie am liebsten. Seit er am Schultor Prinzessin zu mir gesagt hat, hoffe ich ja wieder. Wenn auch nur weit hinten in meinem Herzen.

Wenn ich dann jedoch lese, dass es viele junge Frauen und Mädchen gibt, die in Not kommen durch eine Schwangerschaft, dann weiß ich wieder nicht, was ich denken soll. Mir vorzustellen, ich wäre mit einem Baby in meinem Zimmer im Westend, bekäme nur ein wenig Geld vom Sozialamt, weil Güray mich verlassen hätte – nein, das will ich mir lieber nicht vorstellen.

Mit dir über dieses Thema zu reden ist ohnehin fehl am Platze, glaube ich.

Eigentlich hatte ich dir berichten wollen, dass sich die Frauen hier gar nicht so gleichberechtigt fühlen, wie ich mir das vorgestellt hatte. Sie sagen, sie würden schlechter bezahlt als die Männer, selbst wenn sie dieselbe Arbeit hätten. Sie sagen, die Männer hätten alle hohen Ämter, die Frauen müssten immer auf den unteren Ebenen arbeiten. Ich kann das nicht beurteilen, weil ich noch zu wenig Menschen in diesem Land kenne. Wenn ich hier fernsehe, kommen mir solche Gedanken. Ich will versuchen, es dir zu beschreiben.

Die Frauen, die man hier auf dem Bildschirm sieht, sind fast ausschließlich jung und schön. Die eine gefällt mir mehr, die andere weniger. Das ist jedoch nicht wichtig für das, was ich beobachtet habe. Ältere Frauen sieht man kaum im Fernsehen. Und wenn, dann sprechen sie über die Wirtschaft oder über die Gesundheit oder so. Einmal fand ich in einer Zeitungsmeldung eine Erklärung dafür. Da hat eine schöne Frau, die schon lange beim Sender arbeitet, diesen verklagt, weil sie nicht mehr auf dem Bildschirm eingesetzt wurde. Sie war dem Fernsehdirektor nicht mehr jung und schön genug.

Männern passiert das nicht. Du musst dir einmal anschauen, wer alles auf dem Bildschirm auftaucht. Männer, die wenig Haare auf dem Kopf haben oder keine mehr. Oft sind die Sprecher alt und dick wie die Melonen am Tigris. Ich habe schon einen Kommentator gesehen, der lispelte. Einer Frau würde man das nicht nachsehen.

Diese feinen Ungerechtigkeiten werde ich weiter beobachten und dich darüber unterrichten.

Meine Mutter, glaube ich, ist gleichberechtigt. Sie tut, was sie will. Jedenfalls konnte ich bisher nichts anderes feststellen. Auf Fotos habe ich gesehen, dass sie aus einem wohlhabenden Elternhaus stammt. Ihr Vater war ein Architekt, der in dieser Stadt viele Häuser und Banken gebaut hat. Auf dem Land stehen Schulen, die er entworfen hat. Meine Mutter hat es mir nur nebenbei gezeigt, neben Bildern aus ihrer Kindheit, weil sie mir nicht oft genug beweisen kann, wie ähnlich wir einander sind. Meine Mutter könnte auch ohne ihren Ehemann sehr gut leben, glaube ich. Wer genügend

Geld hat, ist frei. Er hat Macht, er hat Recht, er hat alles. Ich glaube, auch meine Mutter hat alles. Ein Kind hat sie nicht. Aber Geld. Für meine Begriffe unendlich viel. Allein, wie viel Geld sie jetzt mit ihren Skulpturen verdient. Ich habe sie immer noch nicht gesehen. Vor Weihnachten stellt sie aus. Im Nymphenburger Park, der liegt bei einem schönen Schloss, gar nicht so weit von hier. Im Park gibt es ein großes Gebäude. Es wird das Eiserne Haus genannt. Darin stehen viele Bäume und Pflanzen, weil es ein botanischer Garten ist, zu dem das Eiserne Haus gehört. Und mitten in den Pflanzen stellt meine Mutter ihre Skulpturen aus. Sie sagt, ich könne ihr dann sehr viel helfen. Es sei kompliziert, diese Skulpturen zu transportieren. Sie seien aus Einzelstücken zusammengesetzt und empfindlich.

Ich bin auf meinem Schulweg immer so mit meinen Gedanken beschäftigt, dass ich sicher einmal unter ein Auto renne. Oder in ein Fahrrad hinein. So wie jetzt, eine Minute vor acht am Schultor. Es ist Güray. «Warum kommst du so spät? Ich habe schon lange auf dich gewartet. Jetzt komme ich viel zu spät zur Schule.»

«Woher soll ich wissen, dass du auf mich gewartet hast?», fragte ich, obwohl mir das Herz nicht nur vom Rennen klopft. Ich freue mich unsagbar, dass Güray hier auf mich wartet. Wie gern hätte ich mit ihm geredet.

«Bitte», sagte Güray, «komm morgen früher. Ich bin wieder um zehn vor acht hier.»

Er sauste los, ich sah seine roten Ohren unter dem Stirnband, er musste gefroren haben. Morgen. Morgen würde ich ihn sehen. Eine Viertelstunde lang. Mit meiner Mutter konnte ich reden, sie würde nichts dabei finden, wenn ich früher als sonst zur Schule ging.

Nur – was war mit Billie? Als ich an meinen Platz kam, saß sie auch an ihrem Arbeitstisch. Wie immer. Es gongte gerade, ich war nicht die Letzte, die kam. Hinter mir wälzte sich noch Franco herein. Er sieht abends immer zu lange fern, sagt Charlie, daher kommt er jeden Morgen zu spät.

Wir bekamen die Geschichtsprobe zurück. Ich hatte eine Drei, von dreißig möglichen Punkten zwanzig. Die Probe war allgemein schlecht ausgefallen. «Wetter nei, haben wir aber mal wieder Noten!», schimpfte Charlie.

An diesem Morgen niesten und husteten alle. «Hier kann man sich ja bloß anstecken», schrie Micha. Ob es nicht auch kältefrei gebe in der Schule, so wie im Sommer hitzefrei.

Hitzefrei gibt es tatsächlich. Wenn es hier heiß wird im Juli, können alle Schüler heimgehen. Sie dürfen dann ins Schwimmbad oder in die Eisdiele, wohin sie wollen. Nicht alle Schüler, das weißt du. Ich muss dir sagen, dass es nicht nur ungerecht ist, dass Mädchen aus meinem Land nicht ins Schwimmbad dürfen. Es ist auch gefährlich, weil sie deshalb nicht schwimmen lernen. In einem Sommer sind hier drei Mädchen aus der Türkei in einem See ertrunken. Es waren drei Schwestern, die da mit ihrer jüngsten Schwester spazieren gingen. Die Mütter, Männer und Väter lagerten weiter weg unter den Bäumen. Das kleinste Mädchen fiel ins Wasser, vorn am Rand, aber auch da war es schon tief. Die drei Schwestern wollten es herausholen. Sie versanken, ehe andere Leute das begriffen hatten und sie herausholen konnten.

Jetzt sind meine Gedanken abgeschweift. Wir haben jetzt Arbeitslehre. Ich hatte das Heft herausgeholt und aufgeschlagen. Manche Dinge tut man, obwohl man an etwas anderes denkt, trotzdem richtig. Heute geht es um den Beruf. In diesem Land gibt es nämlich auch Jobs. Man muss in beiden arbeiten, im Beruf und im Job. Charlie sagt, man müsse unbedingt versuchen, einen richtigen Beruf zu lernen. Nicht anfangen zu jobben. Ein Beruf hat Tätigkeitsmerkmale. Daran kann man ihn vom Job unterscheiden. Diese Merkmale unterliegen dem Jugendarbeitsschutzgesetz. Wer einen Beruf haben will, muss ihn erlernen. Das geht nach einem dualen System: vier Tage Arbeit im Betrieb, ein Tag Berufsschule. Wer einen Job will, wird nur angelernt. Das wird nirgends überwacht. Wer jobbt, hat auch keinerlei Schutz.

Ein Schüler, der lernt, wird ausgebildet. Er ist ein Auszubildender. Man sagt Azubi. Man kann in einer Autowerkstatt ausgebildet werden, in einem Büro oder in einem Kaufhaus. Die Anforderungen, die an Ausbildungsbetriebe und an die Auszubildenden gestellt werden, gibt die Industrie- und Handelskammer heraus. Das ist die Kammer, in der Herr Kayser der Präsident ist. Davon sage ich aber nichts. Tanja soll gerade erklären, was ein Berufsfeld ist. «Na ja», sagt sie, «das ist halt, also das Feld, also entweder ist es die Medizin oder die Wirtschaft, mit der der Beruf etwas zu tun hat.» Charlie findet das viel zu ungenau: «Aber immer zum Fenster rausschaun. Ich hätte gerne Schüler, die fit sind.»

«Wie Franco», sagt Micha und deutet nach vorn, wo Franco sich fast vor Gähnen den Kiefer ausrenkt.

Völlig unvermittelt, fast widerwillig stand Billie auf und ging nach vorn. Sie hatte ein Päckchen in Goldpapier in der Hand. Das legte sie vor Charlie auf den Tisch. «Ich soll mich entschuldigen, hat mein Vater gesagt.»

Billie setzte sich wieder, ihr Gesicht war so gelangweilt wie meistens.

Charlie ging zu Billies Platz, legte das Päckchen vor sie hin. «Ich brauche kein Geschenk, ich will keines. Wenn du einen Funken Ehrgefühl in dir hättest, müsste dich nicht dein Vater schicken, damit du dich entschuldigst. Und ich will jetzt, dass du dich bei Leyla für deine Gemeinheiten entschuldigst. Sofort.»

156

Billie sagte ungerührt: «Wieso? Ich habe doch bloß Spaß gemacht. Und mit der PKK, das stimmt doch, die schlagen doch alles kaputt hier bei uns. Ich habe gehört, dass alle Kurden bei der PKK sind. Auch wenn sie es nicht zugeben.»

Billie sah sich triumphierend um. Da rief Türkan aus der ersten Reihe: «Es gibt keine Kurden. Es gibt nur Terroristen. Es gibt auch kein Kurdistan. Das kann man auf jeder Landkarte nachsehen. Kurdistan gibt es nicht.»

«Es gibt nur die Türkei!», rief Aysel noch lauter.

«Leyla», sagte Charlie zu mir, «hast du Lust, nach vorn zu kommen und uns etwas über dein Land zu erzählen?» In meiner ersten Wut wollte ich sagen, dass Billie und Türkan und Aysel so dumm seien, dass ich keine Lust hätte, ihnen irgendetwas zu erzählen. Wenn nur Metin hier wäre. Er würde noch wütender sein als ich und denen die Wahrheit um die Ohren hauen. Aber dann fiel mir mein Vater ein. Sein Kampf um Gerechtigkeit für unser Volk. Ihm war es so wichtig gewesen, dass ich begriff, worum es ging. Für ihn musste ich die Wahrheit sagen. Und wenn es nur Charlie begriff.

Ich stand auf und ging nach vorn. Billie hatte den Ellenbogen aufgestützt und ihr Gesicht in der Hand vergraben. Ihre Augen sahen gequält gegen die Decke. Türkan und Aysel schauten mich auch verächtlich an. Jetzt erst recht, dachte ich, und ich begann: «Die Kurden sind eines der ältesten Völker der Erde. Das kann man nachweisen …» Türkan und Aysel unterbrachen mich mit Gelächter. Billie stimmte ein. Da schrie Charlie Türkan an: «Ihr seid genauso lange hier wie Leyla, aber ihr sprecht und schreibt noch wie kleine Kinder. Und Billie genauso. Ihr werdet die Schule verlassen und immer noch dort Stroh haben, wo bei anderen Leuten das Gehirn ist. Bei Leyla zum Beispiel. Und wenn ihr sie jetzt nicht in Ruhe reden lasst, werdet ihr mich endlich mal kennen lernen.»

Wenn Charlie derart schreit, werden sogar Micha und Flori still und tun so, als ob sie zuhörten. Ich fing wieder von vorn an, wiederholte, dass die Kurden eines der ältesten Völker der Erde sind. Weil es die heilige Wahrheit ist. «Nach den Arabern und den Türken sind sie die drittgrößte Nation im Nahen Osten. Das Volk der Kardaka-Kurden wird schon zweitausend Jahre vor Christus erwähnt, in Keilschrift. Die Sprache der Kurden ist Kurmandschi oder Sorani, sie ist weder der arabischen Sprache verwandt noch der türkischen. Obwohl wir keinen eigenen Staat haben, besiedeln wir seit Jahrhunderten ein großes Gebiet. Es ist größer als Deutschland. Es erstreckt sich zwischen dem Mittelmeer und dem Kaspischen Meer, zwischen dem Persischen Golf und dem Schwarzen Meer. Unser Land ist reich. Wir haben Erdöl, Kupfer, Eisenerz, Phosphat, Blei, Chrom und Silber in unserem Boden. Aber nichts davon bekommen die Kurden. Die Quellen der größten Flüsse, Euphrat und Tigris, befinden sich in Kurdistan. Hier wurden Staudämme gebaut. Die Elektrizität wird jedoch außer Landes gebracht. Unsere Landbevölkerung im östlichen Hochgebirgsland hat keinen Strom. Sie schöpfen das Wasser aus dem Brunnen. Sie leben noch genauso wie ihre Vorfahren vor vielen Jahrhunderten.

Leider kann ich euch nicht die ganze Entwicklung des kurdischen Volkes erklären. Dann müsste ich einige Stunden reden. Dabei könnte ich euch interessante Schlachten beschreiben, die zum Beispiel der berühmte kurdische Sultan Saladin geschlagen hat. Er bezwang sogar den englischen König Richard Löwenherz. Im dreizehnten Jahrhundert ermordete der Mongolenführer Hülagu-Kahn den Kalifen von Bagdad und eroberte weite Teile Kurdistans. Türkische Reiterheere aus Anatolien, dem Kernstück der Türkei, stellten sich ihnen entgegen. Sie besetzten die kurdischen Gebiete. Dagegen setzten sich die kurdischen Fürstentümer zur Wehr. Da begannen die Türken, die sich früher nach ihrem ersten Feldherrn Osmanen nannten, die Kurden auszurotten. Sie kämpften auch gegen die schiitischen Perser, immer auf kurdischem Boden. Sie kauften oder missbrauchten die Kurden, je nachdem. Sie teilten sich Kurdistan.

Erst im neunzehnten Jahrhundert begannen die Kurden sich gegen die Ausbeutung durch fremde Kolonialherren zu wehren. Doch nach dem Ersten Weltkrieg wurde ihr Land aufgeteilt zwischen der Türkei, dem Irak, dem Iran und Syrien. Heute leben in Türkisch-Kurdistan, wo ich herkomme, etwa fünfzehn Millionen Kurden.

Nicht nur die Türkei hat den Kurden übel mitgespielt. Auch im Irak wurden die Kurden brutal bekämpft. Immer wieder wurden mit ihnen Friedensverträge geschlossen und nicht eingehalten. Am schlimmsten hat Saddam Hussein die Kurden massakriert. Er hat schon 1975 fünfhundert kurdische Siedlungsgebiete niedergewalzt. Brunnen wurden zuzementiert. Wälder wurden abgebrannt. Hunderttausende wurden nach Süden in die Salzwüste deportiert. Und 1988, das wisst ihr ja vielleicht noch, hat Saddam Hussein die Stadt Halabdja mit Giftgas bombardieren lassen. Fünftausend Männer, Frauen und Kinder kamen auf einmal um. Saddam Hussein kämpft nach wie vor gegen die irakischen Kurden. Die türkische Regierung kämpft gegen uns. In Ost- und Südostanatolien sind die Menschenrechte aufgehoben. Tausende kurdischer Dörfer wurden zerstört, mit Napalm bombardiert. Die Kurden in der Türkei dürfen keine Kurden sein. Ihre Kinder lernen in den Schulen nur Türkisch, ihre Kultur dürfen sie nicht pflegen.»

«Und was ist jetzt mit der PKK», rief Micha. Er hatte sicher geschlafen, aber alles, was mit Terror zu tun hat, interessierte ihn. «Das ist eine Untergrundorganisation. Unter den fast dreißig Millionen Kurden, die es jetzt noch weltweit gibt, sind zehntausend Angehörige der PKK. Das heißt Arbeiterpartei Kurdistans. Es gibt sie seit 1978. Viertausend der Rebellen leben in der Türkei. Seit 1984 gibt es in Südostanatolien immer wieder blutige Kämpfe zwischen der Regierung und den Rebellen.»

«Ja und», unterbrach mich Micha, «was sagst du zur PKK?»

«Ich kann sie verstehen, dass sie das Leid unseres Volkes nicht mehr mit ansehen konnten. Aber mein Vater hat gesagt, dass man Gewalt niemals mit Gewalt beantworten darf. Daran glaube ich auch.»

Charlie sagte, dass sich alle bei mir für den Vortrag bedanken sollten: «Ich wusste auch nicht sonderlich viel von dem Konflikt zwischen der Türkei und den Kurden. Wir haben uns auch an der Schule nie damit beschäftigt. Ich hoffe, Leyla hat euch die Augen geöffnet. Ich hoffe, dass sogar die Dümmsten etwas begriffen haben.» Dabei sah Charlie Billie an, auch Türkan und Aysel. Diesmal sagten sie nichts mehr. Wie sollten sie auch etwas sagen, sie hatten ja alle drei keine Ahnung von den Kurden.

Nach der Schule kam Max zu mir. Er sagte, dass ich das gut gemacht hätte. Seit er mich kenne, lese er in der Zeitung immer über die Türkei und die Kurden. Er schneide die Artikel aus. Ich frage Max, wie es Ginger gehe. Da wurde sein Gesicht sofort verschlossen. «Sie frisst nicht», sagte er. «Frau Hecht meint, sie liege unter einem bestimmten Sessel, und da bleibe sie den ganzen Tag liegen. Nur einmal, in der Nacht, ist sie über Frau Hechts Bett gelaufen.»

«Wenn sie bloß nicht stirbt», rutschte es mir heraus. Ich hätte mich ohrfeigen können. Da hatte ich fast eine halbe Stunde gelabert, und jetzt konnte ich nicht mehr darauf aufpassen, was ich sagte. Doch Max schien es gar nicht zu erstaunen. Er sagte ruhig: «Davor habe ich natürlich auch

Angst. Was soll ich machen? Bei jedem anderen, der sie aufnimmt, würde sie auch nicht fressen.»

Max wollte rasch nach Hause, um mit Frau Hecht zu telefonieren. Ich musste schleunigst zu Sirin. Mehmet passte auf, dass ich jeden Tag mit ihr lernte. Er fragte sie abends ab, Mehmet war in solchen Dingen unnachgiebig. Er kontrollierte mich nach wie vor.

Erst jetzt, auf dem Weg in die Westendstraße, spürte ich, wie erschöpft ich war. Es hatte mich angestrengt, vor meiner Klasse die Geschichte meines Volkes auszubreiten. Ich wusste, dass es weder meinem Land noch mir nutzen würde. Trotzdem musste ich es tun. Ich würde es wieder sagen. Überall, wo ich merkte, dass die Leute nicht wussten, wovon sie sprachen, wenn sie über die Kurden urteilten. Und über die PKK.

Billie. Sie war dumm. Vielleicht nicht wirklich, aber sie gab sich so. Sie redete nach, was sie irgendwo aufgeschnappt hatte, wenn es ihr gerade in den Kram passte. Wie konnte Güray nur mit ihr gehen? Doch offenbar hatte sich viel geändert zwischen den beiden. Ich jedenfalls würde keine Rücksicht auf Billie nehmen, was Güray anging. Jetzt nicht mehr. Ich glaube nicht, dass ich sie hasste, aber sie war mir widerwärtig. Aysel und Türkan hatten auch nichts Gutes mehr von mir zu erwarten. Bisher hatten Meral und ich sie im Deutschen immer abschreiben lassen nach der Stunde. Das war jetzt vorbei. Hoffentlich dachte Meral auch so. Leider war sie heute nicht in der Schule. Wahrscheinlich schikanierte sie wieder ihr Mann. Meral ist zu mir immer hilfsbereit und liebevoll. Obwohl sie Türkin ist. Doch ihr Mann, auch Türkan und Aysel sind das nicht. Sie sind unwissend.

Ich weiß, du siehst es nicht gern, wenn ich böse bin und Rachegedanken habe. Denn du bist weise und verzeihend. Doch gegen deine Feinde kannst auch du hart vorgehen, so habe ich es gelernt. Vielleicht bin ich morgen schon sanfter, heute ist mein Herz voll Wut. Ich kann das vor dir nicht verleugnen. Vielleicht verstehst du mich ja sogar und kannst mir verzeihen.

Als ich auf dem Weg in die Westendstraße am Kiliansplatz ankam, Ecke Gollierstraße, sah ich einen Bautrupp. Männer, die Geräte zu einer Baustelle trugen. Ein kleiner Dicker, er war offenbar Deutscher, ging hinter einem Ausländer her und schlug ihm von hinten mit einem Stecken auf den Hut. Der verrutschte, der Mann klemmte ihn sich unter den Arm. Dann ging er weiter. Der Dicke hinter ihm schlug ihn wieder auf den Kopf. Dabei sang er fröhlich vor sich hin. Niemand störte sich daran. Ich konnte es kaum glauben, dass ein Erwachsener, und sei er zehnmal Ausländer, sich das gefallen ließ. Auch noch von einem Kleinen, Dicken. Als ich näher kam, sah ich, dass der Ausländer Merals Mann war, Colak Duman. Er wehrte sich nicht, ließ den anderen machen.

Kannst du das verstehen? Daheim prügelt er Meral und hier lässt er sich quälen und lächerlich machen und muckt nicht mit einem Wort dagegen auf. Meral, was für einen Mann hat man dir ausgesucht.

Ich weiß, was geschehen muss. Metin muss Meral entführen. Sowie Metin aus seiner Heimat zurückkommt, werde ich mit ihm reden. Natürlich nur dann, wenn Meral das will.

Sirin freute sich, als ich kam. Sie hatte Köfte und Salat gemacht, und ich spürte, wie hungrig ich war. Unser Zimmer sah schon sehr viel besser aus, seit Sirin hier lebte. Sie hatte aus Köln Teppiche mitgebracht, Tischdecken, Bettzeug. Die Teppiche hingen an den Wänden, auf dem Fußboden lagen große Kissen, auch mit Teppich überzogen. Sirin wollte von mir wissen, ob in dieser Stadt auch schon Wohnungen von Türken ausgebrannt waren, wie in Mölln und Solingen. Ich sagte, dass hier noch nichts dergleichen passiert sei. «Ich habe Angst vor den jungen Männern mit den Glatzen», sagte Sirin. «Was soll ich machen, wenn mich einer angreift?»

«Sieh mal», sagte ich, «ich lebe schon so lange hier, und noch nie hat mich ein Skinhead belästigt. Wenn ich sie von weitem sehe, gehe ich sofort in eine andere Richtung. Wir gehen ja auch nie allein durch die Straßen, du und ich. Entweder gehst du mit Mehmet, der passt auf, oder du gehst mit mir oder mit einem von den Ertens. Dir wird nichts passieren.»

Sirin wollte mit mir ins Kaufhaus. Sie liebte es genauso wie ich, sich in die schönen Möbel zu setzen. Noch mehr Spaß hatte sie daran, in Modegeschäften Kleider anzuprobieren. Mir hat das niemals Freude gegeben. Ich konnte mir ja nichts kaufen. Sirin besaß Geld. Sie hatte in Köln bei einer großzügigen Familie geputzt für einen guten Stundenlohn. Wenn sie bügelte oder kochte, hatte sie noch zusätzlich etwas bekommen und dadurch Geld gespart, von dem auch Mehmet nichts wusste. Sie war listiger, als ich es geglaubt hätte. Das gefiel mir. Sirin gefiel mir überhaupt mit jedem Tag besser. Ich spürte, dass sie eine eigenständige Persönlichkeit war. Ich mag Menschen nicht, die sich anderen völlig ausliefern. Meral war eine Ausnahme. Ihre Eltern hatten sie verheiratet, dagegen war sie machtlos gewesen. Und gegen einen dummen Mann ist eine Frau auch machtlos. Ich hoffte, Meral war das nicht für immer. Ich hatte sie schon in Situationen gesehen, wo sie plötzlich aus sich herausging, frech und lustig war. Dabei war es fast immer um Metin gegangen. Warum nicht?

Als wir zurückkamen in die Westendstraße, Sirin und ich, sahen wir das rote Auto meiner Mutter. Sie sprach gerade mit einem Polizisten. Sirin und ich gingen ins Haus, wir wollten meine Mutter nicht stören, denn sie hatte offenbar Mühe, dem Polizisten etwas zu erklären. Doch dann klingelte meine Mutter, und ich ging raus. Neugierig kam Sirin mit. Wir hörten, dass ein grüner Opel meine Mutter ausgebremst habe. Entsprechend sei sie ausgewichen. Leider habe aber da gerade ein Streifenwagen gestanden.

Es würde dennoch keinen Ärger geben. Der Beamte war nicht im Wagen gesessen. Der Opel war weg. Zeugen gab es nicht, also musste man sich auf die Aussage meiner Mutter verlassen. Dass sie im Aussagen gut war, wusste ich längst.

Meine Mutter war gekommen, weil sie mit mir zum Friseur wollte. Sie sagte, dass ihre Haarspitzen total kaputt seien. Sie habe gesehen, dass meine auch geschnitten werden müssten. Dagegen war nichts zu sagen. Besonders, da ich morgen Güray sehen würde. Da brauchte ich mein Haar nicht selbst zu waschen und gewann Zeit. Richtig günstig war das alles. Ich fühlte mich belohnt für den Morgen in der Schule, wo ich mir so gemeine Dinge hatte anhören müssen. Sollte ich meiner Mutter davon erzählen? Nein, nicht jetzt, beschloss ich. Vor allem nicht im Auto.

Der Friseur war in der Innenstadt. Da kannte ich mich nicht so gut aus. Mehmet und die Familie Erten wollten im letzten Jahr den Oktoberfestzug sehen. Ich durfte mit. So etwas wie diesen Festzug hatte ich noch nie gesehen. Diese Kleider, die bunt geschmückten Pferde, die Wagen! Ich wusste gar nicht, wohin ich zuerst schauen sollte. Der Kopf war mir später richtig verrenkt. Bei diesem Festzug hatte ich einige der großen Straßen dieser Stadt gesehen. Die Maximilianstraße vor allem. Alles erschien mir wohlhabend und gepflegt. Mir war klar, dass ich niemals hierher gehören würde. Hier wohnten nur Reiche, hier kauften nur Reiche ein. Mir begegneten viele Leute, die so ähnlich gekleidet waren wie die, die ich am Flughafen gesehen hatte.

Wir mussten zum Odeonsplatz, meine Mutter und ich. Es war mittlerweile fast fünf Uhr, meine Mutter hatte wieder

Grund, sich zu beeilen. Das ging aber nicht. In dieser Stadt ist der Verkehr auf den Straßen der Innenstadt genauso laut und unübersichtlich wie bei uns in Istanbul. Nur sind hier die Straßen breit und sauber, der Autoverkehr ist streng geregelt durch Ampeln an jeder Kreuzung. Man spricht hier zwar auch immer von Verkehrschaos, aber ich habe bisher noch keines gesehen. Mir scheint alles übersichtlich, trotz der vielen Autos, Busse, Radfahrer. Die Fußgänger stehen an den Ampeln und warten, bis ihr grünes Zeichen kommt. Bei uns dagegen schieben sich die Menschen wie Horden von Ziegen und Schafen durch die Straßen. Sie wimmeln nur so um die Basare, um die Moscheen und Minarette. Die Flut der Autos scheint ungebremst, meine Mutter wäre in ihrem Element, sie könnte in schräge Gassen hineinfahren, über Bordsteine, die so abgewetzt sind, dass man sie kaum mehr ausmachen kann. In München gibt es in der Innenstadt fast nur große Häuser, Palais, Banken. In Istanbul stehen winklige Holzhäuschen neben alten Palästen und neuen Bürohochhäusern. Zwischen den Autos rennen Lastenträger, kleine Jungen, die Reichen die Schuhe putzen. Man sieht Bettler, Lumpensammler, Wasserverkäufer. Hier dagegen ist alles zurückgezogen, versteckt in den reichen, glänzenden Geschäftshäusern, nur im Sommer stehen vor den Cafés Stühle. Da sitzen dann reiche Leute, sonnen sich, essen Eis oder trinken Kaffee und treffen ihre Freunde. Das muss schön sein.

In Istanbul dagegen kann man gehäutete Hammelköpfe sehen, die auf der Straße hängen. So etwas könnte es in dieser Stadt nicht geben.

An einem Platz, ich las beim Hineinfahren, dass er Amiraplatz hieß, fuhr ein Auto von seinem Parkplatz, meine Mutter sagte «na bitte», und dann schoss sie hinein. Ich atmete auf. Dann glaube ich meinen Augen nicht zu trauen, wie viel Geld wir in den Automaten stecken mussten. Für eine Stunde

Parken sechs Mark! Dafür konnte ich Reis und Hackfleisch für ein Mittagessen kaufen.

Die nächste Überraschung war der Friseurladen. Groß war er und aus Marmor, glaube ich. Überall standen Spiegel, meine Mutter kam mir abhanden, ich suchte sie und stand vor einem nackten Mann aus Stein, der auf einem Marmorblock saß. Der Nackte hatte kräftige Schenkel, und ich traute mich nicht, näher hinzusehen. Doch außer mir schien sich niemand für ihn zu interessieren. Um ihn herum waren Waschbecken aufgestellt. Meine Mutter und ich konnten uns dort hinsetzen, es war schon spät, und es gab nicht mehr so viele Kundinnen wie sonst, sagte meine Mutter. Ein Mann, der ähnlich angezogen war wie Herr Kayser, ging mit schnellen Schritten durch den Salon. Er rief «Christiaan» oder «Jüürgen» und «sieht denn niemand, dass zweimal gewaschen werden muss? Zweimal waschen für mich, aber subito!» Zu mir kam ein junges Mädchen in Jeans und kariertem Hemd. Doch eigentlich sah ich nur den Hund. Er saß neben einer Frau, deren Haar in lauter Kuverts aus Silberpapier eingepackt war. Der Hund war sehr groß und schlank. Er hatte braunes kurzes Fell, und sein Gesicht sah ernst aus und auf eine würdevolle Art teilnehmend. Er schaute ständig die Frau an mit den silbernen Kuverts, doch sie las in einem Journal. Also schaute er wieder herum im Salon, ich konnte jedoch nicht erkennen, was er sich dachte über das Treiben hier. In den Friseursalons, die ich bisher kannte, auch in dem im Westend, trugen die Friseure Kittel. Karin hatte auch einen an, lila mit schwarzen Aufschlägen. Hier trug niemand so etwas. Die Jungen und Mädchen, die Haare wuschen, vor den großen Spiegeln Haare schnitten oder föhnten, sahen aus wie junge Leute von der Straße. Ein Junge hatte ein schwarzes Barett auf, ein anderer hatte den Kopf kahl rasiert. Vielleicht musste er so viel Haare waschen, dass er für seine eigenen keine Geduld mehr hatte. Der Mann, der angezogen war wie Herr Kayser, hieß Gerhard. Der Salon gehörte ihm. Er kam jetzt zu meiner Mutter. Ihr Haar war gewaschen, und er ging mit ihr zu einem der hohen Spiegel. Bei mir dauerte das Waschen etwas länger. Meine Mutter hatte für mein Haar eine Pflegepackung verlangt. Die Packung musste einwirken. Ich sah wieder den Hund an. Plötzlich kam er zu mir, er rutschte auf dem Marmor, doch er hob mir eine Pfote entgegen. Sie war hart und warm und rau. Jetzt schaute auch die Frau von ihrem Journal zu uns her. Ich fragte, ob ich den Hund streicheln dürfte.

«Du darfst das offenbar», sagte die Frau, ich konnte nicht erkennen, ob ihr die Zuneigung ihres Hundes zu mir gefiel. Daher mochte ich sie auch nicht fragen, wie der Hund hieß und was für einer Rasse er angehörte.

«Er ist ein Golden Retriever, er heißt Pula», sagte die Frau streng. «Pula ist eine Stadt in Spanien. Dort haben wir ein Haus, deshalb heißt er so.»

«Pula», sagte ich und streichelte den Hund am Hals. Es gefiel ihm, er setzte sich näher zu mir. Ich hätte das große Tier am liebsten auf den Schoß genommen, für immer. Mit Pula würde ich mich nicht mehr fürchten, wenn ich allein durch die Straßen ging. Ich würde mich erkundigen, was ein Hund wie Pula essen muss, ich würde ihn bürsten, mit ihm spazieren gehen. Max. Er wusste alles, auch über Hunde. Ich würde ihm Pula genau beschreiben.

Der Mann, der Gerhard hieß, holte mich ab. Er hatte meiner Mutter die Haare geschnitten, und jetzt föhnte sie ein junger Blonder, Christian hieß er. «Ihre Mutter schlägt vor, dass wir Ihr Haar auf die Länge kürzen, wie es Ihre Mutter trägt. Ich bin sehr dafür, dann wirkt es noch stärker und voluminöser, und Sie haben nicht so viel Arbeit damit.»

Ihre Mutter schlägt vor, hatte er gesagt. Also war ich auch

hier die Tochter meiner Mutter. Gerhard schien dazu keine Fragen zu haben. «Schön, dass Sie jetzt bei Ihrer Mutter leben. Da kann ich immer Ihre Superhaare schneiden.» Er sagte noch öfter «super», das sagen hier fast alle Leute, wenn sie etwas gut finden. Gerhard sagte jetzt nichts mehr. Er schnitt meine Haare. Darauf schien er sich zu konzentrieren wie andere auf ein gutes Essen. Jede einzelne meiner Locken hob er an und kürzte sie sorgfältig.

Nach einer Weile musste ich den Kopf nach vorn beugen, es wurde weitergeschnitten. Dann sagte Gerhard: «Und jetzt bitte die Haare kräftig nach hinten werfen.» Ich tat es und dachte an Billie. Genau die gleiche Bewegung machte doch Billie ständig. Ob sie das auch hier gelernt hatte?

Billie. Der Gedanke an sie nahm mir das Wohlbefinden, die Leichtigkeit der letzten beiden Stunden. Billies Verachtung für mich schien sich in Hass umzuwandeln, seit sie Gürays erneutes Interesse an mir wahrgenommen hatte. Ich wusste jetzt, dass ich mich immer schon vor Billie gefürchtet hatte. Nicht wirklich. Eher ein Unbehagen, das immer in mir gewesen war. Und ein starkes Interesse, das ich mir nicht erklären konnte. Besonders in der ersten Zeit war Billie für mich eine Art Spiegel, in dem ich meine ärmliche Existenz jeden Tag neu betrachten konnte.

Auch heute war ich immer noch Leyla, die Ausländerin, die Schmarotzerin, meine Lebensumstände hatten sich nicht geändert. Jeden Tag konnte ich abgeschoben werden in die Türkei. Unser Asylverfahren war vom Bundesamt negativ beschieden worden. Wir waren nicht glaubwürdig, Mehmet und ich. Unser Anwalt klagt gegen den Bescheid. Manchmal bin ich ohne jede Hoffnung, dass ich hier einmal daheim sein werde. Wo gehöre ich hin? Ich hatte ein Zuhause im Westend, in dem jetzt Sirin meinen Platz einnahm. Eigentlich hätte ich in Neuperlach wohnen sollen, bei den Ertens. Die

Stunden bei meiner Mutter in ihrem Haus hatte ich nur geliehen wie die Kleider, die ich trug. Billie wusste das nicht. Sie sah nur, dass ich mich in meiner Kleidung plötzlich zumindest qualitativ nicht mehr von ihr unterschied. Modisch war Billie immer noch um Längen voraus. Das würde sie auch bleiben, denn die Sachen meiner Mutter gefielen mir besser als die von Billie. Oder anders: Ich hätte mich nie getraut, Billies Kleider auf der Straße zu tragen.

In der Schule gehörte ich nach Max, Tina, Metin und Carmen zu den Besten. Carmen. Sie ging mir aus dem Weg seit dem Morgen auf der Eisbahn. Das geschah mir recht. Ich wusste inzwischen, dass Carmen in einem Heim lebte, wo Mädchen untergebracht waren, die nicht mehr in ihrer Familie leben konnten. Bei Carmen war das so. Ihr Vater hatte sich an ihr vergangen. Schon als sie noch klein war. Deshalb war Carmen von zu Hause ausgerissen, allein nach Westdeutschland gekommen. Niemand von uns hatte das bisher gewusst. Außer Charlie natürlich. Sie schwieg darüber. Doch Tanjas Mutter war mit einer Frau befreundet, die arbeitete in dem Schwabinger Heim, und langsam war dann die Sache mit Carmen durchgesickert. Mir hatte es Meral erzählt.

Du musst mir glauben, ich wäre gern freundlich gewesen zu Carmen. Ihr ging es schlecht. Das hatte ich immer gespürt. Gerade das, glaube ich, war es. Ich schreckte zurück vor ihrem Unglück. Ich hatte davon selbst genug. Und dass ihr Vater – das war mir ein unerträglicher Gedanke. Daran wollte ich nicht denken, doch immer wenn ich Carmen sah, dachte ich daran. Das machte alles nur noch schlimmer. Ich glaube, Carmen war intelligent. Sie hätte nach Max die Beste in der Klasse sein können. Oft schrieb sie sogar Einser und Zweier. Dann wieder machte sie die Aufgaben nicht. Oder sie verhaute einige Arbeiten. Wäre Carmen nicht so blass, ihre Kleider nicht so dürftig, sie könnte ein hübsches Mädchen sein, glaube ich. Bis zu dem Zeitpunkt, als ich in die Klasse kam, war es Carmen gewesen, über die Billie hergefallen war. «Ossitussi», hatte Billie zu Carmen gesagt. Und: «Jetzt dürfen wir euern Saustall im Osten in Ordnung bringen.»

Gerade Billie, die sicher noch niemals in ihrem Leben einen Finger für andere Leute gerührt hat. Sie wusste sicher nicht, wie man putzt. Oder wäscht. Oder kocht. Wie man Geld verdient. Das wusste allerdings ihr Vater offenbar sehr gut. Billie konnte es sich leisten, große Reden zu halten. Sich über alles ein Urteil zu erlauben. Obwohl sie nichts wusste. Ich würde jede Wette eingehen, dass Billie noch nie einen Blick in eine Tageszeitung geworfen hatte. Oder eine Sendung gesehen, die sich mit Politik beschäftigte. «So was schnarcht mich an», sagte sie, wenn Charlie ihr ab und zu empfahl, sich doch einmal wirklich zu informieren.

Inzwischen hatte der blonde Junge, Christian, mein Haar geföhnt. Das dauerte natürlich lange, und ich war in meinen Gedanken abgeschweift. Christian wollte jetzt wissen, wie alt ich sei. «Dann wachsen Sie ja noch, dann können Sie ein Supermodel werden», sagte er, «mit diesen Haaren.» «Meiner Tochter steht aber der Sinn nach Jura», sagte meine Mutter. «Geht ja beides», meinte Christian. Dann musste ich wieder den Kopf schwungvoll nach vorn werfen, das schien in diesem Salon zum Ritual zu gehören. Er bürstete kräftig, dann musste ich mit Schwung zurückkommen.

Zum ersten Mal sah ich richtig, was für schönes Haar du mir gegeben hast. Es reichte nur mehr in die Mitte des Rückens. Aus dem früheren dichten Gewusel waren glänzende Locken geworden, die sich weich und seidig anfühlten. «Was für eine Pracht», sagte meine Mutter und legte ihren Kopf an mein Haar. Christian und Gerhard sagten «super».

Ich sah mich im Spiegel. Ich dachte an Tina. Ob sie jetzt immer noch sagen würde, dass ich wild aussähe? Ich glaube, in diesem Land gibt es immer jemanden, der einem klarmacht, dass man anders ist.

Inzwischen war es halb sieben, und meine Mutter meinte seufzend: «Genauso habe ich mir das vorgestellt, Gerhard, wir brauchen dringend ein Taxi.» Der Gedanke gefiel mir, denn anscheinend sollten wir uns kurz vor sieben Uhr mit Herrn Kayser im Prinzregententheater treffen. Das heißt, treffen würden wir ihn erst später, denn Herr Kayser musste eine Rede halten. Aber wenn ich mir vorstellte, dass ich jetzt mit meiner Mutter in nur wenigen Minuten in Bogenhausen sein sollte, wie sie dann aufs Gaspedal treten würde ...

Heute kam der Bundeskanzler in die Stadt, er war Gast der Kammer, bei der Herr Kayser der Präsident ist. Meine Mutter wollte unbedingt, dass ich mitkomme und den Kanzler sehe. Das leuchtete Herrn Kayser ein, glaube ich. Jedenfalls saßen wir in dem Taxi und fuhren in Richtung Bogenhausen. Jetzt schien mir die Stadt doch etwas chaotisch. Anders als vor Stunden. Überall sah man Polizeiautos. Sirenen heulten, als wolle eine die andere übertönen. Ich sah Polizisten auf Motorrädern, es war eine Aufregung in der Stadt. «Alles wegen des Kanzlers», sagte meine Mutter. Sie war nicht aufgeregt. Sie hätte sich lieber den Festakt im Fernsehen angesehen. Das Dritte Programm würde ihn übertragen.

Das Prinzregententheater ist ein großer weißer Palast, er erinnert mich ein bisschen an eine Moschee, aber das Minarett fehlte natürlich. Ich dachte, es kämen wieder die gleichen Leute wie im Volkstheater, aber nein. Dieses Theater hier war voller Hemdbrüste. Du musst dir darunter eine Jacke vorstellen, unter der eine gestärkte weiße Hemdbrust herausschaut. Weit herausschaut. Von diesen dunklen Jacken und den weißen Hemdbrüsten waren alle Plätze besetzt. Meine Mutter und ich waren zunächst die einzigen Frauen, glaube ich. Fernsehkameras standen da, wieder Polizei, Uniformen und weitere Männer mit leuchtenden Hemdbrüsten. Plötzlich rannten alle zum Eingang, der links von den Plätzen lag, auf denen ich mit meiner Mutter saß. Die Kameras schwenkten hin, und dann kam der Kanzler.

Du darfst es mir glauben, er ist noch größer, als er im Fernsehen zu sein scheint, ein Koloss. Dagegen sah der Mann meiner Mutter schmal aus, und später sagte der Kanzler in seiner Rede, dass Herr Doktor Kayser für einen Präsidenten viel zu mager sei.

Als aber der Mann meiner Mutter am Rednerpult stand und seine Rede hielt, fand ich, dass er ein schöner Präsident war, der schönste der Männer in den Hemdbrüsten. Was der Mann meiner Mutter in seiner Rede sagte, das weiß ich nicht mehr, nur eines habe ich behalten: «Phantasie ist wichtiger als Wissen» oder so. Das habe er bei Albert Einstein gelesen, sagte der Mann meiner Mutter, und es gefiel mir. Dem Herrn Bundeskanzler muss es auch gefallen haben, denn er sagte später in seiner Rede, er fände die Gedanken des Präsidenten bemerkenswert.

Als der Festakt zu Ende war, fluteten die Hemdbrüste in den Gartensaal des Theaters. Der war wunderbar, wirklich. An allen Wänden sanfte Farben und Malerei. Ziemlich viel Grün, glaube ich. Logisch bei einem Gartensaal.

Meine Mutter und ich hielten uns im Hintergrund. Ständig kamen Männer und begrüßten meine Mutter. Und jedes Mal sagte sie: «Und das ist Leyla, unsere Tochter.» Plötzlich drängte sich Herr Kayser durch die Menge. «Kommt bitte, ich möchte euch bekannt machen.»

Ich sollte mitkommen. Zum Bundeskanzler. Kannst du dir vorstellen, dass ich wie eine aufgezogene Puppe an der Hand meiner Mutter hinter Herrn Kayser herging? Der Kanzler stand an einem kleinen runden Tisch. Vor sich hatte er ein Glas Bier, und er beugte sich über die Hand meiner Mutter.

Dann gab er mir die Hand und sah mich an. Nein, nicht mich. Nicht Leyla Aydin. Er sah die Tochter des Präsidenten an. Er tätschelte mir freundschaftlich die Schulter: «Man meint, die jungen Mädchen heutzutage würden immer hübscher», sagte er, und dann wandte er sich wieder zu meiner Mutter: «Sie hat große Ähnlichkeit mit Ihnen, gnädige Frau.»

«Sie liefern Waffen an die Türkei. Sie sind mit daran schuld, dass mein Volk langsam, aber sicher ausgerottet wird.» Hätte ich das sagen sollen? Ja. Aber ich sagte nichts. Stand nur stumm da und starrte den Kanzler an. Er hat Augen, wie man sie sonst nur bei zarten Kindern sieht. Blau sind diese Augen, mit Wimpern dicht an dicht. Sie müssen etwas Magisches haben, denn in der Nacht auf meinem Wasserbett träumte ich vom Kanzler.

Er beugte sich über mich, über das ganze Land. Er nahm mich bei der Hand, und wir kamen in einen großen lichten Raum, in dem viele Aquarien aufgestellt waren. Der Kanzler verschwand sofort in den grünlichen Algengewässern. Da stieg ich auch in ein Becken und schwamm mit den Fischen. Der Kanzler jedoch plantschte und spritzte, mit dem Wasser fielen Fische aus dem Aquarium, und sie lagen auf dem Boden und schnappten nach Luft. Da stieg der Kanzler aus dem Becken, warf die Fische zurück, nahm mich bei der Hand, und wir flüchteten, da plötzlich viele Menschen in die Halle strömten. Wir fanden eine Tür, und vor uns öffnete sich ein riesiger Kühlschrank. Die Tür fiel ins Schloss, und wir sahen viele Männer mit Hemdbrüsten im Gemüsefach und in den darüber liegenden Fächern. «Da sitzt der ganze Bundestag», sagte der Kanzler überrascht. «Nirgends hat man seine Ruhe.» Rasch kletterten wir ganz nach oben in das Tiefkühlfach. Hier war niemand, und wir hockten uns in die Eiswürfel. «Je höher du steigst, je kälter wird die Luft, aber wir stehen beide auf den Schultern Gottes», sagte der Kanzler und sah mich wieder magisch an. Eine seiner vereisten Wimpern zuckte.

Dann bin ich erwacht. Ich war verwirrt von meinem Traum. Ist dieser Kanzler ein besserer Mensch als die Politiker in meinem Land? Glaubst du, ich hätte schon einmal von Süleyman Demirel geträumt oder von Tansu Ciller? Was geht in ihren Köpfen vor? Könnte in diesem Land geschehen, was bei uns passiert? Dass die Menschen aus dem Norden die Bewohner Bayerns verjagen? Würde der Kanzler Kohl das zulassen? Er wirkt auf mich wie ein weiser Elefant. Nur – kann man Politikern trauen?

Ich beschäftige mich in meinen Gedanken viel mit ihnen. Und damit, was sie in den Zeitungen über die Kurden und vor allem über die PKK sagen. Süleyman Demirel verkündet überall, das Ende der PKK sei nahe. «Wieder hat das türkische Militär hundert PKK-Militante eingekesselt und getötet.» Das sind für Demirel Siegesmeldungen. «Der Staat wird diese Geschichte beenden», verspricht er. Und Tansu Ciller redet von einer «nationalen Mobilmachung gegen den Terrorismus.» Neulich las ich in der Zeitung, dass in Ankara kurdische Politiker im Parlament von türkischen Abgeordneten vom Rednerpult gezerrt wurden. Man schlug sie, weil sie Kurdisch gesprochen hatten. Dabei sind sie Abgeordnete der Demokratischen Partei. Doch Tansu Ciller sagte: «Es kann nicht akzeptiert werden, dass die PKK im Parlament sitzt. Ich werde für die Aufhebung der Immunität dieser Abgeordneten stimmen.» Du weißt, was das bedeutet. Die Staatsanwaltschaft des Staatssicherheitsgerichtes in Ankara kann die Todesstrafe für sie fordern.

So einfach ist das in unserem Land. Wenn jemand unbequem ist, wird er zum Mitglied der PKK gemacht, und dann ist er vogelfrei. So sagt man hier, wenn jemand nirgendwo mehr Schutz genießt. Verstehst du, dass ich froh bin, dass ich von den Politikern meines Landes nicht träumen muss? Kannst du sie nicht auf den richtigen Weg führen? Wenn sie nicht mit unseren Politikern verhandeln, wenn sie uns nicht als Volksgruppe in unsere Rechte einsetzen, dann wird das Blutbad in unserem Land nicht aufhören, bis alle Kurden getötet sind. Ich bitte dich, kannst du sie nicht ermahnen? Sie müssen doch auch einmal vor dich hintreten. Und dann wirst du ihnen verkünden, was sie getan haben.

Es ist noch sehr früh am Morgen. Heute treffe ich Güray. Der Horizont hinter den Bäumen zeigt ein bläuliches Weiß, darüber sind graue Wolken, es sieht schön aus, glaube ich, doch ich habe Eile. Meine Mutter hat die Jeans und den schwarzen Pullover gewaschen. Dienstboten hat sie nicht, nur für Stunden eine Putzfrau und eine Büglerin. Herr Kayser mag keine fremden Menschen im Haus, sagt meine Mutter. Ein Wunder, dass ich da sein darf. Sicher hofft er, dass ich auch bald wieder gehe.

Obwohl noch Zeit ist, renne ich zur U-Bahn, ich will Güray nicht warten lassen. Er hat sich jetzt schon zweimal meinetwegen verspätet. Wenn ich mich anstrenge, und du weißt, das tue ich jeden Tag, dann komme ich im nächsten Jahr an dieselbe Schule, in der Güray die mittlere Reife macht. Diese Schule hat eine «Besondere zehnte Klasse». Ich hoffe jedenfalls, dass im nächsten Jahr dort eine zustande kommt. In Gürays Schule gibt es viele Schüler ausländischer Nationen. Alle kommen gut miteinander aus, sagt Max. Türkische Mädchen, die strenggläubig erzogen wurden, tragen selbstverständlich ihre Kopftücher. Sie haben eigene Umkleideräume. Diese Schule gibt mir Hoffnung. Es muss möglich sein, dass Menschen zusammenleben, die völlig unterschiedlich sind. Dass sie sogar voneinander lernen, wie die Schüler an Gürays Schule. Dort will ich auch lernen. Wenn's sein muss, Tag und Nacht. Ich werde dann nämlich viel mehr

Fächer haben als jetzt, wahrscheinlich habe ich dann keine Zeit mehr, mit Sirin zu pauken.

Sie macht Fortschritte im Deutschen. Bisher ist Mehmet zufrieden mit mir. Wüsste er allerdings, dass ich mich mit einem Jungen treffe, dazu mit einem türkischen, dann wäre seine Zufriedenheit wie weggeblasen. Doch wir werden vorsichtig sein, Güray und ich. Er kam mir auf seinem Rad entgegen, als er mich sah. Wir begrüßten uns nur mit den Augen, dann gingen wir in eine kleine Straße, die hinter dem Schulkomplex liegt. Hier kamen kaum Autos und auch wenig Leute. Trotzdem schlüpften wir zwischen einen Transporter und einen Pkw. Sicher ist sicher, sagt man hier.

Güray, mein Dunkellockiger, Löwenäugiger. Jedes Mal bin ich überrascht, wie gut er mir gefällt. Er hat ein langes schmales Gesicht, jedenfalls scheint es mir heute so. Von dem dichten schwarzen Haar fällt eine dicke Strähne in die Stirn, fast auf Gürays Nase. Er stieg von seinem Rad, kam zu mir, legte seine Hand auf meine Schulter. «Willst du mit mir gehen, Leyla?» Ich konnte nur nicken und das Herzklopfen hinunterschlucken. Er wollte mit mir gehen, mit mir, mit mir. Am liebsten hätte ich mich in die Hand gekniffen, ich konnte es nicht glauben, da schaute Güray sich vorsichtig um, er beugte sich zu mir, küsste mich auf den Mund. Eine Sekunde lang ganz weich, dann kam seine kühle Zunge zwischen meine Lippen, mit seiner freien Hand drückte mich Güray an sich, und unten in meinem Bauch schien eine heiße Quelle aufzusprudeln.

Und doch war in mir eine Unruhe, meine Ängste vor Entdeckung ließen mich nicht los. Darüber war ich traurig. Warum konnte ich nicht nur seinen und meinen Mund spüren, wir wollten ineinander ertrinken, auch ich wollte das, doch ich hatte Angst, schob Güray weg. Er war sanft, sah mich liebevoll an: «Ich verstehe deine Angst. Schließlich weiß ich von meinen Schwestern, wie gut türkische Mädchen behütet werden.»

Was sagte er da? «Ich bin kein türkisches Mädchen, ich bin Kurdin, hast du das vergessen?»

«Komm, Prinzessin, du weißt doch, es gibt Türken kurdischer Abstammung, es gibt auch Iraner kurdischer Abstammung, Iraker und Syrer. Kurden gibt es nicht. Offiziell nicht. Dein Volk hat nunmal keinen eigenen Staat. Es hatte noch nie einen.»

Ich war plötzlich weit weg von Güray, obwohl er vor mir stand und meine Hand streichelte. Güray sprach so, wie alle Leute redeten, die unser Land unter sich aufgeteilt hatten. Wieso auch nicht. Güray war Türke.

Müde sagte ich: «Da hast du Recht, aber wir sind trotzdem Kurden. Und wir wollen unsere Sprache, unsere Schulen, unsere Lieder, alle Rechte, die ihr habt, wollen wir auch.»

«Wenn ihr uns nicht bekämpft, wenn ihr so lebt wie wir, dann habt ihr doch in der Türkei nichts zu befürchten.»

«Güray, hör zu, wir sind keine Türken. Wir haben eine andere Geschichte, eine andere Tradition, eine andere Sprache, andere Lieder, andere Bräuche als ihr. Und wenn wir das in der Türkei sagen, dann werden wir verhaftet, gefoltert und oft sogar getötet. Du weißt, dass wir nicht einmal unsere Nationalhymne singen dürfen. Du weißt auch, dass es noch nicht lange her ist, da durften wir nicht einmal unsere Sprache sprechen.»

Güray schlug mit einer Hand auf den Lenker seines Rades: «Leyla, ich versteh nicht, warum du dich darauf so versteifst. Es gibt nicht euer Land. Es gibt die Türkei. Es gibt Anatolien, das Land der aufgehenden Sonne. Es gibt Anadolu, das Mutterland, wie wir sagen.» «Hör auf Güray, ich weiß doch, dass die Türkei alles an sich reißt. Sogar unsere

Schriftsteller. Wenn ich an Yashar Kemal denke. Oder an Yilmaz Günay. Beide sind Kurden, ihr habt Yilmaz Günay allein siebenmal ins Gefängnis geworfen, weil er angeblich propagandistische Arbeit machte. Als er 1982 in Cannes die Goldene Palme bekam, da war er wieder Türke, auch Yol ist natürlich ein türkischer Film, obwohl er ganz und gar kurdisch ist.»

Plötzlich wurde mir klar, dass ich zum ersten Mal einige Minuten allein war mit Güray und dass wir uns nur stritten. «Güray», sagte ich entsetzt, «Güray, wir streiten ja!»

Güray lachte sorglos: «Nicht wir beiden. Ein Türke und eine Kurdin streiten.»

In diesem Moment hielt hinter uns ein Wagen. Es war der Jeep von Herrn Huth, der sofort eilig und dröhnend weiterfuhr. Billie stieg aus, blieb bei Güray und mir stehen. Ihr Blick sagte zu mir «Hau ab!», doch ich blieb, drückte mich wieder eng an Güray, fühlte mich, trotz unseres Streites, geborgen. Ich sah, wie Billies Augen sich verengten. «Hast du sie mal gefragt, woher sie plötzlich die teuren Klamotten hat? Doch wohl von dem Typen mit dem BMW. Und mit so was knutschst du rum.»

Güray lehnte sein Rad an das Auto, doch ich hatte schon ausgeholt. Mit meinem Rucksack schlug ich nach Billie, ich traf sie auch, sie schrie auf und hielt sich die Wange. «Ich blute», schrie sie hysterisch, «ich blute», dann rannte sie zur Schule, hielt sich das Gesicht und schrie.

«Sie macht immer so ein Theater, wenn sie sich nur den Finger ritzt», lachte Güray. Mir war nicht so gut. Was, wenn Billie wirklich verletzt war? «Ach was», sagte Güray, «lass dich von der nicht verrückt machen. Das war doch nur eine Schramme, von dem Verschluss deines Rucksackes da. Was soll denn schon sein. Das ist das Wenigste, was sie verdient hat.»

Als ich in die Klasse kam, war Frau Brunhuber gerade dabei, Billie Jod auf die Schramme zu tun. Doch Billie schrie wieder: «Nein, kein Jod, Sie Trampel. Das brennt!»

Beleidigt zog Frau Brunhuber mit ihrem Erste-Hilfe-Kasten ab. «Der werd ich nochmal helfen», schimpfte sie. «Keinen Finger rühr ich mehr für den Fratzen.»

Niemand von der Klasse interessierte sich sonderlich für Billies Schramme. Nur Tina fragte, woher Billie die denn habe. Billie drehte sich zu mir, deutete auf mich: «Die da, die hat mir ihren blöden Rucksack ins Gesicht geschlagen.»

Charlie kam zu mir: «Was war denn los?» Ich sagte es, und zwar so, dass alle es hörten.

In der Pause kam Tina zu mir und Meral. «Gehst du jetzt richtig mit Güray?», fragte sie mich.

«Ich glaube schon.»

«Ist ja total geil», sagte Tina, dann sah sie mich an: «Bist du mir noch böse?»

«Ich dir? Du warst es doch, die mir böse war, du hast doch behauptet, ich sei hinter Max her.»

«'tschuldige», sagte Tina, «ich muss total blöd gewesen sein. Ich find das wirklich cool mit Güray und dir, richtig wie in der Lindenstraße.»

«Sagst du das auch zu Billie?», fragte ich Tina.

Sie blickte weg. «Billie hat zwei andere Freundinnen. Zu mir ist sie auch nur noch gemein.»

Als wir nach dem Gong wieder auf unseren Plätzen saßen, kam Tina nochmal zu uns: «Wenn ich zu Hause wieder Pizzabacken darf, kommst du auch mit. Und Meral auch, ja?»

«Wenn wir dürfen.» Meral und ich hatten es wie aus einem Mund gesagt. Wir sahen uns an und mussten lachen. Dann fragte Meral rasch: «Hast du was von Metin gehört?» Hatte ich nicht, aber ich versprach Meral, bei den Ertens anzurufen, wenn ich am Abend bei meiner Mutter war. Ertens waren mit Metins Eltern befreundet, sie wüssten, wenn die aus Siirt zurück wären.

Mit vielen anderen Schülern ging ich in Richtung U-Bahn, um zu Sirin zu fahren. In einer Bäckerei sah ich einen Berg frischer Krapfen im Schaufenster. Vielleicht weißt du, wie sehr ich süßes Gebäck liebe. Am meisten mag ich es, wenn der Krapfen mit Vanillecreme gefüllt ist. Ich verdiene jetzt zwar kein Geld mehr, seit Herr Mayr tot ist, aber hin und wieder einen Krapfen muss ich mir einfach kaufen.

Kauend lief ich zur U-Bahn, als ich plötzlich Billie und zwei Mädchen an der Straße stehen sah. Als ich näher kam, schauten sie zu mir, fingen an zu lachen, richtige Lachkrämpfe hatten sie. Leute schauten schon her, mein Krapfen schmeckte plötzlich nach Stroh. Was sollte ich tun? Vorbeigehen, als ginge es mich nichts an? Das wäre das Einfachste gewesen. Doch ich spürte, wie ich wütend wurde. Ich nahm mir aber vor, so ruhig zu bleiben wie meine Mutter. Ich holte zur Stärkung meinen zweiten Krapfen aus der Tüte, biss rein, kaute und ging auf die drei Mädchen zu. Ich glaube, damit hatten sie nicht gerechnet, sie schauten für einen Moment erstaunt, hörten sogar mit dem Lachen auf. Ich fragte: «Warum lacht ihr so blöd?» Keine Antwort. Bis schließlich Billie sagte, dass es so bescheuert aussähe, wenn eine Türkentussi plötzlich auf höhere Tochter mache.

Aha. Wieder diese Tour. Ich biss nochmal in den Krapfen, sagte dann kauend zu Billie: «Weißt du, ich bin Kurdin, ich stamme von Agas ab und von Sheikhs. Leider weißt du ja nicht, was das ist. Eines kann ich dir aber erklären. Mein Vater war Lehrer. Und er hätte niemals für Geld die Fenster anderer Leute geputzt.»

Ich steckte das letzte Stück Krapfen in den Mund und ging die Treppe zur U-Bahn hinunter. Ich fühlte mich gut. Auch wenn es gemein war, was ich gesagt hatte. Ich rechnete damit, dass Billie mit den anderen beiden hinter mir herkommen und weiterkeifen würde. Ich sah sie aber nirgends.

Unser Hodscha ist tot. Als ich in die Westendstraße zu Sirin kam, berichtete sie es mir sofort. Mehmet hatte es gestern Abend in der Moschee erfahren.

Kanntest du unseren Hodscha? Ich bin ihm zum ersten Mal in der Lätarekirche begegnet, bei einem Fest. Er saß still in einem Lehnstuhl, schaute ruhig auf die feiernden, essenden und tanzenden Menschen um sich herum. Mehmet brachte mich zu ihm und stellte mich vor. Der Hodscha sah mich ernst an, er strich mir leicht über die Wange und meinte, er habe meinen Vater gekannt, da sei er sicher. Unser Hodscha stammte aus der Provinzhauptstadt Mus, aus unserer Nachbarprovinz also. Vielleicht erinnerst du dich, sie bauen dort den besten Tabak in der Region an. Unser Hodscha hatte in Mus sein Haus, seine Familie. Aber er lebte häufig hier in dieser Stadt, er war das geistige Oberhaupt unserer Gemeinde. Gütig war er und voller Trauer darüber, dass so viele Kurden ihr Land verlassen müssen, um zu überleben. Mehrmals im Jahr jedoch reiste der Hodscha nach Mus, zu seiner Familie. So auch diesmal. Wie es geschehen war, wusste auch Mehmet nicht genau. Eines aber wusste er: Sie haben unseren Hodscha ermordet, vor den Augen seiner Frau. Siebzig Jahre war er alt, du wirst es wissen, denn du bist hörend und schauend.

Sirin hat den Hodscha nicht persönlich gekannt, «warum ist er nach Mus zurückgefahren?», fragt sie. «Seine Frau hätte doch hierher kommen können – jetzt ist er tot, jetzt hat sie nichts mehr von ihm.»

Ich verstehe, was Sirin sagt. Ich verstehe aber auch den Hodscha. Er ist alt, er hat die längste Zeit seines Lebens in unserer Heimat verbracht. Kurden lieben ihre Heimat. Vielleicht besonders daher, weil sie ihnen nie wirklich zugestanden wurde. Sie mussten immer um ihre Heimat kämpfen. Schon seit Jahrhunderten. Ich weiß von Familien, die zwangsdeportiert wurden. Noch nach Jahren, als sie in ihrem neuen Lebensraum schon wieder ansässig geworden waren, sind sie zurückgegangen in ihre Heimat, haben alles zurückgelassen, was sie sich in zehn Jahren in der Zwangsheimat geschaffen hatten.

Sirin sieht offenbar hier ihre Zukunft. Wenn du wüsstest, was sie aus unserem Zimmer gemacht hat. Mehmet hat mit Mehdi und Ahmet Erten einen Herd aufgestellt. Sie holten ihn aus der Nibelungenstraße. Dort ist eine Art Hof, wo jedermann überflüssige Möbel und Hausrat hinbringen kann. Die Sachen werden dort aufbewahrt und ärmere Leute können sie für wenig Geld kaufen. Mehmet und Sirin hatten neben dem Herd sogar einen Kühlschrank gefunden. Gestern wurde alles gebracht. Und Regale für die Wand, die wohl aus einem alten Laden stammten. Die Männer hatten sie gleich eingedübelt.

Ich half Sirin, die gewaschene und gebügelte Wäsche in die Regale zu räumen. Auch sämtliches Geschirr, sogar die Töpfe, passte noch in das breite Regal. Ein Teil des Regals war für eine Kleiderstange reserviert. Dort konnten wir Mäntel und Jacken hinhängen. Die Kleider- und Wäschehaufen, die das Zimmer früher so ungepflegt aussehen ließen, waren jetzt verschwunden.

Sirin gab mir meinen Häkelrock und meine Bluse, die sie ebenfalls gewaschen und gebügelt hatte. «Willst du das noch anziehen?», sagte sie und lachte. Ich sah den Rock, der einmal gelb gewesen war und jetzt ins Graue überging, die Bluse, früher dunkelblau, hatte helle Ränder und Schattierungen. Wie hatte ich meine Kleider gehasst, als ich sie jeden

Tag anziehen musste. Jetzt drückte ich sie impulsiv an mich, sie waren alles, was ich hatte von daheim, ich würde sie nie hergeben. Ich legte sie zu meinen Sachen von der Caritas, die Sirin sauber hergerichtet hatte, in das Regal.

«Schau», sagte Sirin, «du musst bei Frau Kayser bleiben, hier ist gar kein Platz mehr für dich.»

Meine Matratze lag jetzt neben der von Mehmet, ein bunter Teppich lag über beiden, darauf hatte Sirin viele Kissen als Rücklehne aufgebaut. Emines Vorhang war verschwunden. Sicher würde Sirin bald selbst Geld verdienen, und dann konnte sie im Waschsalon waschen. Die beiden Plastikschüsseln waren nämlich das Einzige, was mich noch an meine und Mehmets Behausung erinnerte. Die beiden Resopaltische sahen unter Sirins schöner Tischwäsche völlig anders aus. Auf unseren Stühlen lagen jetzt bunte Häkelkissen.

Ich wusste, Sirin hatte es gut gemeint, als sie sagte, ich müsse nun bei den Kaysers bleiben. Sie glaubte, mir damit zu helfen, denn sie war natürlich der Überzeugung, dass ich unbedingt bei den Kaysers leben wollte. Dass nur Mehmet mich daran hindern könne. Ich beschloss, Sirin in diesem Glauben zu lassen.

Wir aßen eine kaukasische Suppe. Sie war sehr scharf gewürzt, Sirin hatte heiße Fladen dazu gebacken. Nach dem Essen machte ich meine Hausaufgaben. Charlie war heute gereizt und nervös gewesen, weil eine Deutschprobe so schlecht ausgefallen war. Vierer, Fünfer, keine Zwei, ich hatte wenigstens eine Drei erwischt. Selbst Max hatte nur eine Drei. Er hatte sicherlich Sorgen wegen Ginger und wegen seines Vaters, da konnte selbst er sich nicht konzentrieren.

Charlie las uns einen Text vor, in dem der Autor das Zimmer eines Jungen beschrieb. In einem Satz kam dreimal das Wort «sein» vor. Charlie wollte wissen, warum das so war, denn an sich sind derartige Wortwiederholungen nicht erwünscht. Mit ihrer hellen Stimme rief Charlie, dass jetzt alle, deren Note schlechter gewesen sei als Drei, ihre Gedanken zu formulieren hätten. «Los jetzt», rief Charlie, «wenn ich aufrufe, krieg ich eine Antwort!»

Wen Charlie auch drannahm, Micha, Tanja, Türkan, Billie, Aysel oder Flori, sie bekam stotternde Antworten, mit denen sie nicht zufrieden war. Ich hatte es gut, ich musste nicht rasch formulieren, was ich dachte, aber ich hatte begriffen, worum es ging.

Der Autor wollte zeigen, dass in diesem Zimmer das Revier des Jungen war. *Sein* Zimmer. Hier konnte er *seine* eigene Musik spielen, so laut und so oft er wollte. Hier konnte er zeigen, ich bin jung, ich bin anders als ihr.

Micha sagte: «Es ist *sein* Zimmer. Hier kann er auf stur schalten, er kann zusperren, hier kann er reden, er kann es auch lassen.»

Billie: «Wenn man *sein* eigenes Zimmer hat, darf keiner reingehen, ohne vorher anzuklopfen.»

Flori schrie: «Doch, zum Aufräumen dürfen sie rein.»

Alle lachten, und auch Charlie war zufriedener als vorher. Ihr ist der Deutschunterricht sehr wichtig, das habe ich schon lange bemerkt. «Wer kein gutes Deutsch spricht und schreibt, wird in dieser Gesellschaft immer an die Wand gedrückt werden», sagte sie oft.

Das Beispiel mit dem eigenen Zimmer ging mir nicht aus dem Kopf. Ich hatte hier nie ein eigenes Zimmer besessen, doch wenigstens ein halbes, nur gehörte meine Hälfte jetzt Sirin, und ich war ohne Zuhause. Wenn ich es richtig zu Ende dachte, konnte ich mir nichts vormachen. Ich hatte nirgends mehr einen Ort, wo ich wirklich hingehörte. Natürlich würden die Kaysers mich bei sich wohnen lassen. Das hatte meine Mutter mir versichert. Auch Sirin und Mehmet würden mich aufnehmen, wenn es sein müsste. Mehmet drängte nicht mehr darauf, er beschränkte sich nur noch auf eine gewisse Kontrolle meines Lebenswandels. Ich glaube, Mehmet war von Sirins Tatkraft und dem Geschick, mit dem sie ihren Nestbau betrieb, überrascht und beeindruckt. Er unterstützte seine Frau nach Kräften in ihren Plänen. Seit unserer Flucht hatte ich Mehmet nicht mehr so zuversichtlich und energisch gesehen. Selbst seine Kleidung war merklich gepflegter als zu meiner Zeit, das muss ich ehrlich zugeben.

Sirin wollte sich eine Putzstelle suchen, sobald sie im Deutschen sicherer war. Sie konnte schon einfache Sätze bilden. Ich übte jeden Tag eine Stunde mit ihr, dann arbeitete sie allein weiter. Mehmet jedoch wollte keine Putzstelle mehr für Sirin. Er hatte sich umgehört, und er hatte herausgefunden, dass es im Stadtteil Nymphenburg eine Schwesternschule gab, wo berufslose Frauen zu Schwesternhelferinnen ausgebildet wurden. Die Ausbildung war kostenlos. Kleidung, Essen und ein Taschengeld wurden geboten. Diese Tätigkeit wünschte sich Mehmet neuerdings für Sirin. Ich freute mich darüber, denn ich sah daran, wie sehr Mehmet seine Frau schätzte. Dass er auch für sie so ehrgeizig war wie für sich selbst. Spätestens Anfang des kommenden Jahres sollte Sirin mit ihrem Deutsch soweit sein, meinte Mehmet. Also üben wir weiter, Sirin und ich: «Ich gehe, du gehst, er geht, sie geht, es geht, wir gehen ...»

Metin war zurück. Aber er war nicht der Metin, den ich kannte, ein unbekümmerter, wacher Junge, der mit seinem Leben noch viel vorhatte. Metin war als Kind im Lesen und Schreiben schwach gewesen, ähnlich wie Billie. Doch er hatte die Schwäche überwunden, war ehrgeizig und begabt. Er wollte auch auf die Realschule, danach unbedingt das Abitur machen, studieren. Und seine Eltern wollten das auch.

Jetzt saß Metin an seinem Arbeitstisch, stierte vor sich hin.

Charlie sprach ihn an: «Was ist, Metin, ich denke, du warst daheim, in deinem Dorf, da müsstest du doch jetzt bersten vor Neuigkeiten, vor Energie und Arbeitskraft.» Metin antwortete nicht. Charlie spürte natürlich, dass es ihm nicht gut ging. Sie ließ ihn in Ruhe, und wir besprachen die Hausaufgaben in Sozialkunde.

In der Pause kam Metin zu mir. «Kann ich mit dir reden?» Impulsiv sagte ich: «Meral auch?» Metin zögerte ganz kurz, dann sagte er: «Natürlich, kommt.»

Wir gingen durch den Neubauteil der Schule zurück in den Altbau, wo die jüngeren Klassen unterrichtet wurden. Hier, in den Fluren am Eingang, besonders unter der Treppe, konnte man in Ruhe reden. Die Kleinen rannten sofort in den Hof, wenn Pause war.

Metin sagte, dass sich die Verwandten in dem Dorf bei Siirt, wo seine Eltern zu Hause waren, über den Besuch von Metins Familie sehr gefreut hätten. Sein Onkel habe ein Fest gegeben in seinem Haus. Metin hatte auch im Haus des Onkels geschlafen. Bei den Großeltern, wo schon Metins Eltern und seine vier Schwestern schliefen, war nicht genug Platz. Die Ayans, Metins Eltern, waren im Dorf gut angesehen, obwohl sie schon vor mehr als zwanzig Jahren nach Deutschland gegangen waren. Doch Metins Vater hatte schon nach den ersten schweren Jahren begonnen, seinen Eltern Geld zu schicken. Was hier nur geringe Beträge waren, half den Eltern viel. Metins Vater war mit seiner Frau in den letzten Jahren hin und wieder heimgereist. Er hatte den Verwandten Geschenke gebracht, wollte sie unterstützen in dem Leid, in dem sie leben mussten.

Und nun, da sie zum ersten Mal ihre Kinder mitbrachten, vor allem den Sohn, da hatte der Onkel die Ayans und die Nachbarn eingeladen. Die Frauen des Dorfes hatten gebacken und gekocht, Trommel und Flöten waren hervorgeholt worden. Alle, auch die ältesten Leute, tanzten und vergaßen für einen Moment die Bedrohung, die ständig über ihnen lag.

«Doch schon am nächsten Tag», sagte Metin, «kamen sie. Türkische Soldaten kreisten das Dorf ein. Ich sah, wie sie Frauen, Kinder und Alte schlugen, wen sie gerade trafen. Einige Soldaten begannen, am unteren Teil des Dorfes Häuser mit Flammenwerfern in Brand zu stecken. Ich glaubte zunächst, es wäre ein Alptraum. Doch dann kamen Panzer. Sie walzten die Häuser nieder, die Vorräte, das Vieh, das in den Ställen war. Sie erschossen Menschen, die sich ihnen in den Weg stellten. Menschen, die gestern mit uns am Tisch gesessen hatten, Frauen, die uns ihr Brot, ihren Kuchen gebracht hatten. Mein Vater und meine Mutter, die ihren Nachbarn zu Hilfe eilen wollten, wurden geschlagen. Ich sah, wie eine Frau, die ihr Vieh aus dem brennenden Stall holen wollte, von den Soldaten zurückgetrieben wurde in das Feuer. Sie wälzte sich in den Flammen am Boden.

Meine Schwestern schrien voller Angst, sie waren nicht zu beruhigen. Ich dachte immer, du musst das überleben, du musst das draußen berichten. Ich lief mit meinen Schwestern und den Großeltern aus unserem Stall in ein nahes Weidengebüsch, von da aus krochen wir in eine Bodenmulde. Aber wir hörten trotzdem das Schießen, die Schreie.

Endlich zogen die Soldaten ab. Ich kroch mit dem Großvater vorsichtig aus unserem Versteck. Meine Schwestern schrien, wir sollten dableiben. Doch ich wollte die Eltern suchen, sie würden in Angst um uns sein.

Über unserem Dorf hingen schwere schwarze Wolken. Der Geruch verbrannter Tiere lag in der Luft. Unsere Nachbarn irrten umher, Kinder suchten verzweifelt ihre Eltern, Eltern die Kinder. Überall ein Rufen, Schreien. Das Haus meines Onkels, in dem wir gefeiert hatten, war von einem Panzer niedergewalzt. Die Tische, an denen wir noch gestern gegessen hatten, mein Bett, in den Ställen die Kühe, der lustige Esel, die Schafe, die Ziegen, alles war in den Flammen verbrannt.

Ich fand meine Eltern. Mein Vater hatte einen Schlag mit dem Gewehrkolben abbekommen, aber nur leicht, er hatte das Kind seines Vetters aus dem Feuer geholt. Auch meine Mutter war verletzt von Fußtritten der Soldaten. Aber sie lebten. Mein Onkel dagegen war im Stall verbrannt, die Tante mit dem Haus niedergewalzt worden.

Wir holten die Großmutter und meine Schwestern aus dem Erdloch. Sie waren von Dreck und Tränen verschmiert, und meine Schwestern schrien immer, sie wollten nach Hause. Das Gesicht meines Vaters war weiß vor Leid und Wut.»

Metin sah mich an: «Leyla, ich kann nicht mehr hier leben und Zukunftspläne machen. Ich habe nur noch diese Bilder in meinem Kopf. Ich halte es nicht mehr aus in dieser Ordnung hier, in diesem Frieden. Bei uns, Leyla, da werden Menschen und Tiere getötet. Nein, sie werden abgeschlachtet wie hier das Vieh, nur nicht so schonend. Leyla, ich kann mich da nicht mehr heraushalten. Es nützt uns auch nichts, wenn wir in Brüssel Hungerstreik machen. Wenn eine Hand voll Deutsche für uns demonstrieren. Sie wissen nichts von uns, nichts. Was sie wissen, hören sie von den Politikern, die uns von der Landkarte wegfegen wollen. Jeden, der Partei ergreift für unser Volk, stellen sie dar als Banditen, Separatisten, Terroristen. Sie kommen in die Dörfer, behaupten, die Bauern hätten den Terroristen zu essen gegeben, und dann fangen sie an, alle abzuschlachten. Systematisch. So sieht es in meinem Heimatdorf aus, Leyla.»

Während Metins Bericht war meine Erinnerung an Gozel zurückgekommen, an den Tag, an dem das Dorf meiner Großeltern von Flugzeugen zerbombt worden war. Ich sah wieder meinen Großvater unweit seines Hauses liegen, meine Großmutter wie eine verrenkte Puppe neben ihm.

Plötzlich hörte ich die Stimme Merals: «Wenn du zurückgehst, Metin, dann nimm mich mit. Bitte!»

Metin und ich schauten Meral verblüfft an. Ihr sonst verschlossenes Gesicht unter dem Lockenwust war jetzt nicht mehr traurig und müde. Merals kleine Gestalt streckte sich, sie strich ihr Haar nach hinten und sagte entschlossen zu Metin: «Ich habe nichts zu verlieren, vielleicht kann ich dir helfen. Sie nehmen auch Frauen für den Kampf, Mädchen und Frauen. Ich weiß es, ich habe sie mehrfach auf Fotos gesehen.»

Es gongte, wir mussten in die Klasse zurück. Ich rannte vor, sagte, dass ich unbedingt noch auf die Toilette müsse. Ich dachte, dass du für Meral auch keinen leichten Weg ausgesucht hast. Und für Metin noch weniger. In ihm brennt ein gefährliches Feuer. Ich bitte dich, führe ihn nicht in den Tod. Er ist doch erst sechzehn, nur wenig älter als ich.

Inzwischen haben wir den dritten Advent, und ich habe Güray öfter gesehen, aber nicht mit ihm geredet. Jedenfalls nicht richtig. Er fährt oftmals durchs Westend oder am Bavariaring herum mit seinem Rad, aber es nützt uns nicht viel. Sirin kann mir nicht helfen, sie denkt in dieser Sache genau wie Mehmet, sie hat es nicht anders gelernt. Ich mag sie auch nicht zum Lügen verleiten. Oftmals denke ich, ob ich meine Mutter fragen soll. Doch auch ihr gegenüber habe ich Scheu. Wenn ich nur nicht so starke Sehnsucht nach Güray hätte. Ich möchte ihn ja nur sehen, seine schöne Stimme hören. Er spricht anders als andere. Wenn er Leyla sagt, dann sinkt das in mich ein wie ein Stück Zucker in den Tee. So süß, meine ich. Seit seinen Küssen ist er in mir, überall, aber ganz besonders da, ja, da.

Ich glaube, Herr Kayser hat auch Sehnsucht nach meiner Mutter. Du denkst vielleicht, das sei seltsam nach siebzehn Jahren Ehe. So lange ist meine Mutter schon mit Herrn Kayser verheiratet. Meine Mutter hat so eine Art, sie selbst zu sein, ganz sie selbst, das spüre ich auch immer mehr. Herr Kayser hat sich, glaube ich, daran gewöhnt, dass ich am Abend immer da bin. Vielleicht vergisst er es auch manchmal, er ist immer stark in Gedanken mit seiner Kammer. Und viel auf Reisen ist der Mann. Neulich war er sogar eine Woche in Vietnam. Er hat in jedem Meer dieser Erde gebadet, und er kennt jedes Land, außer Kurdistan. Die Türkei kennt er, Istanbul, Izmir und Ankara. Dort hat er sogar des Öfteren zu tun. Vielleicht sind es auch seine vielen Reisen, die Herrn Kayser das Gefühl geben, er kenne seine Frau nicht richtig oder er bekäme nie genug von ihr. Herr Kayser kann nicht an meiner Mutter vorbei, ohne sie zu berühren. Am liebsten gäbe er ihr jedes Mal einen Kuss, ich spüre das. Meine Mutter lächelt immer abwesend und duldet seine Zärtlichkeiten wie ein kleines Kind, das Zärtlichkeiten erlaubt, aber nicht erwidert.

Meine Mutter ist derzeit wirklich stark beschäftigt. Sie arbeitet für die Weihnachtsausstellung im Eisernen Haus. Wir haben inzwischen ihre Skulpturen aus dem Atelier in Taufkirchen geholt. Als ich sie zum ersten Mal sah, war ich erstaunt und fast beschämt meiner Mutter gegenüber. Ich hatte ihr nicht zugetraut, dass sie eine Künstlerin sein könne. Nicht wirklich. Dazu schien sie mir zu verspielt, zu verträumt, auch zu schwach irgendwie. Doch du müsstest ihre Arbeiten sehen! Jede Skulptur ist ein menschlicher Körper, streng und karg in der Form. Man sieht bei den Frauen und Männern alles, doch es ist keusch. Obwohl ich glaube, dass du sie doch alle verschleiern würdest.

Am schönsten sind die Farben der Skulpturen. Meine Mutter hat alles mit einer Emaille überzogen, in der sich beim Brennen die Farbprozesse völlig allein entwickeln, darauf hat meine Mutter keinen Einfluss mehr.

Wenn ich Geld hätte, ich würde jede Statue, jede Büste meiner Mutter kaufen. Dann würde ich für Güray und mich ein Haus bauen, mitten in einem Hügelgelände. Und in dem Gelände würde ich überall die Skulpturen meiner Mutter aufstellen. Die Schönste, sie ist schwarzweiß und hat ein Muster, das an das Fell eines Leoparden erinnert, würde ich an das Eingangstor stellen.

Ach Güray. Wenn nicht bald etwas geschieht, ist Weihnachten da, und ich habe ihn noch nicht gesprochen. Ich glaube, ich werde es doch meiner Mutter sagen. Dir fällt bestimmt nichts zu mir und Güray ein. Dabei hast du die Macht, uns einen Weg zu zeigen.

Heute Morgen war ich in Ingolstadt. Tina und ihre Eltern hatten mich eingeladen, sie dorthin zu begleiten. Tinas Mutter ist eigens zu Mehmet gegangen, und er hat es erlaubt. Ingolstadt liegt in der Nähe. Hohe Schlote ragen dort in den Himmel, und aus ihnen schlagen Flammen. Das ist dir vielleicht aufgefallen.

Wir fuhren nicht zu den Schloten. Mir war das lieb, denn alles, was nach Industrie aussieht, habe ich nicht so gern. Tinas Vater fuhr in die Innenstadt. Hier sind die Häuser klein, die Gassen eng, und dann ragte mit einem Mal ein großer Dom vor uns auf, ein Münster, sagte Tinas Mutter. In diesem Münster spielt ein Verwandter von Tinas Mutter die Orgel, und deshalb waren wir hier. In diesem Land war ich noch nie in einer Kirche. Ich muss dir sagen, es ist schön darin. Jedenfalls in diesem Münster. Anders als in unseren Moscheen. Sie haben nicht so schöne Fayencen, wie unsere Hüsrev Pasa Camii sie hat. Dafür haben sie eine Madonna mit Kind. Eine sanfte Frau aus Stein, die einen kleinen Knaben im Arm hält.

Du kennst beide, es ist die Jungfrau Maria mit ihrem Sohn Jesus, der Wundertäter mit dem belebendem Odem, der als letzter der Propheten vor Muhammad gepriesen wird.

Der Verwandte spielte die Orgel sehr gut, glaube ich. Er spielte Mozart und Bruckner, jedenfalls sagte das Tinas Mutter. Mir war es nicht wichtig, wie die Komponisten hießen, obwohl das sicher sehr wichtig ist für Menschen, die sich in der Musik auskennen. Später werde ich darüber auch viel lernen, das habe ich mir im Münster ganz fest vorgenommen. Ich hörte die Musik, die Töne brausten von der Empore in das Kirchenschiff, ich dachte, das hebt mich in die Höhe, ich wollte aufgehen in dem Brausen, in meinem Hals bildete sich ein dicker Kloß, es soll nie aufhören, dachte ich, ich will immer in diese mächtigen Töne eingehüllt bleiben und in die Sehnsucht nach meinen Eltern und Güray.

Als alle aufstanden und wir die Bänke verließen, gab mir Tinas Mutter ein Taschentuch. Mein Gesicht war nass von Tränen. Tina hakte sich bei mir ein. Wir standen vor dem Münster und warteten auf den Verwandten. Es war kalt. Wir hüpften von einem Bein auf das andere. Tina sagte, ob ich ihre Freundin sein wolle. Ich nickte. Dann erzählte ich Tina von Max und seiner Katze. Als ich mit meiner Schilderung bei Frau Hecht angelangt war, kam mir eine Idee. Schon lange hatte ich vorgehabt, mit einem kleinen Blumenstrauß zu Frau Hecht zu gehen und mich nach Ginger zu erkundigen. Dann wollte ich Max berichten, wie es seiner Katze geht. Er traute sich nicht. Es wäre auch Gingers wegen nicht klug gewesen. Sie würde Max ja schon erkennen, wenn er draußen vor der Tür stünde.

Tina war so froh, dass ich fast beschämt war. Ich wäre gern selbst hingegangen, wirklich, aber mein Tag war derart fest einbetoniert in meine Pflichten, dass ich nicht wusste, wie ich den Besuch bei Frau Hecht einrichten sollte. Die späten Nachmittage allein der letzten Woche hatte ich mit meiner Mutter in Taufkirchen verbracht. Ich hatte ihr geholfen, die Skulpturen behutsam in Spezialpappe einzuschlagen, damit wir sie einpacken und nach München transportieren konnten. Gefahren hatte uns der Chauffeur von Herrn Kayser. Das war im Interesse der teuren Objekte besser.

Mehmet und Sirin waren zum Sonntagsessen in Neuperlach eingeladen, ich durfte mit meiner Mutter und Herrn Kayser nach Forst Kasten fahren. Herr Kayser sagte, er müsse sich dringend auslüften, und wir fuhren hinaus. Der dicke Schal um meinem Hals war bald feucht von meinem Atem, so tief steckte ich mein Gesicht hinein. Am Vorabend hatte es geschneit, auf manchen Wegen deckte eine feine Schicht Schnee den Boden zu. Auf den Wegen lagen, offenbar noch vom Sturm der letzten Woche, Tannenzweige und Tannenzapfen auf dem Boden. Zu Beginn des Weges begegneten uns noch Leute mit Kindern, die Tannenzapfen in Plastiktüten sammelten. Bald jedoch kamen wir tiefer in den Wald hinein, da waren keine Spaziergänger außer uns.

Der Boden war wunderbar weich, es war ein richtiger Waldweg, mit Wurzeln und frischem grünen Moos. Wir gingen durch einen Fichtenwald, glaube ich. «Fichten und Kiefern», sagte Herr Kayser auf meine Frage. Er sah heute ganz anders aus als sonst. Mit einem fast bodenlangen schwarzen Lodenmantel und einem schwarzen Lodenhut wirkte er sehr bayerisch. Mir gefiel er gut. Meine Mutter hatte einen ganz ähnlichen Mantel an, sie trug auch einen bayerischen Hut und dicke geschnürte Schuhe. Meine Mutter konnte sich gar nicht falsch anziehen.

Je weiter wir in den Wald kamen, desto würziger roch es. Feucht war die Luft, schwer vom Laub und den Pilzen an den nassen Stämmen. Herr Kayser und meine Mutter gingen vor mir, ich hörte mit einem Mal ein Ächzen, es klang wirklich wie Ächzen und Klagen, es kam aus den Bäumen. Ich sah sie genauer an. Es waren dünne Kiefern und Fichten, einige von ihnen waren frisch abgebrochen, andere lehnten sich in ihren Gipfeln zu zweit und dritt aneinander. Es schien, als umarmten sie sich zum Abschied und weinten dabei. Mir fiel plötzlich ein, was Charlie uns in Biologie übers Waldsterben gesagt hatte.

Das konnte ich jetzt deutlich sehen. Und hören. Es war, als ob die Bäume sprechen könnten, sich gegenseitig ihre Schmerzen, ihre Angst vor dem Abbrechen beim nächsten Sturm mitteilen würden. Ich hatte Mitleid mit dem Wald. Die Bäume schienen mir hilflos. In meinem Land, im Land des Sonnenaufgangs, gibt es, glaube ich, so etwas nicht. Zedern und Föhren, Wacholder, Pappeln, Platanen und Weiden wachsen da, wo sie schon seit der Steinzeit stehen. Das kann man nicht mit hiesigen Verhältnissen vergleichen. Und es gibt ein Hochland, das seit Generationen unverändert ist. Es liegt tausend Meter über dem Meeresspiegel, dort gibt es Salzseen, Sümpfe, Steppen und Gebirge aus Tuffstein. Im Osten haben wir ein wunderschönes Hochgebirgsland. Wer auf einen der Berge steigt, sieht vor sich liebliche Senken, Flusstäler und erloschene Vulkane. Seit Jahrtausenden weiden hier Schafe und Ziegen. Es gibt auch noch ganz seltene Tiere, die in anderen Gegenden schon ausgestorben sind. Mein Vater hat mir darüber viel erzählt. Gänse leben dort, Stare, Lerchen und Kröten seltener Arten. Adler natürlich auch, Falken und Eulen. Und Echsen und Schlangen. Sogar Störche haben wir noch, auch im Dorf meiner Großeltern gab es welche. Sie klapperten lustig mit ihren Schnäbeln, wenn sie ihre Jungen fütterten. Die Menschen in diesem Hochland, die Nomaden, leben heute noch wie vor Hunderten von Jahren. Sie leben in den Zelten, die sie aus den feinen Haaren der Ziegen weben. Das machen die Frauen im Winter. Zweimal im Jahr ziehen die Nomaden zu neuen Weideplätzen. Im Frühjahr aus den verdorrten Ebenen zu den hoch gelegenen Sommerweiden. Im Herbst führen sie die Herde zurück in die tiefer gelegenen Täler. Dann packen sie ihre Zelte und den Hausrat auf Maultiere, sie nehmen ihre Babys mit und die Hühner, in Säcken tragen die Maultiere Nahrungsmittel und Ziegenbälge mit Wasser. Hinter den Maultieren, auf denen die Frauen in ihren leuchtend bunten Kleidern sitzen, gehen die Männer. Sie treiben die Ziegen und Schafe an und halten die Herde zusammen. Sie sind Menschen, die nur in den Bergen leben können, im Licht und im Wind. Ihr Dasein bedeutet Wandern. Doch inzwischen sind sie nicht mehr sicher. Die Regierung vermutet auch unter ihnen Partisanen, und die Nomadenfamilien sind voller Angst und Misstrauen. Früher war ihr Leben hart, aber auf seine Weise sicher auch schön. Heute ist es lebensgefährlich geworden. Das Leben der Menschen, die hier auf dem Land wohnen, kenne ich nicht. Es ist heute das erste Mal, dass ich auf dem Land bin, in einem Wald spazieren gehe.

Ich glaube, in Gedanken an meine Heimat habe ich laut aufgeseufzt. Mutter und Herr Kayser drehten sich um. «Leyla, du warst so in Gedanken, was ist los?», fragte meine Mutter. Ich erzählte ihr nicht, dass ich gerade in meinem Land war, sondern nur, was ich an den Fichten und Kiefern beobachtet hatte. Herr Kayser sagte, das Ächzen dieser Bäume sei ihm auch aufgefallen. «Das begreift man ja sofort, wenn man diesen Wald ansieht», sagte er. «Die Bäume schauen ja aus wie Spaghetti.»

Für den Fall, dass du nicht weißt, was das ist: Spaghetti sind Nudeln. Sie haben die Form von dünnen Stangen, und daher vergleicht Herr Kayser die Bäume damit. Doch dann schaute er zufrieden an den Wipfeln der Fichten entlang.

«Die Bäume schauen aber sonst gar nicht so schlecht aus», meinte er. «Ich hatte mir das eigentlich schlimmer vorgestellt.»

Wir gingen jetzt zu dritt den Weg wieder zurück. Meine Mutter war still geworden. Plötzlich lehnte sie sich an mich, hielt sich fest an meinem Arm.

Ich blieb stehen, hielt sie fest. Herr Kayser sprang zu ihr, fragte besorgt: «Was ist, Roberta, geht's dir nicht gut?» Sein Gesicht war verzerrt, er war in Sorge, hatte Angst, ich konnte ihn in diesem Moment sehr gut leiden.

Meine Mutter machte sich los, holte tief Luft und sagte: «Es geht schon wieder, mein Kreislauf spinnt zurzeit.» «Aber das tut er doch sonst nicht. Liebling, bitte, geh zu Joachim.»

«Da war ich schon letzte Woche», sagte meine Mutter und sie hatte wieder ihre gewohnte Zerstreutheit. Darüber war ich froh. Roberta krank – das wollte ich mir nicht vorstellen.

«Ja und», drängte der Mann meiner Mutter, «was sagte Jo?»

«Er sagte, wenn er etwas davon verstünde, dann sei ich schwanger.»

In diesem Land sagen die Leute, einer sähe aus, als sei er vom Blitz getroffen. Oder vom Donner gerührt. So stand der Mann meiner Mutter da. Und ich wusste zunächst auch nicht, welchen Gedanken ich zuerst denken sollte. Ich sah vor mir die dicken Moospolster, meine Füße versanken so weich darin, ich setzte einen Fuß vor den anderen, immer schneller, Roberta und Herr Kayser sollten allein sein.

Sie würden ein eigenes Kind haben. Einen Sohn? Eine Tochter? Mit den Geräten, die Ärzte hier anwenden, kann man das bald feststellen. Nicht ganz sicher, aber so ziemlich. Roberta würde wieder ein Kind haben, sie musste nicht mehr an ein Wunder glauben. Nun sollte sie dringend Auto fahren lernen.

Ich schaute mich um. Herr Kayser und Roberta standen immer noch unten am Weg. Sie hielten sich fest in den Armen.

Ich fand den Weg zum Parkplatz allein. Kurz zögerte ich. Sollte ich umkehren, Roberta und Herrn Kayser entgegenlaufen? Ich entschloss mich, allein in das Forsthaus Kasten zu gehen. Das war geplant als Belohnung für unseren Marsch durch den Wald. Ich hatte genügend Geld bei mir, einen Tee mit viel Zucker bezahlen zu können. Außerdem hatte Roberta mir gesagt, dass es in diesem Forsthaus frische «Ausgezogene» gebe. Darunter musst du dir so eine Art Krapfen vorstellen, wie ich sie liebe. Diese hier sind fast noch besser. Ganz dünn ausgezogen ist der Teig, daher der Name, am Rand sind die Krapfen dann wulstig und weich.

Früher, vor einem Jahr, hätte ich mich niemals getraut, allein in ein Restaurant wie das Forsthaus Kasten zu gehen. Noch gestern hätte ich gewartet, bis Roberta und ihr Mann gekommen wären. Heute jedoch, im Wald, drinnen bei den Spaghettibäumen, habe ich meine Mutter zurückgelassen. Ich trage allerdings noch ihre Kleider, ich glaube, niemandem der anderen Gäste erscheine ich als Abfall. Sie machen mir Platz am Tisch. Ich sage, dass noch Freunde von mir kommen, und die Kellnerin fragt mich freundlich, was ich möchte.

«Das war gescheit, Leyla, dass du nicht auf uns gewartet hast.» Herr Kayser kam, hinter ihm Roberta. Sie hatten mich gesucht, und Herr Kayser gab mir einen Kuss auf die Wange, ehe er die Mäntel aufhängte. Für Roberta und Herrn Kayser, glaube ich, machten die anderen Gäste noch bereitwilliger Platz.

Später, im Auto, drehte sich meine Mutter auf ihrem Sitz zu mir um. «Mein Arzt hat gesagt, dass ich schwanger sei, das könne deinetwegen passiert sein.»

«Das verstehe ich nicht», sagte ich der Wahrheit gemäß.

«Zunächst habe ich das auch nicht verstanden», erklärte Roberta. «Ich fragte Jo, unseren Arzt, wie das denn sein könne, dass ich nach so langen Jahren plötzlich schwanger sei. Jo wusste, wie sehr ich mir in der ersten Zeit nach dem Tod unserer Tochter wieder ein Kind gewünscht hatte. Er sagte, dass Frauen sich oftmals, ob bewusst oder nicht, so stark in den Wunsch nach einem Kind verstricken, dass trotz aller Bemühungen des Paares und auch des Arztes keine Schwangerschaft entstehe. Dann entschlössen sich viele Paare zur Adoption eines Kindes, und irgendwann, wenn niemand mehr damit rechne, käme noch ein leibliches Kind.»

«Nur», fragte ich Roberta, «was hat das mit mir zu tun?»

«Warte, ich habe noch nicht alles erzählt. Jo glaubt, dass du mich durch deinen Eintritt in unser Leben so stark abgelenkt hast von meinem unbewussten Kinderwunsch, dass du den Weg frei gemacht hast.»

Im Haus holte Herr Kayser gleich einen Champagner aus dem Keller. Roberta hatte eine besondere Art, ihn zu trinken. Ich kannte mich nicht gut aus, wusste aber, dass die meisten Leute in diesem Land Champagner aus schmalen hohen Gläsern trinken. Roberta dagegen füllte behäbige Glasbecher mit Eiswürfeln, darauf schüttete sie Champagner, und nur so mochte sie ihn.

«Der ist so verdünnt, Leyla, den kannst du auch trinken», sagte Herr Kayser. Er machte für uns drei Gläser nach Robertas Geschmack zurecht, und dann stießen wir auf das Kayserkind an. «Und du sagst jetzt auch zu mir ‹du›», sagte Herr Kayser. «Das klingt ja albern, wenn meine Tochter zu mir ‹Herr Kayser› sagt.» So dünn war der Champagner wohl doch nicht. Jedenfalls nicht für mich. Ich ging die Treppen hoch, ich spürte die Stufen nicht. In mir war das Orgelkonzert von Mozart, und die Spaghettibäume im Forst Kasten umarmten die Sonne. Ich verstand nicht mehr, warum ich Angst hatte um meine Zukunft. Das Wasserbett schwankte stärker als sonst, glaube ich. Ich fürchtete, es würde sich mit mir drehen.

Du weißt, dass ich noch niemals Champagner getrunken habe. Du siehst es nicht gern, aber glaube mir, es waren eigentlich Eiswürfel. Doch du bist der Hüter aller Geheimnisse. Warum fühlte ich mich so leicht und froh wie in deinen Gärten, die durcheilt sind von Bächen? Du liebst nicht die Menschen, die deine Gesetze übertreten, doch du bist barmherzig und vergebend. Wenn du es willst, werde ich drei Tage fasten.

Am nächsten Tag hatte ich keine Scheu mehr, Roberta zu fragen, ob sie mir helfen könne, Güray zu sehen. Herr Kayser, nein, Ralph war schon sehr früh weggefahren. Budapest war es diesmal, sagte Roberta. Seit ich Roberta und Ralph gestern eng umschlungen im Wald gesehen hatte, konnte ich mit Roberta auch über Güray reden. Sie schlug vor, dass Güray heute am späten Nachmittag ins Eiserne Haus kommen solle. Roberta und ich wollten dort Preislisten schreiben für die Ausstellung, den Raum herrichten. Alles sollte streng aussehen und kahl. Roberta würde dann noch mit den anderen Ausstellern eine Besprechung haben, und in der Zeit könnte ich mit Güray in den Park gehen. «Dann ist es schon dunkel», sagte Roberta. «Niemand wird euch sehen.»

Güray stand an der U-Bahn-Haltestelle, als ich die Treppe heraufkam. Ich sagte ihm, was Roberta vorgeschlagen hatte, und sein Gesicht strahlte vor Freude. «Bis später dann, Prinzessin», rief er und warf den Kopf in den Nacken, als nähme er einen Kampf auf. Er sah stolz und schön aus in diesem Moment.

Ich war sicher, dass ich in dieser Sekunde auch Billie gesehen hatte, und zwar unmittelbar neben mir. Doch dann kam Meral, und ich fragte sie, wieso ihr Mann sie denn heute nicht zur Schule bringe. Er habe jetzt endlich eine feste Arbeitsstelle gefunden, sagte Meral. Morgens um sieben Uhr müsse er derzeit aus dem Haus. Nun bringe sie der Bruder ihres Mannes. «Zum Glück verschläft er meistens», sagte Meral. Ich genoss es richtig, Arm in Arm mit Meral zur Schule zu gehen. Viele Mädchen taten das. Für mich war es heute das erste Mal.

Meral kramte einen Zettel aus der Tasche. Den hatte ihr Metin zugesteckt. Darauf hatte er ihr die kurdische Nationalhymne aufgeschrieben, und darunter stand: «Kurd bi dosten», Kurden haben keine Freunde.

«Was meint Metin damit?», fragte mich Meral ängstlich, «warum schreibt er mir das auf?»

«Ich nehme an, dass er dir sagen will, du sollst dich nicht für ihn interessieren, weil es zu gefährlich ist für dich. Weil Metin kämpfen will. Weil er keine Zukunft sieht für sich.»

Meral blieb stehen, sodass ich auch stehen bleiben musste. Heftig stieß sie hervor. «Glaub mir, Leyla, lieber will ich mit Metin in Kurdistan umkommen, als mit meinem Mann weiterzuleben. Ich weiß, was ich sage. Ich habe mir das oft und oft überlegt. Ich fühle Hass und Ekel gegen meinen Mann. Immer mehr. Und dann sage ich mir, er kann vielleicht auch nichts dafür. Weil er dumm ist und es nicht anders weiß. Soll ich das mein Leben lang mitmachen? Vielleicht noch fünfzig Jahre lang? Warum? Warum, Leyla?»

Ich konnte ihr dafür auch keinen Grund sagen. Merals Lage war verzweifelt, das wusste ich schon lange. Ihre Situation war nicht zu ertragen. Vor allem jetzt nicht mehr, wo Meral ständig an Metin dachte.

In der Schule fehlten heute einige. Franco war nicht da,

Hendryk fehlte auch, ein neuer polnischer Schüler, der bisher durch Schwänzen aufgefallen war. Dann fragte Charlie, wo denn Billie sei? Sie habe keine Entschuldigung vorliegen, ob jemand etwas wüsste. «Ich habe Billie an der U-Bahn-Haltestelle gesehen», sagte ich, «ich glaube es jedenfalls.»

«Seltsam», sagte Charlie. Dann mussten wir unsere Physikhefte vornehmen, und Charlie fragte uns ab, was wir über Kunststoffe wussten. Immer wieder war ich in Gedanken bei der Haltestelle. Sah ich jetzt schon Gespenster? War Billie für mich zum Alptraum geworden, fühlte ich mich verfolgt?

«Leyla, was ist das Merkmal für Kunststoff?», fragte da Charlie, und ich stotterte herum, was ich vom letzten Mal behalten hatte: «Sie lassen sich dehnen, sie federn wieder in ihre alte Form zurück, sie sind elastisch ...»

«Na also, man muss ja schon zufrieden sein, wenn überhaupt was hängen bleibt bei euch. Wenn du dich jetzt noch ordentlich hinsetzt, Leyla, und nach vorn schaust, dann habe ich direkt den Eindruck, dass du am Unterricht teilnimmst.»

Alle lachten. Ich auch. Schließlich war ich wirklich wie weggetreten gewesen.

Wir besprachen noch die Klassenfahrt im Januar. Wir würden ins Schullandheim fahren. Eine neunte Klasse aus Dresden sollte mitfahren. «Die werden uns nicht mögen», schrie Türkan, «die fackeln Ausländer ab, die können uns doch nicht leiden.»

Charlie ermahnte uns, nur ja nicht mit derartigen Vorurteilen an diese Klassenfahrt zu denken.

«Was machen wir, wenn sie von uns denken, dass wir auf sie herunterschauen?», wollte Tanja wissen.

«Ihr dürft sie halt nicht ausgrenzen», sagte Charlie, «das wollen wir ja gerade lernen, dass es keine Deutschen erster und zweiter Klasse gibt. Dass wir alle Bürger eines Staates sind und miteinander auskommen müssen.»

Warum gibt es in der Türkei, an türkischen Schulen keine Charlie, die ihren Schülern nahe legt, darüber einmal nachzudenken? Charlie wurde durch den Lautsprecher ins Lehrerzimmer gebeten. Sie war noch nicht ganz aus der Tür, da ging es in der Klasse wieder zu wie in einem Kindergarten ohne Aufsicht. «Fahrt ihr mit, wenn die Ossis kommen?», schrie Micha, und Aysel sagte: «Ich bin zum ersten Mal froh, dass meine Eltern mich sowieso nicht mitlassen.»

Türkan: «Ich auch. Die werfen uns vielleicht eine Bombe unters Bett. Nein danke.»

Als Charlie zurückkam, war sie blass, das merkten offenbar alle, denn jeder setzte sich an seinen Platz, ohne dass Charlie mit dem Lineal auf den Tisch hauen musste.

Charlie fuhr fort, uns zu erklären, was beim Zusammentreffen mit den Schülern aus Dresden wichtig sei. Dass wir in den Straßen Acht geben sollten, sie nur nicht verlieren, und so weiter. Ich hatte aber das Gefühl, dass Charlie mit ihren Gedanken woanders war. Wie ich. Ich dachte an Billie. Und an Güray. Ihn würde ich heute Nachmittag sehen. Wenn es nur schon fünf Uhr wäre.

Am Nachmittag konnte ich nicht zu Sirin gehen. Wir hatten Hauswirtschaft, und heute sollten Plätzchen gebacken werden für die Weihnachtsfeier am nächsten Donnerstag, dem letzten Tag vor den Weihnachtsferien. Im letzten Jahr, ich weiß es noch gut, hatten wir Kuchen gebacken für ein Altersheim. Damals war ich auch im Hauswirtschaftsunterricht noch sehr unglücklich gewesen. Ich verstand kaum, was die Lehrerin sagte, und schaffte es nicht einmal, Eiweiß von Eigelb richtig zu trennen. Gut, dass die Zeit nicht stehen bleibt. Ich kannte mich jetzt aus und war auch im Kochen geschickter als vor einem Jahr. In der großen Küche roch es bald wunderbar nach Kuchenteig. Nach Zimt und Kardamom. Meral, Tanja, Tina und ich machten Vanillekipferl.

Darunter musst du dir Halbmonde vorstellen aus einem hellen Kuchenteig. Er wird aus Butter hergestellt, viel Butter, Vanillezucker, Eiern und Mehl. Diese Kipferl, besonders wenn sie noch warm sind, schmelzen auf der Zunge wie bei uns im Sommer die Früchte des Maulbeerbaumes.

Endlich war es fünf Uhr. Roberta holte mich ab. Wir fuhren zum Eisernen Haus, und ich schaute mich um, ob Güray schon zu sehen war. «Er wird schon kommen», sagte Roberta lächelnd. Wir gingen durch das große Tor des Parks und dann rechts hinter den Hecken durch zum Botanischen Garten. Ich zählte jeden Schritt, Güray, dachte ich, Güray. Es war, als würde meine Unruhe mit jedem Schritt größer. Mir war eiskalt. Roberta legte den Arm um mich. «Was ist denn, Leyla, du zitterst ja?»

Im Eisernen Haus war es warm und hell. Ein schwerer Duft lag über den üppigen Pflanzen. Die Künstler hatten inzwischen ihre Ausstellungsstücke aufgebaut. Der Maler saß auf einem Schemel und schaute mit schräg geneigtem Kopf, ob seine Bilder zwischen den Pflanzen im richtigen Winkel hingen. Eine Goldschmiedin legte goldene Ketten und Armbänder, Broschen und Ohrringe mit verschiedenfarbenen Steinen in Glasvitrinen. Sie waren mit rotem Samt ausgelegt, der Schmuck sah darauf kostbar aus.

Roberta und ich räumten ein paar Pflanzenkübel aus dem Raum, in dem die Skulpturen schon untergestellt waren. Wir fegten den Raum aus, dann ordnete ich die Werke so an, wie Roberta es sich vorstellte. Natürlich hatten wir sie gemeinsam schon richtig platziert, aber Roberta wusste genau, in welche Richtung jede Skulptur schauen sollte. Da ging es um Kunst, da muss man genau sein. Güray kam nicht. Das musste mit Billie zusammenhängen. Ich wusste nur nicht, wieso. Ihr Auftauchen heute Morgen, das Fehlen in der Schule. Charlie, die so blass ins Lehrerzimmer gekommen war. Es schien mir alles zusammenzuhängen. Oder bildete ich mir das ein? War Güray vielleicht etwas zugestoßen? Er fuhr mit dem Fahrrad, ein Rennrad. Güray hatte es sich zusammengespart. Er hatte dafür in einer Eisdiele gearbeitet, den ganzen Sommer, jeden Abend. Ich wusste das von Max. Im Grunde wusste ich alles von Max, was ich über Güray erfahren hatte. Auch, dass Güray Billie kennen gelernt hatte, als er mit Max beim Eislaufen gewesen war. Noch am Nachmittag hatte Billie bei Max angerufen, um die Telefonnummer von Güray zu erfahren. «Billie hat Güray aufgerissen», sagte Max zu mir. Ich hatte ein Geschenk für Güray mitgebracht. Eines, das nur Güray richtig verstehen würde. Einen roten Apfel, mit Nelken bespickt. Der Apfel gefiel Roberta. «Den würde ich als einziges Schmuckstück im Raum zulassen», sagte sie.

Jetzt sah es so aus, als würde ich ihn nicht brauchen. War es wieder wie vor Wochen auf der Eisbahn? Auch damals war ich für einige Minuten voller Hoffnung gewesen, und dann hatte Billie allem ein Ende gemacht.

Ich saß allein an dem kleinen Tisch, der neben dem Stuhl das einzige Möbelstück im Raum war. Die Skulpturen standen um mich herum. Wenn ich sie noch lange anstarrte, würden sie zu leben beginnen. Ich stellte mir vor, ich wäre Charlie und säße vor der Klasse. Dort, die Skulptur mit dem sanftrosa Email, das war Meral. Die mit den fragilen Reliefs in Weiß, das war Tina. Und dort, die große mit dem schwarzweißen unregelmäßigen Karo, das war Billie. Ich konnte den Gedanken an sie nicht aushalten, weil ich nicht wusste, was ich denken sollte. Ich kannte Billie nicht. Was hatte ich in diesem Jahr über sie erfahren? Dass sie sich in der deutschen Grammatik nicht auskannte, in Geschichte alles vergaß, dass Sozialkunde sie anödete und so weiter. Ich wusste, dass ihre Ohren trotzdem rot wurden, wenn sie eine schlechte Note bekam, und dass sie ihr Haar dann noch hektischer zurückwarf. Ich wusste, dass sie mich vom ersten Tag an verachtet hatte und dass dazu noch Hass wegen Güray gekommen war.

«Leyla, du sitzt ja hier völlig im Dunkeln.» Roberta war von ihrer Besprechung mit den anderen zurückgekommen. Sie hatten einen genauen Stundenplan ausgearbeitet, damit die Ausstellung ständig besetzt war. Nicht jeder der Künstler konnte von morgens bis abends hier sein.

«Du machst dir Sorgen wegen Güray, nicht wahr», sagte Roberta. «Weißt du, wo er wohnt? Dann könnten wir hinfahren. Du würdest im Auto warten, und ich könnte sagen, dass ich die Mutter eines Mitschülers sei und Güray etwas fragen müsste.»

Ich war Roberta dankbar, dass sie mir helfen wollte. Aber ich wollte nicht erfragen, was mit Güray los war. Wenn er nicht kommen konnte, musste ich das hinnehmen. Auch wenn die Gründe mir wehtaten. Güray war sicher in einer schwierigen Situation. Ich konnte nichts tun, als abzuwarten. Ich wollte nichts anderes tun.

Ich sagte das Roberta. Sie verstand mich. Außerdem war sie sehr müde und froh, dass wir heimfahren konnten.

«Freust du dich auf das Kind, Leyla?», fragte Roberta, während wir am Kanal entlangfuhren und dann nach rechts abbogen auf die schön geschwungene Brücke. Auf der anderen Seite lag das türkische Generalkonsulat.

Metin fiel mir ein. Er war auf einem gefährlichen Weg. Ich glaubte zu wissen, was er plante. Metin wollte zurück in das Land seines Vaters. Er wollte Partei nehmen für sein Volk, das er erst jetzt, im Alter von sechzehn Jahren, kennen gelernt hatte. Metin wollte in die Berge, zu den Guerillas, um die Menschen in den Dörfern zu schützen.

Ich habe dich schon so oft gefragt: Warum siehst du zu? Du hast doch gesagt, dass kein Gläubiger einen Gläubigen töten darf. Doch das Morden geht schon lange, und es gibt nirgends ein Zeichen, eine Hoffnung, dass sich daran etwas ändern könnte. Und so tapfer die Männer wie Metin auch sind, sie können nicht siegen. Die Regierung ist stärker. Sie wird immer den Männern in den Bergen überlegen sein. Sie hat Waffen, die den Guerillas fehlen. Hubschrauber, Panzer, und sogar Giftgas. Dagegen ist die Tapferkeit der Männer mittelalterlich, ein Sieg ist unmöglich. Metin weiß das auch, aber er will es nicht glauben.

«Leyla», Roberta stupste mich mit dem Ellbogen an, «wo bist du mit deinen Gedanken? Ich habe dich gefragt, ob du dich auf unser Kind freust.»

Das Kind. Das Kayserkind. Ich freute mich auf das Kind. «Natürlich freue ich mich», sagte ich zu Roberta. Ich beugte mich vorsichtig zu ihr und gab ihr einen Kuss auf die Wange. «Was wünschst du dir denn, einen Jungen oder ein Mädchen?»

«Am liebsten hätte ich gleich zwei, Zwillinge, weißt du, man wird ja sofort unverschämt, wenn man einen Wunsch erfüllt bekommt.

Jetzt, wo ich weiß, dass ein Kind kommt, denke ich plötzlich wieder wie vor zwanzig Jahren. Da wollte ich viele Kinder haben, ich konnte mir eine Ehe eigentlich nur vorstellen als gesellschaftlichen und juristischen Rahmen fürs Kinderkriegen. Dann stand ich mit leeren Händen da. Ich weiß nicht, ob das eine Ehe ist, Ralphs und mein Zusammenleben. Aber jetzt – jetzt habe ich vielleicht Gelegenheit, es zu erfahren.»

Wir gingen ins Haus. Auf der Treppe sagte Roberta wieder nebenbei, als sie die Tür aufschloss: «Bleib bei uns, Leyla. Wir können einander sehr viel sein, glaube ich. Vielleicht, wenn das Kind da ist, wird das Haus auch für dich nicht mehr so fremd sein.»

Am nächsten Morgen hetzte ich die Treppen der U-Bahn-Station hinauf. Güray musste oben warten, er musste einfach. Er war da, und wir liefen die Treppen wieder hinunter. Unten stellten wir uns hinter einen Pfeiler, und Güray nahm mich in die Arme. Er küsste mich nicht, drückte mich nur an sich. Mein Kopf lag auf dem rauen Stoff seiner Jacke, sie roch nach Wind und nach Rauch, und ich wollte immer so stehen, so eng bei Güray.

«Billie hat gestern versucht, sich die Pulsadern aufzuschneiden», sagte Güray über meinen Kopf hinweg. «Ihr Vater hat mich aus der Schule geholt. Ich musste mitkommen ins Krankenhaus, zu Billie. Sie ist nicht in Lebensgefahr, sie hat auch nicht viel Blut verloren. Aber ihr Vater sagte, sie hätte es meinetwegen gemacht. Weil ich mit dir ginge. Ich müsse das wieder in Ordnung bringen, sagte er.»

Billie war bis zum Äußersten gegangen. Oder doch nicht? Wie gut konnte sie einschätzen, was sie tat? Ich konnte mir eine verzweifelte Billie einfach nicht vorstellen. Das ging nicht hinein in meinen Kopf. Billie hat sich die Arme aufgeschlitzt, um Güray und mich zu trennen. Das sagte ich Güray.

«Ich glaube das auch», sagte Güray. «Aber sie hat es getan. Sie hat Angst vor Blut, sie hat Angst vor Schmerzen wie ein kleines Kind. Und sie hat es getan.»

Ich nahm meinen Rucksack vom Boden und ging. Einige Momente lang hoffte ich noch, dass Güray auch käme. Dass er mir nachlaufen würde, mich in die Arme nehmen, sagen, dass er sich von Billie nicht erpressen lasse.

Ich schaute mich nicht um. Ich ging zur Schule. Ich ging langsam. Güray kam nicht.

«Was habt ihr denn mit der Turnhalle gemacht. Die sieht ja aus wie der Eingang von Karstadt.» Micha sah sich unsere

Weihnachtsdekoration abschätzend an. «Man merkt, dass ich nicht geholfen hab.»

«Fauler Sack, eh», rief Tanja und stellte Plätzchenteller auf die Tische.

Gemeinsam mit Brunhuber hatten wir Mengen von Tannenzweigen in der Turnhalle dekoriert. Girlanden aus Tanne hingen an den Wänden, unsere Hände waren voll Harz und Dreck. Doch Frau Brunhuber hatte vorgesorgt, wir konnten uns alle bei ihr waschen und umziehen. Ich trug das blaue Jeanshemd von Roberta. Ich hatte mir schon lange gewünscht, dass sie es mir lieh, und heute hatte sie es mir mit der gewaschenen Jeans aufs Bett gelegt zusammen mit ihrer gesteppten Weste, die ich so gut fand.

Mit Meral und Tina ging ich wieder in die Halle. «Sieht doch total klasse aus, was wir da gemacht haben», fand Tina. Max stand noch auf der Leiter. Eine Girlande hatte sich gelöst. «Die Dinger sind vielleicht schwer», sagte Max stöhnend. «So starke Nägel haben wir gar nicht.»

«Dann hau ein paar mehr rein», rief Brunhuber. Er befestigte überm Eingang noch ein großes Schild, von der ersten Klasse gemalt: «Frohe Weihnachten.»

Wir hatten die langen Tische mit weißen Laken gedeckt, die wir uns von den Müttern ausgeliehen hatten. «Auf keinen Fall Papiertischdecken, das ist total poplig», hatte Tina entschieden. So, mit den großen roten Kerzen, den dicken Goldkugeln und den von Schülern bemalten Weihnachtstellern sah die Turnhalle direkt vornehm aus. Außer Micha fanden das alle.

Wochenlang war für diese Feier geübt worden. Das Programm kannten aber nur die Lehrer. Jede Klasse beteiligte sich. Wir hatten uns für eine Weihnachtsgeschichte entschieden, die Charlie uns einmal vorgelesen hatte. Ein deutscher Autor beschreibt, wie ein Türke und seine Frau in Bayern ein

Unterkommen suchen. Die Frau ist hochschwanger, aber das Kind ist nicht von ihrem Mann. Trotzdem sucht er mit ihr einen geschützten Ort, wo sie das Kind bekommen kann.

Wir hatten uns überlegt, dass nicht ein türkischer Junge und ein türkisches Mädchen die Rollen spielen sollten, sondern deutsche Schüler. Max und Tina wurden vorgeschlagen. Die gesamte Klasse war bei den Proben dabei, und jeder konnte seine Vorstellungen äußern, auch Kritik.

Micha und Flori spielten zwei Polizeibeamte, die dem Paar auch nicht helfen konnten oder wollten. «Ja, ja, wir sollen die Finsterlinge spielen», meinte Flori. Aber er machte mit. Und diese Art von Widerwillen, sich um irgendetwas außer sich selbst zu kümmern, dieser Unwille, sich anzustrengen, schien Micha und Flori besonders glaubwürdig zu machen. Tina, die türkische Maria, war unter ihrem großen Kopftuch, das wenig vom Gesicht sehen ließ, eine völlig andere. Hin und wieder verhalten stöhnend, die Hände schützend vor den schweren Leib gelegt, fügte sie sich ihrem Mann, strahlte aber dennoch Würde aus. Max, als Josef, war ganz er selbst. Fast wütend in seiner Hilflosigkeit, versuchte er, seiner Frau beizustehen, obwohl er wusste, dass keine Hilfe zu erwarten war.

«Da seht ihr einmal, was ihr alles könnt, wenn ihr wollt», sagte Charlie immer wieder. «Ihr müsstet nur öfter mal über euren Schatten springen.»

Hast du das schon mal versucht? Im Sommer, wenn bei uns die Sonne einen schier überwältigt, sobald man das dunkle, kühle Haus verlässt? Dann könnte man versuchen, den Schatten zu überspringen, den unser Körper wirft. Ich glaube, es ist unmöglich. Und genau das wollte Charlie uns auch sagen. Versuchen, das zu tun, was uns unmöglich erscheint. Mir gefällt das. Eigentlich möchte ich nur das tun.

Schon wieder fiel mir Billie ein. Charlie hatte damals, als

sie so wütend war auf Billie, gesagt, dass Billie sich für nichts anderes interessiere als für Bungeejumping und Snowboard-fahren. Vielleicht versuchte Billie auch immer, über ihren Schatten zu springen, wenn sie beim Bungee für Sekunden ins Nichts stürzte. Oder auf dem Snowboard steile Pisten hinabfuhr. Ich war noch nie beim Bungee gewesen. Tina hatte mir erzählt, dass es viel Geld koste, und Billie wäre to-tal geil darauf. Wenn ich mir das vorstellte mit dem Bungee, dass man mich an den Füßen festzurrt und mich dann an ei-ner elastischen Leine vom Sturz zurückholt – ich glaube, das wäre mir zu viel Abhängigkeit. Ich wäre doch nichts anderes als eine Marionette, ich könnte nichts allein tun, mich nicht einsetzen, meine Intelligenz wäre nicht gefragt. Dann schon lieber Snowboard. Ich hatte das im Fernsehen gesehen. Auf so einem Brett im Schnee, wo es auf meine sportliche Form ankäme, dazu hätte ich Lust. Das würde ich sofort lernen wollen. Daran war natürlich im Moment nicht zu denken.

Und wie erst sollte ich mich in Billie hineinversetzen? Un-sere Herkunft und unsere Entwicklung waren nicht das größte Hindernis. Wenn Tina etwas bedrückte oder wütend machte, konnte ich das ja auch verstehen. Ob es mir gefiel, war nicht wichtig, aber ich begriff, was in ihr vorging. Und wenn sie über etwas lachte, wusste ich, warum. Auch Car-men in ihrer verletzten Zurückgezogenheit verstand ich. Und je selbstsicherer ich wurde, desto mehr versuchte ich, ihr nahe zu kommen. Meine Angst, mit hineingezogen zu wer-den in ihre Isolation, hatte ich inzwischen überwunden.

Doch zu Billie, die nur Fußtritte austeilte, fand ich keinen Zugang. Nicht einmal richtig verabscheuen konnte ich sie. Ich wurde wütend, ja, aber nach kurzer Zeit setzte wieder mein Verstand ein, und ich versuchte, dahinter zu kommen, warum Billie so war, wie sie war.

Ob sie zur Weihnachtsfeier kommen würde? Und Carmen?

Und Metin? Er hatte sich geweigert, an den Weihnachtsvor-
bereitungen teilzunehmen. Er sehe nirgendwo Frieden auf
Erden. Charlie entgegnete, dass unser Weihnachtsstück doch
durchaus auf die Problematik hinweise. «Ja, aber die Türken
sind die Opfer», sagte Metin verzweifelt. «Dabei sind sie in
Wahrheit die Unterdrücker.» «In diesem Land waren und
sind sie auch häufig Opfer, Metin, und du weißt das. Ich muss
dich nicht an die Brände von Solingen und Mölln erinnern»,
sagte Charlie.

«Niemand lernt daraus», rief Metin. «Sicher werden hier
Türken unterdrückt, wir Kurden ja ebenso. Hier haben wir
das gleiche Schicksal. Doch in der Türkei, in unserem Land,
da unterdrücken sie uns. Nur sind wir in Kurdistan keine
Gastarbeiter oder Asylanten, wir gehören dort hin, leben in
diesem Land seit Jahrhunderten. Das ist der Unterschied, den
offenbar niemand sehen will.»

Ich verstand Metin sehr gut. Dennoch wäre ich nie aus diesem Grund der Weihnachtsfeier ferngeblieben. Ich würde immer jede Gelegenheit wahrnehmen, mit anderen Leuten etwas gemeinsam zu machen, ihnen zuzuhören. Ihre Tradition
kennen zu lernen. Im letzten Jahr hatte es an unserer Schule
keine Weihnachtsfeier gegeben. Der alte Rektor hatte sich
damit wohl nicht mehr belasten wollen. Nun hatten wir seit
dem Frühjahr eine neue junge Rektorin. Sie kam öfter in die
Klasse, hörte beim Unterricht zu. Sie war es, die in diesem
Jahr eine Feier wollte. Für mich war es das erste Mal, dass ich
an einer Weihnachtsfeier teilnahm. In meinem Land feiern
wir Newroz, das Neujahrsfest. Es ist allerdings nicht an Sil-
vester und am ersten Januar wie hier, sondern am 21. März.
Aber daran will ich jetzt nicht denken. Ich lebe hier und will
alles erfahren, was hier im Laufe eines Jahres passiert.

Schon das Schmücken der Turnhalle mit Tina und Max,
mit Lehrern und Schülern, mit den Brunhubers und ihren

beiden kleinen Buben war für mich neu. Frau Brunhuber zeigte uns, wie wir mit kräftigem Draht Tannenzweige zu Girlanden binden mussten. Es sah viel komplizierter aus, als es war. Einer der Männer hielt die Zweige zusammen, und ich wickelte den Draht fest um die Zweige. Die Tannen dufteten nach Harz, und einer der Schüler brannte ständig mit seinem Feuerzeug Zweige an, damit es noch stärker duftete. Wir lachten und warnten ihn, dass er nicht die Halle in Brand stecken solle, und ich verriet, wo wir die selbst gebackenen Plätzchen deponiert hatten. Dafür bekam ich Pluspunkte, und immer wieder verschwand jemand in der Ecke der Garderobe, wo die Blechdosen standen. «Esst nicht alle vorher auf, sonst lynchen sie mich», rief ich. Ich hatte aber nicht wirklich Sorge. Wir hatten mit Frau Kleinschmidt so viel gebacken, dass wir wahrscheinlich noch ein Kinderheim hätten versorgen können.

Nach und nach erschienen Mütter, um den Kaffee in großen Thermoskannen vorzubereiten. Die Frauen waren schon festlich gekleidet. Sie hatten Körbe dabei mit frisch gemahlenem Kaffee, Filtertüten und Zuckerstücken. Frau Brunhuber übernahm die Regie. Ihre Haare waren heute sorgfältig geföhnt, und sie sah völlig anders aus als sonst, wo sie in Birkenstock-Sandalen lustlos über die Flure schlurfte. Ihr Kleid, ein Winterdirndl, glaube ich, gab ihr die Würde einer Gastgeberin, als solche fühlte sie sich wohl auch, schließlich war die Schule ihr Lebensbereich. Herr Brunhuber hatte mir Pappkartons voller Goldkugeln gezeigt. «Das ist der Tischschmuck. Mach du das, verteile es auf die Tische.»

Ich sah mir die Kugeln an. Es waren alles goldfarbene Weihnachtskugeln in verschiedenen Größen. Ich entschloss mich, auf jeden Tisch Kugeln von jeder Größe anzuordnen, und zwar nicht über den Tisch verteilt, sondern gehäuft, wie man Steine aufhäuft. Ich fixierte die Kugeln dann möglichst unauffällig mit kleinen Tannenzweigen. So sah es wirklich schön aus, fand ich, und als ich fertig war, sagte zuerst Tina: «Mensch, Leyla, super», und dann kamen alle zum Schauen. Am liebsten hätte ich noch stundenlang in der Turnhalle gearbeitet. Es gefiel mir, gemeinsam mit den anderen etwas zu tun. Niemand fragte, wer man sei, alle wussten, man gehörte zur Schule, war eingeteilt zu helfen. Das reichte, um eine Art Arbeitsgemeinschaft herzustellen, die zwar keine Regeln hatte, aber dennoch funktionierte.

Die ersten Eltern, Großeltern und Geschwister trafen ein. Deutsche Familien, türkische, ich sah Metins Eltern mit ihren Töchtern, Marinas Eltern aus Bosnien, Hendryks Mutter aus Polen und Francos Eltern und Geschwister, die aus Umbrien stammten. Man konnte an unserer Schule ein Völkergemisch ausmachen, wenn man genau hinsah. Zunächst einmal aber waren alle gleichermaßen festlich gekleidet, deutsche wie ausländische Eltern und Verwandte. Die Schüler natürlich nicht. Sie trugen das, was sie immer anhatten. Jeans. Eher noch ein bisschen verwaschenere als sonst. Vielleicht waren die Mädchen ein wenig sorgfältiger frisiert, hatten die Haare gewaschen oder doch ein frisches T-Shirt aus dem Schrank genommen.

Jedenfalls erschien mir alles in Hochstimmung. Ich weiß nicht, ob du verstehst, was ich damit sagen will. Auch Max, der bestimmt nicht froh gelaunt war, war heute anders. Aufgeregt wegen seiner Rolle, natürlich. Aber auch lebendiger, froher. Er hatte dank seiner Länge und Kräfte die Girlanden an die Wand gestemmt und genagelt, Brunhuber sagte mehrfach, dass das Grünzeug ohne Max immer noch am Boden liegen würde. Er, Brunhuber, mit seinem kaputten Kreuz, hätte die Trümmer niemals hinaufgebracht. Tina ging jetzt jede Woche zu Frau Hecht, bei der die Katze von Max lebte.

Frau Hecht hatte Tagschicht bei der Post. Tina kaufte für die Katzen Leber und Kronfleisch ein. Ginger fraß. Sie saß zwar noch immer meist unter ihrem Sessel, aber sie würde wenigstens nicht hungers sterben. Tina und Max unterhielten sich über Ginger wie Eltern, deren Kind im Internat ist.

Mehmet und Sirin kamen. Als ich Sirin sah, erschrak ich. Ich glaubte für einen Moment, ich sähe meine Mutter und meinen Vater, wie sie als junge Eltern mit uns in Gozel bei den Großeltern gelebt hatten. Sie waren so schön und unbeschwert gewesen in ihrer kurdischen Kleidung. Sirin hatte kurdische Tracht angelegt. Sie trug ein langes Baumwollkleid in einem klaren Rot über ihren weiten Hosen. Über dem Kleid ein Hemd aus hauchdünner, goldbedruckter Seide. Sirin hatte alles mit bunten dünnen Tüchern gerafft, und in den Ohren und um den Hals prangte viel Gold- und Türkisschmuck. Mehmet trug ein Sakko über dem weißen Hemd, auch er trug die weite schwarze Hose und den gerafften Stoffgürtel unserer Tracht. Mehmet und Sirin wirkten wie ein Aga oder Sheikh mit seiner Frau. Die anderen Gäste schauten auf sie, und ich war stolz, dass sie zu mir gehörten. Neben Tinas Eltern fand ich einen guten Platz für sie. Ich küsste Sirin, die so viel Stärke und Licht in Mehmets Leben gebracht hatte. Mehmet küsste mich auch. «Sirin wird dir auch bald kurdische Kleider nähen», sagte er stolz. «Dann kannst du wieder zeigen, wer du bist.»

Ob Roberta und Ralph kommen würden, war noch nicht sicher. Ralph war in Wien, und Roberta wusste nicht, ob er rechtzeitig zurück sein würde. Es war schon sehr voll in der Halle, ich hätte Sorge gehabt, wie ich die Kaysers unterbringen könnte. Nervös schaute ich immer wieder zur Tür, und dann sah ich, dass Billie kam. Mit ihrem Vater und einer Frau, die einen winzigen Hund auf dem Arm hatte. Sie schauten sich kurz um, dann setzten sie sich an den einzigen freien Tisch. Er war für die Lehrer reserviert, die aber noch überall letzte Hand anlegten oder mit ihren Schülern auf ihren Auftritt warteten.

Hinter Billie kam Güray. Damit hatte ich nicht gerechnet. Mir fiel ein, dass ich in den letzten Stunden kaum an ihn gedacht hatte. Jetzt traf es mich wie ein Schlag, ihn neben Billie zu sehen.

Billie kam auf mich zu, sie schüttelte ihre beiden Arme, die fest mit weißen Binden gewickelt waren, vor meinem Gesicht. «Na Prinzessin», höhnte sie, «jetzt siehst du aber alt aus.»

Ich sah, wie Güray Billie anstarrte.

Es wurde jetzt dunkel im Saal, Klänge von vielen kleinen Glocken begleiteten Schären von Nikoläusen und Engeln, die auf die Bühne kletterten und dann aus ihrer Rolle herausfielen. Statt der silbernen Glockenklänge ertönten Rock und Rap, und die roten Kapuzen und goldenen Sterne waren nur noch Dekoration für freche Lümmel und Gören, die auf der Bühne herumtobten wie ihre großen Vorbilder. Ich glaube, einige der Gäste hätten lieber ihre kleinen Engelchen sanfte Lieder singen hören, aber nach kurzer Verblüffung applaudierten dann doch alle den Dampf-Punk-Zwergen, die auch noch weiterrapten, als die Musik zu Ende war.

Am Eingang sah ich die Kaysers. Sie schauten sich suchend um in dem halbdunklen Raum. Rasch fragte ich Charlie, die neben mir an der Wand stand, ob ich die Kaysers an den freien Tisch setzen dürfe. «Sie können meine Plätze haben», flüsterte Charlie, «an den Tisch setze ich mich nicht.»

Ich war froh, für die Kaysers einen schönen Platz zu haben, dachte aber auch, dass Charlie sich über den Vater von Billie sehr geärgert haben müsse. Der braun gebrannte, sportlich aussehende Herr Huth erschien mir ebenso wie Billie gleichsam als eine Art Rammbock, der jede Tür mit Gewalt aufstößt, die ihm sonst verschlossen wäre.

Die siebte Klasse war jetzt dran im Programm. Sie führten «Die Kluge» von Carl Orff auf.

«Es kam ein Gast von ungefähr, mitgeritten,
mitgegangen, mitgeflogen daher,
und als er kam in das Wirtshaus,
da fiel, da fiel, da fiel das Haus
zum Fenster hinaus.»

Die Schauspieler sprachen, sangen, tanzten und musizierten, und immer waren es die Instrumente, die die Aussagen des Stückes verstärkten oder erst verständlich machten.

Mein Wunsch, selbst ein Instrument zu spielen, wurde wieder stark in mir. Gerade die rhythmischen Kompositionen erinnerten mich an die Tänze in den Dörfern meiner Heimat, fesselten mich. Ich atmete tief durch. Irgendwann, das schwor ich mir, würde ich auch lernen, mich in der Sprache der Musik auszudrücken. Das Einzige, was mir gehörte, war die Zeit. Ich konnte es schaffen. Wenn es mir gelang, auf das Gymnasium zu kommen, dann würde sich mir die Musik, dieser wichtige Teil des Lebens, öffnen.

Das Licht ging an. Starker Applaus für die Siebte. Alles klatschte und trampelte. Ich musste hinter die Bühne, um Tina das Kopftuch richtig zu drapieren und sie noch einmal abzuhören. Denn nach dem Schulchor war unser Weihnachtsspiel an der Reihe.

Max war nicht verkleidet. Doch seine Wut über die Abweisung, das Nachlassen seiner Demut, mit der er anfangs für seine Frau um Unterkunft bat, das überraschte mich auch jetzt wieder. Ich vergaß, dass Max rote Haare hatte und aus Deutschland kam. Er war ein Mensch, der nicht zählt, der nicht dazugehört, dessen Schicksal niemanden interessiert. Er ist lästig, und das Jammern seiner Frau, bei der die Wehen schon einsetzen, ist noch lästiger. Tina in ihrem großen schwarzen Kopftuch war ein Bündel der Verzweiflung und des Durchhaltewillens. Doch sie schaffte es nicht. Ihr Kind starb, und schließlich starb auch sie selbst.

Wir hatten lange überlegt, ob diese Erzählung nicht allzu traurig für eine Weihnachtsfeier war. Dann hatte Charlie entschieden: «Die Wahrheit ist dem Menschen zuzumuten.» Das hatte eine berühmte Dichterin gesagt. Sie hieß Ingeborg Bachmann, und ich werde mir, wenn Roberta mich fragen sollte, ein Buch von ihr zu Weihnachten wünschen.

Der Schulchor sang, und wir begannen, die Thermoskannen mit dem Kaffee auf die Tische zu verteilen. Ich richtete es ein, dass ich nicht in die Nähe von Güray und Billie kam. Als ich in die Küche ging, neue Kannen zu holen, stand plötzlich Güray vor mir. «Ich bin hier, um dich zu sehen, Leyla. Aus keinem anderen Grund. Das musst du mir glauben.»

«Hast du dich fortgestohlen von Billie?», fragte ich.

«Leyla, versteh mich doch», Güray sah mich bittend an, «versteh das doch. Solange die Schnitte nicht verheilt sind, fühle ich mich schuldig.»

Genau das hatte Billie gewollt. Sie erreichte offenbar immer, was sie sich vornahm. Und wenn sie dazu mit ihrem Leben spielen musste.

«Ich will nichts mehr davon hören, Güray», sagte ich und ging. Ich bekam ein schlechtes Gewissen gegenüber den Kaysers. Billies wegen mied ich den Tisch. Was sollten sie von mir denken? Ich ging mit der Kaffeekanne zu ihnen. Ralph rief mir zu: «Leyla, wie gut, dass ich mich gehetzt hab, herzukommen. In dieser Schule schlummern ja echte Talente.»

Roberta zog mich auf ihren Schoß. Sie sagte, dass ich wohl gar keine Zeit für sie hätte. Ich konnte Roberta nicht erklären, dass ich den Tisch mied wegen Güray und Billie. Doch dann sagte ich es ihr doch leise. Roberta sah Güray an. Sie drückte fest meine Hand und legte den Arm um mich. Ralph rückte beiseite, und ich blieb bei den Kaysers sitzen. Mochte Billie grinsen. Niemand interessierte sich für sie. Selbst ihr Vater schien nur Augen für die Frau mit dem kleinen Hündchen zu haben, das ab und zu ein heiseres Kläffen laut werden ließ. Doch in der Weihnachtsmusik, die vom Band lief, und in der allgemeinen Unterhaltung an den Tischen ging es unter.

Plötzlich stand Metin auf der Bühne. «Sie können sofort weiteressen und weiterreden», rief er laut in den Saal. «Aber ich bitte Sie, mir nur eine Minute zuzuhören. Ich heiße Metin. Ich bin Kurde. Während wir hier in Frieden sitzen, zünden in meiner Heimat türkische Soldaten Dörfer an. Sie walzen mit Panzern Häuser nieder. Sie erschießen Bauern, ihre Frauen und Kinder ...»

Schon während Metin begonnen hatte, wurde es unruhig im Saal. Die Erwachsenen, vor allem einige türkische Männer, standen auf, sie riefen: «Aufhören, das ist eine Weihnachtsfeier.» «Er lügt.» «Er verleumdet unseren Staat.» Einige Männer wollten Metin von der Bühne drängen. Ich sah sein bleiches Gesicht, den Schmerz in seinen Augen über das, was er gesehen hatte.

Warst du es, der mich gedrängt hat, Metin beizustehen? Ich glaube, du hast mir die Kraft und den Mut gegeben, aufzuspringen, zu Metin auf die Bühne zu gehen. Ich fasste ihn bei der Hand und rief, dass alles, was Metin gesagt hatte, wahr sei: «Das Dorf meiner Großeltern ist bombardiert worden von der türkischen Regierung. Ich habe meine Großeltern tot vor ihrem Haus liegen sehen, sie und all die anderen ...»

Undeutlich sah ich die Gesichter, die auf mich starrten. Ich bemerkte daher nicht, dass Meral sich ebenfalls durch die

Bankreihen gedrängt hatte. Plötzlich stand sie neben mir, legte den Arm um mich und rief: «Wenn Sie nicht alle mithelfen, hört das Leiden der Kurden nie auf. Die Türkei wird nicht nachgeben ...»

Ich hörte Türkan, sie rief: «Du bist doch selbst eine Türkin, du beschimpfst dein eigenes Volk!»

«Ihr seid nicht gesund im Kopf», riefen andere. «Kommt runter von der Bühne!»

Sie riefen es in Türkisch und Kurdisch und Deutsch, sie drängten auf die Bühne, andere drängten hinaus aus dem Saal, Lehrer begütigten oder befahlen, alle sollten sich wieder hinsetzen. Mit einem Mal stand Ralph neben mir auf der Bühne. Er legte den Arm um meine Schulter, und er fragte in den Saal hinein, warum es denn niemand mehr ertrage, die Wahrheit zu hören. Ralph hatte laut gesprochen, ich sah, dass viele Leute überrascht stehen blieben und auf die Bühne schauten. Einige kannten Ralph vielleicht, er war oft genug in der Zeitung zu sehen.

Ralph sprach ganz ruhig, als wolle er sich selbst etwas überlegen: «Liebe Freunde, wenn schon der Bundestag unsere Regierung auffordert, sich beim Nato-Partner Türkei dafür einzusetzen, dass dort endlich die Menschenrechte für die Kurden durchgesetzt werden, dann können Sie sich denken, dass dazu Veranlassung besteht. Und wenn der Haushaltsausschuss fünfundzwanzig Millionen Mark Militärhilfe für die Türkei sperrt, dann heißt das, dass auch unsere Regierung will, dass die Türkei nicht immer wieder kurdische Dörfer angreift. Was hier berichtet wurde, ist die Wahrheit, und die müssten wir eigentlich aushalten.»

«Aber damit muss man nicht eine Weihnachtsfeier kaputtmachen», schrie jetzt Billies Vater. «Das ist doch eine Unverschämtheit. Die kommen hierher, kriegen hier eine Ausbildung, Wohnung und Essen, und dann ziehen sie uns in ihren

Krieg mit rein, demolieren hier alles, bringen Leute um. So sieht das aus!» Herr Huth sah sich triumphierend um: «Wir sind in Deutschland und wollen Weihnachten feiern.» «Bravo», riefen einige Deutsche. Auch türkische Männer riefen «Bravo».

«Sie denken viel zu kurz», rief Ralph Herrn Huth zu. «Ich frage mich, warum wir alle mehr oder weniger unfähig sind, andere Menschen auch wie Menschen zu behandeln.»

«Das ist doch Schwachsinn», schrie Herr Huth. «Kommt, wir gehen, auf so eine Weihnachtsfeier kann ich verzichten.»

Jetzt kam die Rektorin der Schule auf die Bühne, neben ihr stand Charlie: «Liebe Eltern», sagte die Direktorin in den allgemeinen Aufbruch hinein. «Liebe Eltern, dies ist die erste Weihnachtsfeier, die ich an dieser Schule ausgerichtet habe. Sie ist nicht so ausgefallen, wie wir es geplant hatten, wenigstens im zweiten Teil nicht. Doch wir müssen die Wahrheit aushalten. Unsere Welt so sehen, wie sie ist. Und nicht so, wie wir sie gern sehen möchten.»

Wir blieben auf der Bühne stehen. Sahen zu, wie sich der Saal leerte. Roberta kam zu uns. Merals Mann wollte Meral ausschimpfen, doch sie hörte gar nicht hin. Ihr Gesicht war so verschlossen, dass ihr Mann schließlich ratlos zurückging zu seinem Platz. Er blieb da sitzen, allein. Metins Eltern kamen, sahen voll Stolz und Angst auf ihren Sohn. Sie wussten, Metin würde seinen Plan durchsetzen. Früher oder später. Wenn sie bislang noch Zweifel oder Hoffnung gehabt hatten, jetzt hatten sie keine mehr.

Mehmet und Sirin umarmten mich. Sirin hatte Tränen in den Augen. «Wir dürfen hier leben. Wir sind beschützt, unser Volk ist in der Heimat allein. Kurden haben keine Freunde.»

Metin sah Sirin zornig an. «Die Regierung soll sich vor uns in Acht nehmen. Nur mit Unterdrückung können sie auch nicht regieren. Kurden hat es immer gegeben. Es gibt uns heute, es wird uns morgen und übermorgen geben.»

Ich sah Güray in der Tür stehen. Langsam kam er näher. Er ging zu Metin, gab ihm die Hand. «Du bist mutig. Ich finde das richtig, was du gemacht hast.»

«Aber du bist Türke», sagte Metins Vater erstaunt.

«Ja. Ich bin Türke», sagte Güray. Er legte den Arm um mich. «Aber ich weiß jetzt, dass ich zu Leyla gehöre. Nicht erst irgendwann, heute. Und daher werde ich lernen, nicht nur wie ein Türke zu denken, sondern auch wie ein Kurde.»

Wenn das wahr ist, du Lebendiger, Ewiger – du gibst ja die Weisheit, wem du willst. Und wenn du sie Güray schenkst und ihn für mich bestimmst, dann will ich dich in Zukunft um nichts mehr bitten. Ich werde alles geben, alles, was ich habe.

«Sag mal, bist du verrückt geworden, Schlampe, du kannst doch nicht in unseren Betten pennen, jetzt aber raus hier, oder ich rufe die Polizei!»

Ich kam hoch aus meinem Traum, aus meinem MutterVaterKindTraum, sah einen Mann im dunklen Anzug, der die seidene Daunendecke von mir weggerissen hatte und sich bemühte, nicht mit den Fäusten auf mich einzudreschen. Sein Gesicht war so übervoll mit Empörung und Verachtung, dass ich glaubte, er werde mich in Handschellen abführen lassen. Für einen Moment wandte sich der Verkäufer Hilfe suchend um, vielleicht suchte er nach Kunden, die diese Ungeheuerlichkeit bezeugen konnten – diese Sekunde nutzte ich, um rasch davonzurennen. Auf Strümpfen und hakenschlagend rannte ich los, sah glücklicherweise einen Lift, der voll war mit Leuten, die zusahen, wie eine junge Frau einen Kinderwagen hineinzubugsieren suchte, was ihr gerade in der Sekunde gelang, in der ich mich noch hineinquetschte und mit

hart klopfendem Herzen darauf wartete, wieder herauszu-
rennen und so der Bettenabteilung zu entkommen, in der der
Dunkelgekleidete immer noch nach mir suchen würde, vergeblich, denn ich kannte die Ausgänge des Kaufhauses und
hatte bald den unübersichtlichen Saturnmarkt erreicht, aus
dem ich mich herausstürzte in die Sonne.

Ein Mann, es hätte einer von Mehmets Freunden sein
können, aber ich kannte ihn nicht – dieser dunkelhäutige
und schnurrbärtige Mann stand auf dem Gehsteig vor einem
Zeitungsständer und studierte mit sichtbarem Schrecken
die Schlagzeile, sodass auch ich unwillkürlich hinschaute:
KURDISCHE FRAUEN IN FLAMMEN! SELBSTAN-
ZÜNDUNG! In der zweiten Zeile stand: KURDEN WER-
FEN BENZINBOMBEN AUF DEUTSCHE POLIZIS-
TEN! Darunter eine Erklärung des Bundeskanzlers, dass
Kurden, die in Deutschland schließlich zu Gast wären, sich
gefälligst auch wie Gäste zu benehmen hätten. Was weiß so
ein Kanzler von den Kurden. Was weiß er von mir.

Ich bin wieder wach, Allah. Sag mir, was ich nun tun soll.
Aber bald.

207 Seiten, ISBN 3-7844-2768-5

Brigitte Schwaiger

Ich suchte das Leben und fand nur dich

Das eindringliche Zeugnis einer ganz privaten Hölle

In bewegenden Worten gibt die Bestsellerautorin ein eindringliches Zeugnis ihrer ganz privaten Hölle, der Ehe mit dem Spanier Miguel. Sie präsentiert eine glänzende Studie der Beziehungen zwischen Opfer und Täter, der Mechanismen von Macht, Auflehnung und Unterwerfung.

Langen Müller